中国融资租赁行业年度报告

（2020）

中国融资租赁三十人论坛 / 著

中信出版集团 | 北京

图书在版编目（CIP）数据

中国融资租赁行业年度报告 . 2020 / 中国融资租赁三十人论坛著 . -- 北京 : 中信出版社 , 2020.11

ISBN 978-7-5217-2399-1

Ⅰ . ①中⋯ Ⅱ . ①中⋯ Ⅲ . ①互联网络—金融模式—研究报告—中国— 2020 Ⅳ . ① F832.48

中国版本图书馆 CIP 数据核字（2020）第 211789 号

中国融资租赁行业年度报告（2020）

著　　者：中国融资租赁三十人论坛
出版发行：中信出版集团股份有限公司
　　　　（北京市朝阳区惠新东街甲 4 号富盛大厦 2 座　邮编　100029）
承 印 者：天津市仁浩印刷有限公司

开　　本：787 mm × 1092 mm　1/16　　印　　张：20　　字　　数：330 千字
版　　次：2020 年 11 月第 1 版　　印　　次：2020 年 11 月第 1 次印刷
书　　号：ISBN 978-7-5217-2399-1
定　　价：88.00 元

前 言

亲爱的读者，展卷安好。

作为与实体经济结合紧密的一种投融资方式，融资租赁具有融资便利、期限灵活、财务优化的特点，在拓宽中小微企业融资渠道、推进产业升级和经济结构调整等方面发挥了积极作用。经过多年的发展，融资租赁已成为仅次于银行信贷的第二大间接融资方式。中国的融资租赁市场也已位居世界第二，仅次于美国。

2020 年，融资租赁行业的外部发展环境发生了巨大的变化。

2020 年初，新冠肺炎疫情突如其来。在疫情影响下，全球经济的不稳定性、不确定性因素显著增多，航空、航运、大型设备等主要租赁业务领域面临较大挑战。

2020 年 5 月，十三届全国人大三次会议表决通过了《中华人民共和国民法典》，宣告中国“民法典时代”正式到来。其中，民法典第三编第十五章融资租赁合同章节共包括 26 个条款，其中部分内容将对融资租赁交易实务操作产生比较大的影响。

2020 年 6 月，银保监会发布了《融资租赁公司监督管理暂行办法》。这意味着对融资租赁公司的监管顶层设计已然成形，监管并轨将为融资租赁行业向高质量发展阶段迈进提供方向指引和强大动能。

展望将来，经济正由高速增长阶段逐步转向高质量发展阶段，金融租赁行业重规模、拼速度的传统盈利模式和粗放式增长方式已不再适用。理性增长、优化结构、注重发展质量成为新的发展方向。“一带一路”倡议、“中国制造2025”战略的实施，为融资租赁行业提供了广阔的市场空间。在加快形成以国内大循环为主体、国内国际双循环相互促进的新发展格局过程中，融资租赁也理应大有作为。

回顾行业变化，分析行业现状，洞见行业发展趋势，是“中国融资租赁行业年度报告”系列报告一直坚持的写作初衷。2020年是撰写该系列报告的第六个年头。前四年，每年的年度报告由中国融资租赁三十人论坛与零壹财经合著，后两年的年度报告由中国融资租赁三十人论坛独著。在此，报告写作组对零壹财经的长期支持表示诚挚的感谢。

2020年的年度报告采取了篇章的方式呈现。全书主要分为概况篇、环境篇、产业市场篇、金融市场篇四个大的板块。

概况篇主要介绍了中国融资租赁行业发展情况，并更新了国际融资租赁行业发展概况的内容。

环境篇包含了监管、税收、法律、会计这四大领域的最新情况，同时包含全国租赁业聚集高地——东疆的最新政策内容。

产业市场篇从产业链角度对与融资租赁紧密相关的航空、航运、汽车三大产业进行系统分析，描述了行业概况、相应租赁产业发展现状及业务模式。

金融市场篇从股权融资和债务融资角度对融资租赁企业融资情况进行了分析。在宏观经济形势严峻和债务高企的背景下，以银行贷款为主的间接融资方式将难以持续，所以积极发展直接融资方式是融资租赁公司资本运作的重点，其重要性也将日益凸显。

最后，2020年的报告还在文末保留了以往的附录内容，整理并更新了金融租赁公司名录、内资试点融资租赁公司名录及融资租赁监管、法律、税收政策名录。

CONTENTS 目 录

概况篇

1　2019 年中国融资租赁行业发展概况

1.1　金融租赁业发展情况分析

1.1.1　我国金融租赁业总体情况

根据中国银行保险监督管理委员会（以下简称“银保监会”）公布的数据，截至 2019 年 6 月底，全国已开业金融租赁公司 70 家，其中 3 家为专业子公司，较 2018 年末新增 1 家。如果不含 3 家专业子公司，其他 67 家金融租赁公司截至 2020 年 2 月末的注册资本总额达2 394.72亿元（见图 1－1）。

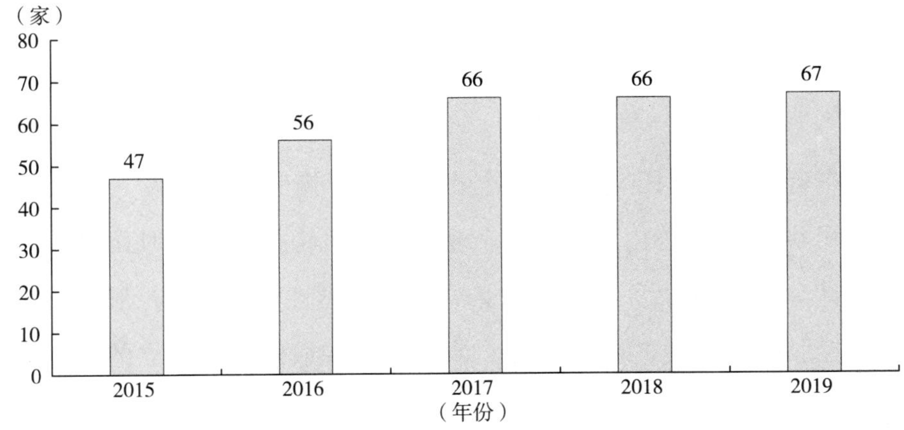

图 1–1　2015—2019 年我国金融租赁公司数量（不含专业子公司）

数据来源：中国融资租赁三十人论坛整理。

在地区分布上，67 家金融租赁公司分布于 25 个省、市、自治区。其中，天津注册成立数量最多，达 12 家，包括 2019 年 2 月 2 日新成立的中车金融租赁有限公司；其次为上海，共有 7 家金融租赁公司；再次为广东，共有 6 家

（见图1－2）。

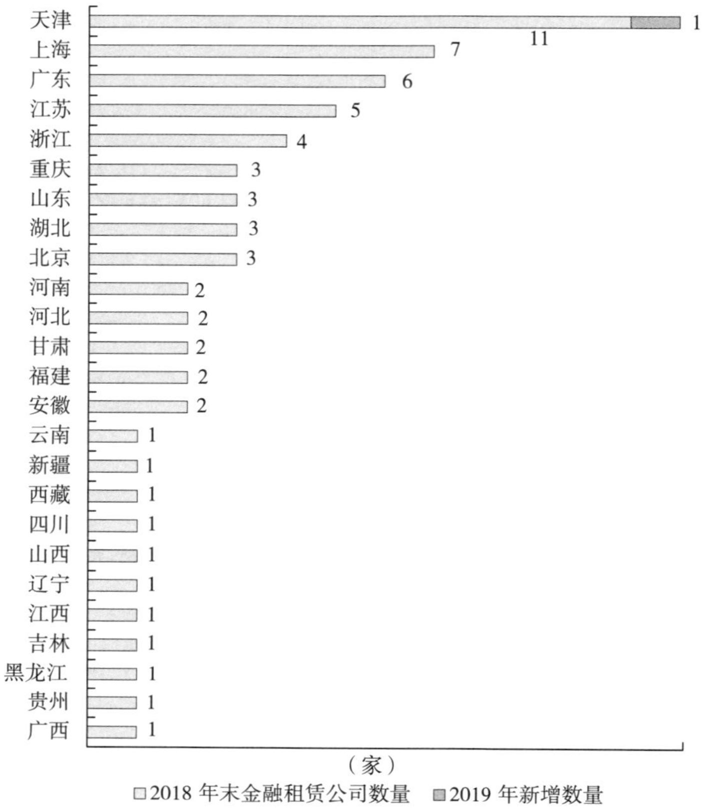

图1-2　金融租赁公司地区分布情况

数据来源：中国融资租赁三十人论坛整理。

在股东背景上，我国金融租赁公司中由银行控股或参股设立的银行系金融租赁公司共计45家，由大型制造企业等其他机构控股或参股设立的金融租赁公司共计22家。银行系金融租赁公司中，全国性商业银行控股的有12家，城商银行控股或参股设立的有23家，农商银行控股或参股设立的有9家，政策性银行控股的有1家（见图1－3）。

在注册资本上，67家金融租赁公司注册资本合计2 394.72亿元，平均注册资本约为35.74亿元。其中，工银金融租赁有限公司注册资本最高，为180亿元；其次为交银金融租赁有限责任公司，注册资本为140亿元；国银金融租赁股份有限公司注册资本排第三，为126.42亿元（见表1－1）。

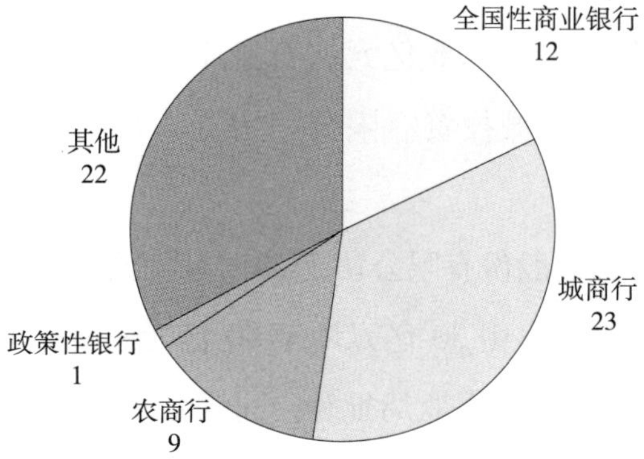

图 1-3 金融租赁公司股东背景情况（单位：家）

数据来源：中国融资租赁三十人论坛整理。

表 1-1 注册资本排名前十的金融租赁公司

序号	公司全称	成立时间（年）	注册地	注册资本（亿元人民币）
1	工银金融租赁有限公司	2007	天津	180. 00
2	交银金融租赁有限责任公司	2007	上海	140. 00
3	国银金融租赁股份有限公司	1984	广东	126. 42
4	农银金融租赁有限公司	2010	上海	95. 00
5	兴业金融租赁有限责任公司	2010	天津	90. 00
6	建信金融租赁有限公司	2007	北京	80. 00
7	昆仑金融租赁有限责任公司	2010	重庆	79. 61
8	招银金融租赁有限公司	2008	上海	60. 00
9	华夏金融租赁有限公司	2013	云南	60. 00
10	华融金融租赁股份有限公司	2001	浙江	59. 27

数据来源：中国融资租赁三十人论坛整理。

1. 1. 2 2019年金融租赁公司增资情况

2019 年有 4 家金融租赁公司完成增资，增资金额合计 25. 7 亿元（见表 1 -2）。永赢金融租赁有限公司于 10 月完成注册资本变更，宁波银行对其增资 10 亿元，增资后注册资本为 30 亿元。长江联合金融租赁有限公司于 12 月完成注册资本变更，上海农村商业银行股份有限公司对其增资 4. 5 亿元，增资后注册资本为 24. 5 亿元。山西金融租赁有限公司于 12 月完成注册资本变更，山西金融投资控股集团有限公司对其增资 2 亿元，增资后注册资本为

7 亿元。河北省金融租赁有限公司于 12 月完成注册资本变更，由河北建设投资集团有限责任公司增资 0.6 亿元，石家庄国控投资集团有限责任公司增资 6 亿元，保定白沟箱包城投资有限公司增资 2.6 亿元，增资后注册资本为 39.2 亿元。

此外，苏银金融租赁股份有限公司于 2019 年 9 月 27 日获得银保监会江苏监管局批复，同意其注册资本由 30 亿元增至 40 亿元。交银金融租赁有限公司于 2019年 12 月 26 日获得上海银保监局批复，同意交通银行股份有限公司对其增资 55 亿元。2020年 2 月 27 日，交银金融租赁有限公司完成注册资本变更，注册资本由人民币 85 亿元增加至人民币 140 亿元。

表 1-2　2019年金融租赁公司增资情况

公司全称	增资金额（亿元）	增资后注册资本（亿元）	控股股东
永赢金融租赁有限公司	10.00	30.00	宁波银行股份有限公司
长江联合金融租赁有限公司	4.50	24.50	上海农村商业银行股份有限公司
山西金融租赁有限公司	2.00	7.00	山西金融投资控股集团有限公司
河北省金融租赁有限公司	9.20	39.20	无
苏银金融租赁股份有限公司	10.00	40.00	江苏银行
交银金融租赁有限公司	55.00	140.00	交通银行股份有限公司

数据来源：中国融资租赁三十人论坛整理。

1.2　融资租赁业发展情况分析

1.2.1　全国融资租赁企业发展情况

根据银保监会有关部门负责人就《融资租赁公司监督管理暂行办法》答记者问信息，截至2019年末，全国共有融资租赁公司11 124家，比上年增加 518 家，同比增长 5%。

根据银保监会有关部门负责人就《融资租赁公司监督管理暂行办法（征求意见稿）》答记者问信息，截至2019年 6 月末，融资租赁公司（不含金融租赁公司）共10 900家，其中，内资试点融资租赁公司 385 家，外商投资融资租赁公司10 515家，注册资本金合计30 699亿元，资产总额合计40 676. 54亿元。

全国融资租赁企业管理信息系统显示，行业整体开业率不高，在10 900家融资租赁公司中，处于营业状态的仅有2 985家，约 72% 的融资租赁公司处于空壳、停业状态。

1. 2. 2　内资试点融资租赁企业发展情况

截至2019年 6 月末，全国共确认 385 家内资试点融资租赁企业。

经统计，下半年，全国又新增 8 家内资试点融资租赁企业，分别为远海租赁（天津）有限公司、天津讯飞融资租赁有限公司、蒙通融资租赁（天津）有限公司、中集永发（天津）融资租赁有限公司、嘉易融（天津）融资租赁有限责任公司、天津豫丰融资租赁有限公司、豫光租赁（天津）有限公司、百川融资租赁（天津）有限公司，审批通过地点均在天津市。

因此，据不完全统计，截至2019年末，全国共确认内资试点融资租赁公司 393 家（见图 1 –4）。

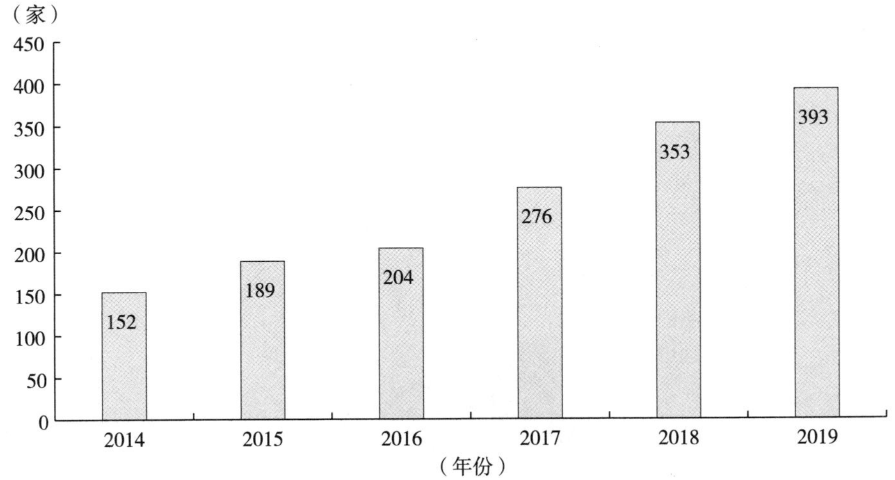

图 1–4　2014—2019年我国内资试点融资租赁企业数量①

数据来源：商务部，中国融资租赁三十人论坛整理。

① 2017年、2018年、2019 年内资试点融资租赁公司数量为不完全统计。

从注册资本来看，统计的360家内资试点融资租赁公司注册资本合计2 602.24亿元，其中注册资本超过（不含）30亿元人民币的共有11家，注册资本超百亿的共有3家。天津渤海租赁有限公司注册资本最高，约为221.01亿元；其次为浦航融资租赁有限公司，注册资本约为126.83亿元；长江租赁有限公司注册资本为107.90亿元，排名第三（见表1-3）。

表1-3　2019年末，注册资本排名前十的内资试点融资租赁公司

公司名称	注册地	注册资本（万元）	成立时间
天津渤海租赁有限公司	天津	2 210 085	2007/12/04
浦航融资租赁有限公司	上海	1 268 340	2009/10/26
长江租赁有限公司	天津	1 079 000	2000/06/09
中航国际租赁有限公司	上海	997 847	1993/11/05
一汽租赁有限公司	天津	490 000	2016/02/22
丰汇租赁有限公司	北京	400 000	1999/09/15
招商局融资租赁（天津）有限公司	天津	367 000	2017/04/26
国信租赁有限公司	浙江	360 000	2014/01/13
汇通信诚租赁有限公司	新疆	356 000	2011/12/01
中远海运租赁有限公司	上海	350 000	2013/08/29

数据来源：中国融资租赁三十人论坛整理。

从地区分布来看，统计的360家内资试点融资租赁公司共分布于26个省、市、自治区。其中天津市数量最多，达118家，约占全部内资租赁企业数量的30.03%。此外，浙江省39家，北京市27家，陕西省22家，上海市18家。

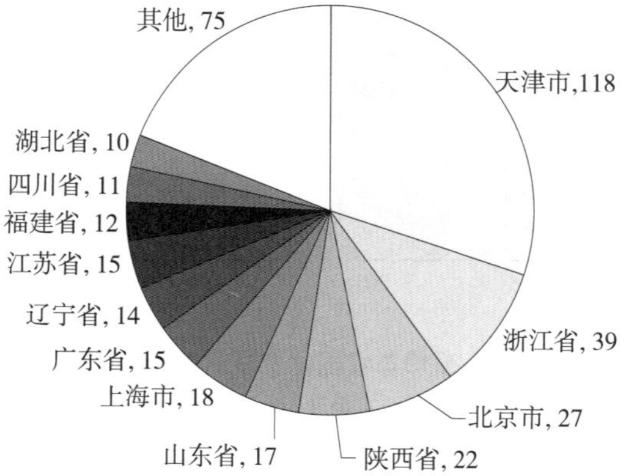

图1-5　2019年末，内资试点融资租赁公司地区分布情况（单位：家）

数据来源：中国融资租赁三十人论坛整理。

1.2.3　外商投资融资租赁企业发展情况

截至2019年6月末，全国共有外商投资融资租赁公司10 515家，较2016年末增加4 561家（见图1－6）。

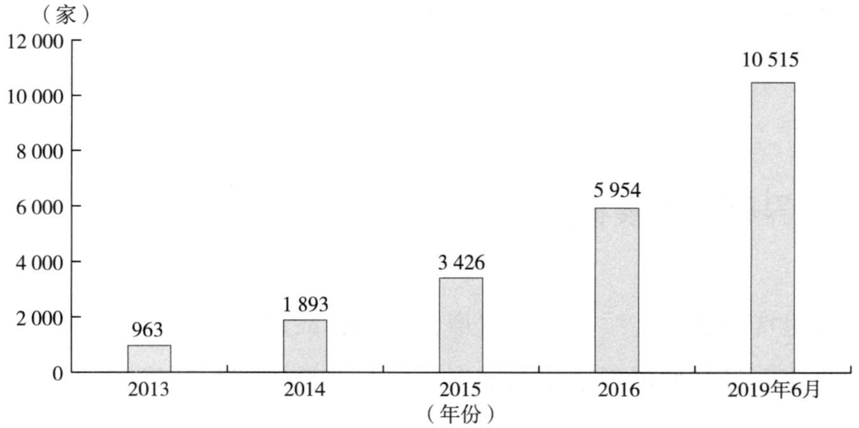

图 1－6　2013年至2019年 6 月末我国外资融资租赁企业数量①

数据来源：银保监会，商务部，中国融资租赁三十人论坛整理。

① 2017年、2018年官方未公布外资融资租赁企业数量。

2　国际融资租赁行业发展概况

2.1　世界租赁发展概述

全球租赁业已经连续9年实现增长，尽管最近几年步伐较小。国际租赁业仍然是全球经济发展的重要贡献者，并且在监管变化和经济动荡的情况下持续展现出创新性和灵活性。

《世界租赁年报2020》（*2020 Global Leasing Report*）依据全球新增业务量前50的国家进行统计，2018年度新增业务量增长0.33%，由2017年的12 827.3亿美元增至2018年的12 870.1亿美元，而2016年和2017年分别有着9.4%和16.6%的显著增长。总体来看，过去9年中，全球租赁业增长了131%（见图2－1）。

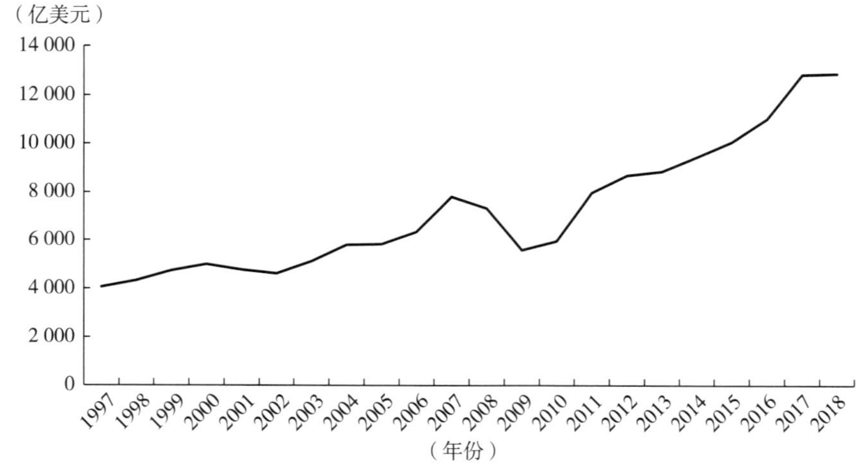

图2-1　1997—2018年全球租赁交易总量走势

数据来源：整理自 White Clarke Group Global Leasing Report。

北美洲、欧洲和亚洲仍然是全球租赁市场的主体，2018年这三个地区的新增业务总量占全球的95%以上。北美地区增长了3.2%，而除非洲、北美地区以外的所有其他地区以美元计的增长幅度均出现了下降（见表2-1）。

表2-1 2017—2018年各区域交易量及增长率

业务量排名	地区	2018年新增业务量（亿美元）	2018年增长率（%）	2017年全球份额占比（%）	2018年全球份额占比（%）	2018年全球份额变化（%）
1	北美地区	4 601.1	3.2	34.8	35.8	1.0
2	欧洲地区	4 270.3	-0.3	33.4	33.2	-0.2
3	亚洲地区	3 506.5	-1.0	27.6	27.2	-0.4
4	澳新地区	285.1	-9.5	2.5	2.2	-0.2
5	南美地区	145.5	-14.5	1.3	1.1	-0.2
6	非洲地区	61.6	9.0	0.4	0.5	0.0
	全球总量	12 870.1	—	—	—	—

数据来源：整理自 White Clarke Group Global Leasing Report。

值得注意的是，《世界租赁年报2020》以美元作为通用货币基准，选取了2018年底的汇率进行计算，进而对国家/地区加以排名。因为货币波动不可避免地会影响报告中的美元数据，应谨慎使用此数据逐个对国家/地区进行比较。

2.2 世界租赁市场主体发展概况：北美洲、欧洲、亚洲

1997—2018年世界租赁市场主体（北美洲、欧洲、亚洲）新增业务量如图2-2所示。

【北美洲】

《世界租赁年报2020》对北美洲地区的统计数据由美国、加拿大和墨西哥三个国家的数据组成。北美地区是全世界租赁新增业务量最大的地区，2018年该地区新增业务量为4 601亿美元，占租赁设备全球市场总份额的35.8%。

美国是该地区的主要参与者，也拥有世界上最大的租赁市场。根据美国设备租赁与融资协会（ELFA）设备融资年度调查，2018年，设备融资行业的新增业务量增长了4.4%。这低于2017年6.9%的增长数字，但与美国商务部

报告的2018年2.9%的美国GDP增速相比仍然令人印象深刻。据估计，2018年，美国设备融资业务量新增了4 284亿美元。

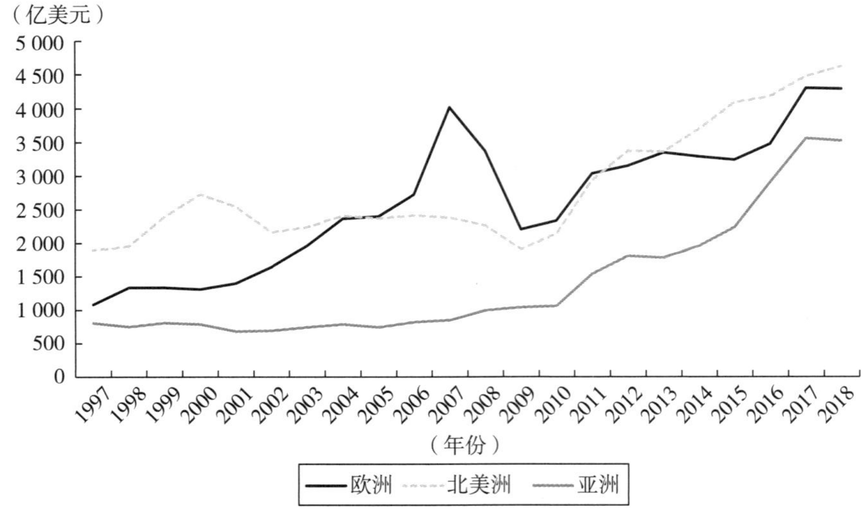

图2-2　1997—2018年全球新增业务量

数据来源：整理自White Clarke Group Global Leasing Report。

2018年加拿大经济增长从2017年的3%放缓至1.8%。美国、加拿大和墨西哥之间对NAFTA（北美自由贸易协定）谈判的不确定性以及对关税战的担忧，引发了对贸易的担忧，并抑制了增长。对全球经济环境的信心恶化使加拿大银行预测经济增长将放缓，预计加拿大经济2019年将增长约1.4%，2020年增长2%。2018年加拿大的租赁新增业务量增长了0.3%，而2017年为2.7%。总体来看，1990年至2018年间，加拿大的租赁新增业务量平均每年增长3.3%。据估计，基于资产的融资目前占加拿大设备总支出的39%左右。

墨西哥在2018年以当地货币计算的租赁新增业务量下降了6.8%。

【欧洲】

2018年，欧洲的新增业务量以美元计总额达到4 270亿美元，同比增长幅度下降了0.3%。欧洲市场约占全球租赁总量的33.2%，是全球第二大租赁市场。按国家排名，全球前十租赁市场中，欧洲占有5席，分别是英国、德国、法国、意大利和波兰。这5个国家占了欧洲总量的64%。英国和德国分别拥有世界第三和第四大租赁市场，并仍然是欧洲的主导。2018年，它们在欧洲市场的份额为39%，在全球市场的份额为13%。

2018年，英国的租赁新增业务量为922亿美元，与上年相比增长5.3%（以当地货币计算），在全球排名中仅次于美国和中国，位居第三。2020年1月，虽然英国已正式脱欧，经济不确定性依然存在，但英国经济已被证明具有令人难以置信的韧性。

欧洲第二大租赁市场是德国市场，2018年，新增业务量为733亿美元，若以当地货币计算，其新增业务量较2017年增长了2.4%。市场中57%的资产类型为汽车和房地产媒介，17%为拖车和卡车。2018年的一大亮点是市场对办公设备和IT系统的需求增长了12.8%。

法国拥有欧洲第三大租赁市场，2018年新增业务量为522亿美元，增长9.8%。

意大利拥有欧洲第四大租赁市场，2018年新增业务量为359亿美元，增长5.5%。

波兰拥有欧洲第五大租赁市场，2018年新增业务量为222亿美元，增长21.8%。由于波兰的表现强劲，且瑞典的新增业务量减少了19.6%，故瑞典滑出了全球租赁市场前十，现处于第十一位。

在整个欧洲地区，其他值得重点关注的国家/地区及其新增业务量增长情况分别是：保加利亚20.2%，荷兰19.7%，葡萄牙16.7%，俄罗斯20.7%和匈牙利13.3%。

总体而言，Leaseurope（欧洲租赁协会）的成员新增业务量的复合增长率为7.69%。这一数字与《世界租赁年报2020》统计的欧洲整体下滑相矛盾，其原因是Leaseurope使用欧元作为基础货币，并根据汇率波动进行了调整，而《世界租赁年报2020》是使用2018年末的美元做相关统计的。

【亚洲】

2018年，亚洲占据了全球市场27.2%的份额，拥有全球第三大租赁市场。2018年亚洲总体租赁新增业务量下降了1%，为3 507亿美元，这一情况也反映了中国租赁市场增长的放缓。在此之前，亚洲地区在2017年实现了59%的显著增长。

中国拥有世界第二大租赁市场。2018年新增业务量达2 544亿美元，2019年增速有所放缓。应该指出的是，2014年以来，中国租赁市场完成了一项了不起的壮举，新增业务量增长了168%。目前，中国租赁市场的渗透率约为7%，这一数字表明了该市场具有巨大的发展潜力。

日本拥有全球第五大租赁市场，2018年其租赁新增业务量为663亿美元，增长了6.8%。日本拥有仅次于中国的亚洲第二大市场，大约5%的私人资本投资是通过租赁进行的。

中国台湾地区市场现在是亚洲第三大租赁市场，2018年达到16.9%的增长，新增业务量达134亿美元，在全球前50名的国家/地区中排名第14位。

亚洲第四大租赁市场是韩国市场，在全球排名第15位，2018年实现新增业务量122亿美元，增长5.9%。香港地区2018年的新增业务量为4.5亿美元，增长了11%。马来西亚下降10%，至14亿美元。印度租赁市场实现了大规模扩张，2018年新增业务量达16亿美元，较上年增长了60%。《世界租赁年报2020》指出，其尚缺泰国、新加坡、巴基斯坦和印度尼西亚的可靠数据。

2.3 其他区域发展概况：澳大利亚、非洲、拉丁美洲

2018/2019财年澳大利亚租赁新增业务量为404亿澳元，仅比上年增长0.25%。而以美元计算，2018年澳大利亚以285亿美元的新增业务量居世界50强第八位。租赁在澳大利亚作为设备融资手段已经使用了60多年，充分证明了租赁在各种经济周期内的实用性。租赁在澳大利亚现已发展成一种成熟的设备融资手段，也是支持澳大利亚经济发展的投资方式。

2018年非洲市场仅占全球租赁市场的0.5%，南非、尼日利亚、摩洛哥和埃及这四个非洲国家跻身前50名。该地区的新增业务量达到62亿美元，增长了9%。在南美，重点放在投资组合价值上的国家租赁协会通常不会记录新增业务量数据，这使得难以确定该地区的年度新增业务量，因此，本报告中的许多数字都是估计值。

据阿尔塔集团（Alta Group）拉丁美洲地区的首席执行官拉斐尔·卡斯蒂·特里亚纳（Rafael Castillo Triana）先生的研究，2018年南美地区的整体新增业务量为146亿美元，较上年下降14.5%，南美地区占全球总租赁规模的

1.1%。按规模排名，南美地区租赁市场排前几名的分别是哥伦比亚、智利、巴西、秘鲁、波多黎各和阿根廷。以当地货币计算，巴西、智利和波多黎各分别获得了约23%、10%和5%的新增业务量增长，但哥伦比亚、秘鲁和阿根廷的新增业务量分别下降了约20%、8%、21%。

2.4 各国/地区租赁投资渗透率

2018 年各国/地区租赁投资渗透率相关数据见表2－2，2000—2018 年 11 个租赁业发达国家租赁投资渗透率见表2－3，2016—2018 年各国/地区租赁 GDP 渗透率见表2－4。

表 2-2 各国/地区租赁投资渗透率（2018年）

2018年排名	洲代码	国家/地区	排名变化	2018年新增业务量（亿美元）	2017年新增业务量（亿美元）	2018年增长率（%）	2017年增长率（%）	2018年市场渗透率（%）
1	NA	美国	0	4 284.0	4 103.5	4.40	6.90	21.5
2	A	中国	0	2 544.2	2 656.8	1.27	20.42	6.9
3	E	英国	0	921.7	924.5	5.30	5.18	32.9
4	E	德国	0	733.2	783.2	2.39	7.29	15.9
5	A	日本	0	663.4	604.7	6.80	-2.00	5.2
6	E	法国	0	521.8	497.8	9.79	8.69	16.9
7	E	意大利	0	359.0	336.3	5.47	12.89	16.1
8	ANT	澳大利亚	0	285.1	314.9	0.25	2.10	40.0
9	NA	加拿大	0	244.6	264.6	0.30	2.70	39.0
10	E	波兰	2	222.0	191.1	21.80	15.72	27.0
11	E	瑞典	-1	208.8	248.8	-19.61	10.50	22.4
12	E	俄罗斯	-1	205.9	200.6	20.71	46.68	-
13	E	瑞士	0	134.9	135.9	8.01	0.27	12.5
14	A	中国台湾	2	134.2	118.3	16.89	8.08	10.8
15	A	韩国	-1	121.8	120.0	5.94	5.30	9.0
16	E	西班牙	1	118.9	111.5	11.61	8.76	6.6
17	E	丹麦	-2	114.9	119.5	0.97	0.31	25.3
18	E	奥地利	1	93.6	88.5	10.78	7.85	14.0
19	E	荷兰	4	87.1	77.1	19.67	7.64	8.0
20	E	挪威	0	85.7	87.7	5.31	13.88	12.1

（续表）

2018年排名	洲代码	国家/地区	排名变化	2018年新增业务量（亿美元）	2017年新增业务量（亿美元）	2018年增长率（%）	2017年增长率（%）	2018年市场渗透率（%）
21	E	比利时	1	77.2	77.3	4.63	-3.49	10.0
22	NA	墨西哥	-4	72.5	90.6	-6.77	9.70	-
23	E	捷克	2	53.6	55.8	-1.92	5.59	12.3
24	E	土耳其	-3	52.4	79.3	-4.16	17.80	-
25	E	芬兰	1	52.0	44.7	1.96	16.08	16.0
26	E	葡萄牙	1	49.8	33.8	16.70	9.01	18.7
27	SA	哥伦比亚	-3	48.4	64.4	-20.15	6.00	-
28	SA	智利	0	47.4	43.7	9.90	-16.00	-
29	AF	南非	2	35.1	31.1	12.86	-2.90	-
30	E	匈牙利	2	29.3	28.0	13.30	18.35	8.5
31	E	斯洛伐克	-1	27.9	31.6	-7.47	6.59	15.0
32	SA	巴西	-3	26.9	32.6	22.90	20.00	-
33	E	罗马尼亚	0	25.5	25.0	2.00	2.00	-
34	E	立陶宛	0	24.1	23.6	7.06	23.66	31.6
35	E	斯洛文尼亚	0	17.6	17.5	3.77	8.73	19.6
36	E	保加利亚	5	17.1	11.7	20.21	9.19	13.9
37	A	印度	5	15.8	10.8	60.21	8.50	0.6
38	SA	秘鲁	-2	15.6	17.0	-8.40	-7.00	-
39	E	爱沙尼亚	0	14.5	14.5	4.08	9.88	29.2
40	A	马来西亚	-2	14.1	15.8	-10.48	35.65	-
41	AF	摩洛哥	-4	12.7	16.3	2.20	9.35	15.0
42	E	拉脱维亚	1	9.9	10.0	3.74	13.02	14.9
43	A	伊朗	-3	8.5	13.2	-17.00	5.40	0.5
44	E	乌克兰	3	8.1	4.6	10.84	33.00	-
45	AF	埃及	4	7.3	3.0	45.00	23.00	-
46	AF	尼日利亚	0	6.5	5.1	11.00	5.00	-
47	A	中国香港	1	4.5	4.0	11.37	2.60	-
48	E	希腊	-3	3.8	6.3	-36.58	65.32	2.1
49	SA	波多黎各	1	3.7	3.6	5.23	23.00	-
50	SA	阿根廷	-6	3.5	8.9	-20.82	68.00	-

数据来源：（1）国际租赁协会；（2）欧洲租赁协会；（3）亚洲租赁协会；（4）Alta集团；（5）其他贸易协会；（6）政府统计；（7）中央银行数据；（8）学者评估；（9）其他数据。

表 2-3 11 个租赁业发达国家租赁投资渗透率（2000—2018 年）

（单位：%）

国家	2000	2001	2002	2003	2004	2005	2006	2007	2008	2009	2010	2011	2012	2013	2014	2015	2016	2017	2018
美国	31.7	31.0	31.1	31.1	29.9	26.9	27.7	26.0	16.4	17.1	17.1	21.0	22.0	22.0	22.0	22.0	21.5	21.6	21.5
日本	8.3	8.8	8.9	8.8	8.8	8.6	8.4	7.5	6.9	6.5	6.0	5.9	6.2	6.2	5.4	5.7	5.7	5.3	5.2
德国	14.8	13.5	9.8	21.7	15.7	18.6	23.6	15.5	16.2	13.9	14.3	14.7	5.8	16.6	16.4	16.7	17.0	17.2	15.9
韩国	2.4	1.6	3.9	4.4	5.6	7.7	9.4	–	10.5	4.4	4.8	8.7	8.5	8.1	9.8	9.4	9.1	8.9	9.0
英国	13.8	14.4	15.3	14.2	9.4	14.5	12.7	11.6	20.6	17.6	18.5	19.8	23.8	31.0	28.6	31.1	33.7	32.4	32.9
法国	9.2	13.7	12.9	15.4	9.0	11.7	11.0	12.0	12.2	3.1	10.5	11.1	12.8	12.5	13.1	14.2	15.3	16.1	16.9
意大利	12.3	10.4	8.6	7.6	11.4	15.1	15.2	11.4	16.9	10.0	13.1	12.3	10.0	9.4	11.7	13.0	14.1	15.2	16.1
巴西	11.4	7.6	3.6	3.8	7.7	13.5	16.9	19.0	23.8	–	–	–	–	–	–	–	–	–	–
加拿大	22.5	22.0	20.2	22.0	23.3	23.9	22.0	22.0	19.6	14.0	15.1	20.8	20.8	32.0	31.0	32.0	32.0	38.0	39.0
澳大利亚	20.0	20.0	20.0	20.0	20.0	20.0	18.0	14.2	10.0	10.0	12.0	27.5	27.5	40.0	40.0	40.0	40.0	40.0	40.0
瑞典	12.9	9.2	13.0	11.6	12.7	11.8	11.8	14.3	19.4	17.5	19.2	18.2	24.6	24.4	22.7	22.9	26.0	27.1	22.4

数据来源：

（1）澳大利亚设备租赁协会（租赁总额占私人资本投资比例）；

（2）美国商务部门、经济与统计部门，美国经济分析局和设备租赁与融资协会（设备租赁占企业设备投资比例）；

（3）日本经济规划部门和日本租赁协会（设备租赁占私人资本投资比例）；

（4）欧洲租赁业年度报告；

（5）加拿大统计局和设备出租协会（出租人购买占设备采购总额的比例）；

（6）韩国租赁协会；

（7）巴西租赁公司协会；

（8）伦敦金融集团；

（9）怀特克拉克全球租赁报告。

表2-4 各国/地区租赁GDP渗透率（2016—2018年）

排名	2018年情况		2017年情况		2016年情况	
	国家和地区	2018年比例（%）	国家和地区	2017年比例（%）	国家和地区	2016年比例（%）
1	爱沙尼亚	4.71	爱沙尼亚	5.58	爱沙尼亚	4.97
2	立陶宛	4.52	立陶宛	4.99	瑞典	3.93
3	波兰	3.79	瑞典	4.65	立陶宛	3.72
4	瑞典	3.75	丹麦	3.67	丹麦	3.40
5	丹麦	3.26	波兰	3.64	英国	3.11
6	英国	3.26	斯洛文尼亚	3.58	斯洛文尼亚	3.09
7	斯洛文尼亚	3.26	英国	3.52	波兰	2.98
8	拉脱维亚	2.84	拉脱维亚	3.30	拉脱维亚	2.74
9	保加利亚	2.62	斯洛伐克	3.29	捷克	2.31
10	斯洛伐克	2.62	捷克	2.59	芬兰	2.27
11	中国台湾	2.27	澳大利亚	2.28	澳大利亚	2.25
12	捷克	2.19	中国	2.21	哥伦比亚	2.20
13	美国	2.08	挪威	2.20	美国	2.06
14	葡萄牙	2.07	奥地利	2.12	中国台湾	1.89
15	奥地利	2.05	德国	2.12	奥地利	1.85
16	澳大利亚	2.01	美国	2.11	德国	1.85
17	挪威	1.97	中国台湾	2.07	中国	1.84
18	瑞士	1.91	保加利亚	2.05	挪威	1.83
19	中国	1.90	葡萄牙	2.05	瑞士	1.81
20	芬兰	1.90	哥伦比亚	2.05	保加利亚	1.79
21	法国	1.88	芬兰	2.02	加拿大	1.69
22	德国	1.86	匈牙利	2.01	葡萄牙	1.65
23	匈牙利	1.82	瑞士	2.00	匈牙利	1.65
24	意大利	1.73	法国	1.92	法国	1.58
25	智利	1.59	意大利	1.73	斯洛伐克	1.54
26	哥伦比亚	1.46	加拿大	1.60	比利时	1.50
27	比利时	1.45	智利	1.58	意大利	1.37
28	加拿大	1.43	比利时	1.57	罗马尼亚	1.31
29	日本	1.33	摩洛哥	1.49	摩洛哥	1.30
30	俄罗斯	1.24	俄罗斯	1.27	日本	1.20
31	摩洛哥	1.07	日本	1.24	秘鲁	1.18
32	罗马尼亚	1.06	罗马尼亚	1.18	南非	1.09
33	南非	0.95	土耳其	0.93	塞尔维亚/黑山	0.85

（续表）

排名	2018年情况		2017年情况		2016年情况	
	国家和地区	2018年比例（%）	国家和地区	2017年比例（%）	国家和地区	2016年比例（%）
34	荷兰	0.95	荷兰	0.93	土耳其	0.84
35	西班牙	0.83	南非	0.89	俄罗斯	0.82
36	韩国	0.71	西班牙	0.85	智利	0.81
37	秘鲁	0.69	秘鲁	0.79	荷兰	0.79
38	土耳其	0.68	墨西哥	0.79	韩国	0.76
39	乌克兰	0.62	韩国	0.78	西班牙	0.70
40	墨西哥	0.59	马来西亚	0.51	墨西哥	0.68
41	马来西亚	0.39	乌克兰	0.41	乌兹别克斯坦	0.45
42	波多黎各	0.37	波多黎各	0.35	马来西亚	0.36
43	埃及	0.29	希腊	0.31	伊朗	0.31
44	伊朗	0.19	伊朗	0.31	乌克兰	0.23
45	希腊	0.17	埃及	0.17	希腊	0.17
46	尼日利亚	0.16	巴西	0.16	尼日利亚	0.13
47	巴西	0.14	阿根廷	0.14	中国香港	0.12
48	中国香港	0.12	尼日利亚	0.14	阿根廷	0.11
49	阿根廷	0.07	中国香港	0.12	埃及	0.10
50	印度	0.06	印度	0.04	巴西	0.10

数据来源：伦敦金融集团，怀特克拉克集团。

环境篇

3 行业政策环境

3.1 监管

3.1.1 融资租赁行业监管政策变化

自2018年4月商务部将制定融资租赁公司、商业保险公司、典当行业务经营和监管规则的职责划给银保监会后，融资租赁行业实现了监管并轨，业务发展和监管进入了一个新的阶段，即银保监会统一制定规则，地方金融监管局来实施监管。

（一）《中国银保监会关于开展“巩固治乱象成果　促进合规建设”工作的通知》

2019年5月8日，银保监会发布《关于开展“巩固治乱象成果　促进合规建设”工作的通知》，要求各银行保险机构法人应在汇总分支机构情况基础上，分别于2019年6月30日前和12月10日前将半年、年度工作报告及附表报送监管部门，并对金融租赁公司等提出了工作要点。根据附件《2019年非银行领域“巩固治乱象成果　促进合规建设”工作要点》，金融租赁公司的工作要点包括宏观调控政策执行、公司治理、资产质量、业务经营（见表3－1）。

表3-1　金融租赁公司工作要点

序号	金融租赁公司的工作要点	
1	宏观调控政策执行	违规开展房地产业务；违规向地方政府及融资平台提供融资等
2	公司治理	股东滥用权利，损害公司利益；股东违规质押本公司股权或设立信托；董事会及专业委员会履职有效性不足，监事会监督作用未充分发挥，关键岗位长期空缺、兼任不相容职务；薪酬管理制度不完善或执行不力；关联方识别不到位，违规通过关联交易输送利益等
3	资产质量	未按规定做实资产质量，未按规定计提拨备等

（续表）

序号	金融租赁公司的工作要点	
4	业务经营	违规以公益性资产、在建工程、未取得所有权或所有权存在瑕疵的财产作为租赁物；违规开展固定收益类证券投资以外的投资业务，如购买信托计划、资管计划；未做到洁净转让或受让租赁资产，违规以带回购条款的租赁资产转让方式向同业融资，违规通过各类通道（包括券商、信托、资产公司、租赁公司等）实现不良资产非洁净出表或虚假出表，人为调节监管指标；专业子公司、项目公司未在公司授权范围内开展业务；租赁物属于国家法律法规规定的所有权转移必须到登记部门进行登记的，未办理相关转移手续等

该通知将“在建工程”与“公益性资产”“所有权存在瑕疵的财产”并列，系首次明确将“在建工程”列为不得作为租赁物的范畴。

（二）《中国银保监会现场检查办法（试行）》

2019年12月24日，银保监会发布了《中国银保监会现场检查办法（试行）》（以下简称《办法》）。《办法》旨在进一步完善现场检查制度框架，规范现场检查行为，提升现场检查质效。《办法》为银保监会做好银行业和保险业现场检查工作奠定了制度基础。一是明确现场检查定位，二是完善检查工作职责，三是严格规范检查立项程序，四是丰富现场检查方法，五是鼓励自查自纠。《办法》自2020年1月28日起施行，《中国银监会现场检查暂行办法》同时废止。

（三）《融资租赁公司监督管理暂行办法（征求意见稿）》

2020年1月8日，为规范融资租赁公司经营行为，强化监督管理，促进融资租赁行业规范发展，银保监会起草了《融资租赁公司监督管理暂行办法（征求意见稿）》（以下简称“征求意见稿”），向社会公开征求意见。意见反馈截止时间为2020年2月9日。

征求意见稿共六章五十五条，包括总则、经营规则、监管指标、监督管理、法律责任及附则，主要内容有：一是弥补短板，完善经营规则。明确融资租赁公司的业务范围、融资行为、租赁物范围以及禁止从事的业务或活动。完善融资租赁公司的公司治理、内部控制、风险管理、关联交易、计提准备金等制度，同时明确融资租赁物购置、登记、取回、价值管理等其他业务规则。二是从严监管，落实指标约束。为引导融资租赁公司专注主业，加强对融资租赁公司的合规监管约束，设置了部分审慎监管指标内容。包括融资租赁资产比重、固定收益类证券投资业务比例、杠杆倍数、业务集中度等。三是积极稳妥，推进分类处置。针对行业现存的“空壳”“失联”企业较多等问题，提出了清理规范要求。按照经营风险、违法违规情形，将融资租赁公司划分为正常经营、非正常经营和违法违规经营三类，具体明确三类公司的认定标准，指导地方稳妥实施分类处置。四是明确职责，加强监督管理。明确银保监会和地方政府的职责分工，并对地方金融监管部门的日常监管提出了具体要求，完善监管协作机制、非现场监管、现场检查、监管谈话等内容。

征求意见稿对未来的融资租赁公司在公司治理、内部控制要求、关联交易管理以及部分重要监管指标上的要求，也呈现出与目前金融租赁公司逐步靠拢的趋势，在租赁物范围、集中度管理等监管要求上也基本与现行的《金融租赁公司管理办法》（中国银监会令2014年第3号）的要求一致。

征求意见稿中新增了部分审慎监管指标内容。如融资租赁公司融资租赁和其他租赁资产比重不得低于总资产的60%；融资租赁公司的风险资产总额不得超过净资产的8倍；融资租赁公司开展的固定收益类证券投资业务，不得超过净资产的20%；融资租赁公司对单一承租人的全部融资租赁业务余额不得超过净资产的30%；对单一集团的全部融资租赁业务余额不得超过净资产的50%；对一个关联方的全部融资租赁业务余额不得超过净资产的30%；对全部关联方的全部融资租赁业务余额不得超过净资产的50%；等等。

（四）《中国银保监会非银行金融机构行政许可事项实施办法》

2020年3月23日，银保监会发布通知，银保监会对《中国银保监会非银行机构行政许可事项实施办法》进行了修订，形成了《中国银保监会非银行金融机构行政许可事项实施办法》（以下简称《办法》）。此次修订立足于提升非银行金融机构监管的有效性，重点围绕以下三个方面展开：一是进一步落实简政放权工作要求，精简审批事项，优化许可条件及程序；二是进一步规范和加强非银行金融机构股权管理，提升相关监管规则一致性；三是进一步完善非银行金融机构募集发行债务资本补充工具及高风险机构处置等相关规定，弥补监管实践中发现的制度短板。《办法》自公布之日起施行。

《办法》提到：金融租赁公司法人机构设立条件，金融租赁公司专业子公司设立条件；金融租赁公司专业子公司变更名称、注册资本、变更股权或调整股权结构等；金融租赁公司境内专业子公司解散或拟破产等；金融租赁公司在境内保税地区设立项目公司开展融资租赁业务应具备条件；金融租赁公司及其境内专业子公司募集发行债务、资本补充工具；金融租赁公司及其专业子公司董事和高级管理人员任职资格许可等。

3.1.2 各地监管政策变化

近年来，多省、市地方金融监督管理局已相继成立并完善制度。地方金融监督管理局的成立实际上是深化金融监管体制改革的重要组成部分。地方金融监管机构主要负责监管典当行、融资租赁公司、商业保理公司等机构。

从2019年地方金融监管部门发布的多个文件来看，监管思路整体趋严，但也体现出地方性差异。各地金融监管部门自2019年初已陆续发布地方性条例，为融资租赁企业的经营行为设定规则。

2019年开年以来，各地金融监管部门对融资租赁、商业保理类“空壳”“僵尸”等非正常经营企业进行清理。现场检查将引导融资租赁公司回归本源，立足主业，同时扶优限劣、推进行业洗牌、减量增质发展，有利于监管治理金融乱象，促进行业健康可持续发展。

【天津】

2019年4月26日，天津市地方金融监督管理局（以下简称“天津市金融局”）发布《关于进一步做好融资租赁企业管理信息系统数据报送的公告》。公告称，融资租赁公司应定期登录全国融资租赁企业管理信息系统填报经营信息。融资租赁公司应指派专人负责系统维护和本企业各类信息填报工作，真实、准确、完整填报有关数据。填报内容包括季度经营情况统计表及简要说明，上一年经营情况统计表及说明，并向注册地金融主管部门报送经审计机构审计的上一年度财务会计报告（含附注）等。

天津市金融局将对融资租赁公司报送情况进行严格审核，并将对有关情况适时予以抽查、通报。建立融资租赁业失信主体“黑名单”制度，将未登录全国融资租赁企业管理信息系统，以及已登录系统但存在未按时报送经营数据、虚假填报及违规经营等情况的企业纳入“黑名单”，在一定范围内进行公示，同时采取责令改正、列入重点关注企业目录、加强现场检查、违规失信惩戒等措施，并根据《企业异常经营名录管理暂行办法》通报市场监管部门。支持天津市租赁行业协会将纳入“黑名单”的企业在行业内部进行通报，限制实施会员权利，并按照有关规定通报天津市银行业协会等社会组织及金融机构。

2019年5月30日，《天津市地方金融监督管理条例》（以下简称《条例》）经天津市第十七届人大常委会第十一次会议审议通过，自2019年7月1日起施行。《条例》共六章四十四条，包括总则、地方金融组织、监督管理、风险防控、法律责任和附则。《条例》明确了地方金融组织的具体范围。将天津市行政区域内的小额贷款公司、融资担保公司、区域性股权市场、典当行、融资租赁公司、商业保理公司、地方资产管理公司等国家授权天津市监督管理的开展金融业务活动的组织纳入监管范围，并对其行为规范、风险防控和法律责任等做出了具体规定。

2019年7月22日，天津市金融局发布了《关于加强我市融资租赁公司监督管理工作的指导意见》（以下简称《指导意见》），《指导意见》着重从融资租赁公司设立、规范经营行为、加强监督管理和风险防控等几个方面提出要求：一是内资租赁公司从事融资租赁业务，应当实缴不少于17 000万元注册资本（2001年8月31日及其以前设立的内资租赁公司不少于4 000万元）；二是在规范经营行为中，融资租赁公司应当建立关联交易管理制度，融资租赁公司在向关联生产企业采购设备时，有关设备的结算价格不得明显低于该生产企业向任何第三方销售的价格或同等批量设备的价格等；三是建立“黑名单”制度，将“黑名单”公司列为重点监管对象，加强日常监管及现场抽查、检查等。

2019年7月30日，天津市金融局、天津市税务局发布《关于印发天津自由贸易试验区内资租赁企业从事融资租赁业务试点确认工作流程的通知》。通知表示，天津市金融局、天津市税务局负责天津自贸区内资租赁企业从事融资租赁业务试点确认工作，并明确工作流程：在天津市自贸区注册的内资租赁企业申请融资租赁业务，须向滨海新区金融局提交申报材料，由滨海新区金融局出具关于同意内资租赁企业从事融资租赁业务的支持函，连同审核记录及机构申请材料提交市金融局机构准入处；市金融局会同市税务局根据申报单位提供的材料进行确认，对符合条件的企业通过市金融局外网公示（5个工作日）；经公示无异议的，由市金融局、市税务局联合下达确认试点的批复文件，企业持批复文件至所在地市场监管部门办理增项手续。

天津市金融局根据出台的各项新规，建立了融资租赁公司“黑名单”制度，将“黑名单”公司列为重点监管对象，加强日常监管及现场抽查、检查。天津市金融局于2019年8月、2019年12月及2020年3月先后公布三批“黑名单”，合计78家融资租赁公司入列。

2020年1月14日，天津市金融局对外发布《关于对中融国融国际融资租赁（天津）有限公司送达〈立案通知书〉的公告》。公告显示，天津市金融局已决定对中融国融国际融资租赁（天津）有限公司立案调查。该公司于2019年12月被列入天津市金融局第二批融资租赁公司“黑名单”。

2020年1月14日，天津市金融局发布《关于公布天津市融资租赁公司“失联”名单的公告》。公告显示，经排查发现辖内217家融资租赁公司无法取得联系，处于“失联”状态，鉴于“失联”公司长期脱离监管，无法掌握其实际经营情况，存在较大风险隐患，向社会公告。

2020年4月，天津市金融局下达对国丰融资租赁（天津）有限公司和爱骏惠民融资租赁（天津）有限公司的处罚决定书，决定书中提到这两家公司主要的违规事实是“公司存在未按规定填报全国融资租赁企业管理信息系统”。这也是自2019年7月1日《天津市地方金融监督管理条例》正式实施后首批被处罚的融资租赁公司，依据上述条例第三十八条规定，将分别对这两家租赁公司处二十万元人民币罚款的行政处罚。

表3-2　2019—2020年天津市金融局做出的相关处罚

时间	处罚通知	处罚对象	处罚依据	处罚措施
2019年8月27日	《天津市第一批融资租赁公司“黑名单”公告》	22家融资租赁公司	中国银保监会有关文件精神及《天津市地方金融监督管理局关于印发〈关于加强我市融资租赁公司监督管理工作的指导意见〉的通知》、《市金融局关于印发〈融资租赁公司“黑名单”制度〉的通知》	天津市金融局向全社会公布并根据有关规定采取进一步监管措施

（续表）

时间	处罚通知	处罚对象	处罚依据	处罚措施
2019年12月10日	《天津市第二批融资租赁公司“黑名单”公告》	13家融资租赁公司	中国银保监会有关文件精神及《市金融局关于印发〈融资租赁公司“黑名单”制度〉的通知》	天津市金融局向全社会公布并根据有关规定采取进一步监管措施
2020年1月14日	《立案通知书》	中融国融国际融资租赁（天津）有限公司	《天津市地方金融监督管理条例》和《天津市地方金融监督管理局行政执法工作办法》	天津市金融局已决定对中融国融国际融资租赁（天津）有限公司立案调查
2020年1月14日	《关于公布天津市融资租赁公司“失联”名单的公告》	217家融资租赁公司		天津市金融局向社会公告并要求“失联”公司于15日内联系并说明情况
2020年3月9日	《天津市第三批融资租赁公司“黑名单”公告》	43家融资租赁公司	中国银保监会有关文件精神及《市金融局关于印发〈融资租赁公司“黑名单”制度〉的通知》	天津市金融局向全社会公布并根据有关规定采取进一步监管措施
2020年4月8日		国丰融资租赁（天津）有限公司	公司存在未按规定填报全国融资租赁企业管理信息系统	二十万元人民币罚款的行政处罚
2020年4月8日		爱骏惠民融资租赁（天津）有限公司	公司存在未按规定填报全国融资租赁企业管理信息系统	二十万元人民币罚款的行政处罚

【上海】

2019年4月22日，上海市地方金融监督管理局（以下简称“上海市金融局”）发布《关于开展本市融资租赁企业、商业保理试点企业经营状况排查的函》，对辖内注册的融资租赁企业等进行全面核查。根据排查要求，各区主管部门应及时对企业自查、全面排查及前期日常监管中掌握的情况进行梳理汇总，形成的材料于2019年6月20日前与企业填报的“企业自查表”一并书面报送上海市金融局。该文件旨在对上海市融资租赁企业、商业保理试点企业经营状况进行排查，统筹推进促发展、强监管、防风险相关工作。上海金融局将对各区组织开展此次排查情况进行汇总分析，并将就有关情况报告上海市政府，通报各有关部门、各区政府。对各区排查发现的经营异常及违法违规企业，上海金融局将视情况向社会公告，或列入经营异常企业名录，通报有关方面予以关注查处、开展联合惩戒。

2019年5月23日，上海市金融局发布《关于进一步促进本市融资租赁公司、商业保理公司、典当行等三类机构规范健康发展强化事中事后监管的若干意见》。监管意见包括五大方面，在第一条规范经营管理中重点指出了对融资租赁企业指导的六个事项：注册资金实缴、注册地实际经营、权属登记、不得自行连续停业6个月以上等。该意见自2019年7月1日起施行。

2019年6月，上海市金融局公布《关于规范企业名称及经营范围中相关表述的通知》，要求已经取得上海市融资租赁经营资质，但名称或经营范围中未规范使用“融资租赁”字样的企业，于2019年9月30日前抓紧办理变更登记，在企业名称（所属行业）及经营范围中均统一使用“融资租赁”字样。自通知公布以来，远东国际租赁有限公司、聚信国际租赁股份有限公司、中交建融租赁有限公司等相继完成更名，公司名称统一适用“融资租赁”字样。

2019年9月9日，上海市金融局发布《关于开展本市融资租赁企业、商业保理试点企业监管职责转隶后首次现场检查工作的通知》。通知提出，自2019年10月8日—11月29日，将对上海市内融资租赁企业进行现场检查，检查期间为2018年1月—2019年6月。现场检查内容包括五大方面，涉及多条细则：法人治理与内部控制情况、业务经营情况、风险控制情况、配合监管情况以及其他相关情况。此次现场检查延续了地方金融局自接手融资租赁行业监管以来提出的一些要求和意见，从检查内容来看，比较全面深入，除此前一直关注的注册资本实缴、信息报送、注册地和经营地、违规融资等情形外，首次从监管层面关注融资租赁企业的标的物合规性、融资集中度、风险准备金计提等情况。

2019年11月20日及2019年12月24日，上海市金融局公布辖内第一、二批经营异常融资租赁公司名单，分别包括264家和290家公司。异常情况包括：6个月以上未经营，无实缴资本，未按时填报企业自查表，未按监管要求接入数据报送系统在线报送企业经营数据等。根据公告，限一个月内联系监管并进行整改。

2020年4月10日，《上海市地方金融监督管理条例》（以下简称《条例》）

经上海市第十五届人大常委会第二十次会议表决通过。“强监管，防风险，促发展”是本次立法重要的价值取向，体现了当前地方金融监管工作的主基调。《条例》明确了地方金融监管的管理对象，规定上海市地方金融管理部门对“小额贷款公司、融资担保公司、区域性股权市场、典当行、融资租赁公司、商业保理公司、地方资产管理公司”等地方金融组织实施监管。在完善地方金融组织行为规范方面，《条例》加强与现有行业准入监管规则的衔接，以指引性条款确定地方金融组织设立条件；针对监管地方金融组织的共性需求，规范日常经营行为，确立审慎经营、营销宣传、经营信息报送和重大风险事件报告等制度。《条例》完善了退出机制，地方金融组织不再经营相关金融业务的，应当按照规定提出书面申请或者报告，并提交资产状况证明以及债权债务处置方案等材料。此外，《条例》明确了地方金融组织的行为底线，严禁资金端的“吸收或者变相吸收存款”的行为与资产端的“非法受托投资、自营或受托发放贷款”的行为，督促地方金融组织严守风险底线。

【广东】

2019年5月6日，深圳市地方金融监督管理局（以下简称“深圳金融监管局”）发布了《关于做好融资租赁行业快报系统注册及填报工作的通知》。2020年2月20日，深圳金融监管局官方网站公示了830家疑似“失联”的融资租赁企业名单。公告期限为2020年2月20日至3月20日，企业可在上述期内与深圳金融监管局联系，按照有关监管要求进行整改后，可申请移出疑似“失联”企业名录。公告期满后，仍未取得联系的企业，将按相关规定采取必要的处置措施。

根据银保监会有关文件精神及《广东省地方金融监督管理局关于做好商业保理、融资租赁行业快报系统注册及填报工作的通知》（粤金监函〔2019〕548号）、《广州市地方金融监督管理局关于进一步督促辖区融资租赁商业保理两类机构填报信息系统的通知》等工作要求，广州南沙经济技术开发区金融工作局对全区融资租赁企业进行摸查，2020年1月20日、2020年3月6日、2020年3月26日公布三批非正常经营类融资租赁企业，分别为200家、163家、680家，并要求按照有关监管要求及时进行整改。公告期满后，对仍未联系并按要求整改的企业，将按相关规定采取必要处置措施。

【北京】

2019年8月29日，北京市地方金融监督管理局（以下简称“北京金融局”）发布一则检查通知。通知内容显示，北京市自2019年9月起开展典当行、融资租赁、商业保理三类行业现场检查工作。此次检查由北京金融局组织，检查组成员包括北京金融局、各区主管部门、律师事务所、会计师事务所和行业协会相关工作人员，要求各企业落实好检查要求，配合检查组高质量完成此次现场检查工作。

2019年11月25日，北京市顺义区人民政府办公室印发《关于加快北京市融资（金融）租赁聚集区建设的办法》，旨在加快打造北京市融资（金融）租赁聚集区，成为北京市首项针对融资租赁行业的专项奖励扶持政策。该办法实施以后，在顺义区注册并纳税的融资租赁企业，前两年，按照其当年实现市区两级经济贡献的100%予以补助，第三年至第四年，按照其当年实现市区两级经济贡献的80%予以补助，第五年，按照其当年实现市区两级经济贡献的50%予以补助。

2020年3月31日，北京金融局印发《鼓励地方金融组织支持复工复产加强服务实体经济若干措施》。北京金融局表示，在支持企业复工复产期间，对于辖区内融资租赁、商业保理及小额贷款等地方金融组织将加大监管支持力度，适当放宽监管要求。其中对于稳健经营、各项监管指标良好、积极支持复工复产的融资租赁公司、商业保理公司，在风险可控、底层投资人可穿透的情况下，经北京金融局审核同意后，可通过北京金融资产交易所融资。

2020年4月7日，北京金融局发布《北京市融资租赁公司监督管理指引（试行）》等。此监管指引体现出融资租赁行业监管愈发严格的趋势，值得注意的是，此监管指引是试行。监管指引的主要内容包括：一是明确规定典当行、融资租赁公司、商业保理公司、地方资产管理公司不得吸收公众存款、违规销售金融产品或从事金融产品交易。着力完善金融安全防线和风险应急处置机制，筑牢市场准入、早期干预和处置退出三道防线。二是明确监管职责，强化地方金融监管主体责任。形成以市金融工作部门统筹监管、区金融工作部门属地监管、行业协会自律监管的监管格局，科学防范首都金融风险。将四个行业所有金融业务都纳入监管范围，并辅以必要的监管手段，加强对监管部门的金融监管问责。进一步强化市、区两级金融工作部门的主体责任、属地责任和行业协会的自律监管责任。

此监管指引共七章六十三条，在适用对象、监管主体与框架、监管基本要素、机构准入和退出、业务范围、经营规则和风险控制、行业自律组织、监管职责和措施、监管体系、信息报送等方面做出规定：融资租赁公司的注册资本应当为一次性实缴货币资本，最低限额为2亿元人民币或等值自由兑换货币；最近1年年末净资产不低于5亿元人民币或等值自由兑换货币，净资产占总资产的比例不低于30%，权益性投资余额原则上不超过其净资产的50%（合并会计报表口径，含本次投资资金）；同一投资人及其关联方、一致行动人作为主要股东参股融资租赁公司的数量不得超过2家，或控股融资租赁公司的数量不得超过1家；融资租赁公司应当对每个分公司拨付不少于5 000万元的营运资金，各分公司营运资金总额不得超过融资租赁公司注册资本的50%；融资租赁公司的融资租赁和其他租赁资产比重不得低于总资产的60%；等等。

【重庆】

根据重庆市《融资租赁商业保理典当行三类机构监管职责转隶工作方案》，重庆市地方金融监督管理局于2019年2月20日至6月30日对全市融资租赁公司开展了整顿规范工作，并于2019年8月13日发布公告，发现13家融资租赁公司未在注册地办公、未按期向监管部门报送月度报表，监管部门无法与其取得联系。公告要求这13家融资租赁公司2019年9月13日前与重庆市地方金融监督管理局联系，公告期满将依相关规定处理。

【江西】

2019年10月22日，江西省人民政府官网公布《省金融监管局颁发省内首张“融资租赁公司经营许可证”》。其中称，江西省地方金融监督管理局将首张融资租赁公司经营许可证颁发给江西省金控融资租赁公司。此次江西省内首张“融资租赁公司经营许可证”的下发，或意味着融资租赁公司作为持牌金融机构的大幕正式拉开。

2020年2月28日，江西省地方金融监督管理局发布《关于疑似失联融资租赁公司名单的公告》。公告称，为及时发现并妥善处置全省融资租赁公司存在的风险隐患，加强行业监督管理，推动行业规范稳健发展，该局于2019年部署开展了融资租赁公司梳理排查。根据排查情况，江西省有46家疑似失联融资租赁公司。其中注册地所属区域位于南昌市的有24家，占比约52%。公告期满后，仍未取得联系的企业，将按相关规定采取相应的处置措施。

【安徽】

2019年7月24日，马鞍山市地方金融监督管理局公告称，全市共有16家企业的名称和经营范围中含“融资租赁”字样，依照法律法规和行业规范，向各整顿对象明确“融资租赁准入条件”（外商融资租赁公司的外国投资者总资产不低于500万美元；高级管理人员要具有相应专业资质和不少于三年的从业经验；内资融资租赁企业最低注册资本应该达到1.7亿元人民币；企业要有健全的内部控制制度和风险控制制度等）。依法依规开展整顿后，11家融资租赁企业受到清理整顿：1家违法融资租赁企业办理注销；2家违规企业的经营范围中删除了“融资租赁”字样；3家企业出具承诺书，承诺在未取得行业许可证之前不开展融资租赁业务；5家企业列入经营异常名录。

2019年10月12日，安徽省地方金融监督管理局发文称，2019年以来，安徽省地方金融监督管理局共吊销典当行、融资租赁、商业保理三类机构营业执照8家、注销123家，12家通过变更名称或经营范围退出行业，81家被纳入市场监管异常经营名录，进一步出清行业风险。

【山东】

2019年3月18日，山东省地方金融监督管理局（以下简称“山东省金融局”）发布《关于开展融资租赁业务有关工作的通知》。通知称，请各融资租赁企业于2019年4月15日前填写基本信息表，并做登记。要求融资租赁企业应当按照银保监会的要求使用全国融资租赁企业管理系统，及时如实填报有关数据。

2019年10月16日，济南市地方金融监督管理局（以下简称“济南市金融局”）发布了《济南市地方金融组织红黑名单管理办法（试行）》。此办法适用于由地方金融监管局依法审批或实施监管的地方金融组织，包括小额贷款公司、融资担保公司、区域性股权市场、典当行、融资租赁公司、商业保理公司等。此办法所称红名单，是指地方金融监管局将管理规范、经营稳健、业绩优良、诚实守信、风险防控能力强的地方金融组织，纳入红名单管理，予以政策支持和实施奖励。黑名单，是指地方金融监管局在依法履职过程中，将金融活动中违反法律法规且情节严重的地方金融活动主体，纳入黑名单，并实施重点监管和联合惩戒。

2020年4月9日，济南市金融局发文称，疫情防控以来，济南市金融局严格落实地方金融监管责任，不断完善工作机制，着力优化地方金融组织营商环境，积极引进和培育融资租赁企业，努力打造济南市融资租赁产业聚集高地。2020年一季度，济南市批复新设立融资租赁公司1家（一汽智行国际租赁有限公司济南分公司），从外市引进公司1家（中颢融资租赁有限公司），为8家公司完成了工商变更审批事项。下一步，济南市金融局将继续扩大融资租赁行业市场准入，在设立和引进优质融资租赁企业上下功夫，在促进融资租赁企业聚集发展的同时助力全市高端装备制造业转型升级，更好服务济南市实体经济发展。

【福建】

2019年2月28日，厦门市地方金融监督管理局（以下简称“厦门市金融局”）发布《关于进一步开展融资租赁公司摸底排查的通知》，联合各区（管委会）、市市场监督管理局、厦门市地方金融协会等相关单位进一步开展融资租赁公司摸底排查工作，摸清厦门市融资租赁行业的机构数量、经营现状和风险情况等，并将联合相关部门对未实际经营的机构开展清理整顿工作。

2019年4月30日，厦门市金融局发布《关于开展2019年度厦门市地方金融行业现场检查的通知》。检查对象：经厦门市金融主管部门批准设立的小额贷款公司、融资性担保机构、典当行，经省政府批准在厦注册的金融资产类交易场所，厦门市行政辖区内依法设立的融资租赁、商业保理企业。现场检查结合双随机制度，抽选42家机构进行检查。其中，7家租赁公司被选入内。检查时间为2019年5月至9月。检查范围为各机构2018年度及2019年度截至进场检查前一个月经营活动（根据需要可往前追溯），包括但不限于全部账簿、凭证报表、内控制度、相关会议纪要及经济合同。检查方式为现场检查，由市金融监管局牵头开展实施，成员由市金融监管局、区金融监管部门、厦门市地方金融协会及相关专业人员组成。现场检查结合非现场监管情况，采取现场查阅档案资料、随机抽样核查、约谈中高层及相关人员、召开现场座谈会等方式。

2020年3月31日，厦门市金融局发布《厦门市人民政府办公厅关于印发促进融资租赁业发展若干措施的通知》。通知称，鼓励设立高质量融资租赁公司，奖励最高不超过500万元。推动融资租赁公司加快发展，并强化融资租赁公司监督管理，加大融资租赁业清理排查力度。对于无实际经营活动、通过登记的住所或经营场所无法联系等经营异常的融资租赁公司划归为非正常经营类，经整改验收合格后可纳入监管名单；拒绝整改或整改验收不合格的，依法采取列入经营异常名录等措施。对于违法违规经营类企业，依法处罚或取缔，涉嫌构成犯罪的，依法移送司法机关处理。

【江苏】

2019年7月26日，南通市地方金融监督管理局公告了《南通市类金融机构2019年6月监管分类动态结果公示》。公告表示，根据《南通市类金融机构监管分类暂行办法》文件要求，南通市地方金融监督管理局自2019年7月起，每月公示区域内类金融机构监管分类动态结果，并于次年1月公示上年度监管分类最终结果。

此外，公告称接受公众对公示机构存在经营地与注册地不符、违规开展业务、非法吸收公众存款、暴力收贷等违法违规行为，对公示机构之外开展小额贷款、融资担保、典当、融资租赁等经营业务的非持牌机构进行举报。其中，正常监管类融资租赁公司（本地法人机构）24家，融资租赁公司（异地法人分支机构）10家。监管困难类融资租赁公司（本地法人机构）18家，融资租赁公司（异地法人分支机构）32家。

【四川】

2019年3月28日，四川省第十三届人民代表大会常务委员会发布第30号公告，《四川省地方金融监督管理条例》已由四川省第十三届人民代表大会常务委员会第十次会议通过，自2019年7月1日起施行。条例共六章四十五条，包括总则、地方金融组织、服务与发展、风险防范、法律责任和附则，适用范围包括融资租赁公司等。条例第五条、第六条明确建立省、市（州）、县（市、区）三级地方金融监管体系，赋予各自监管职责。省政府建立健全金融工作议事协调机构，研究决定全省地方金融监管和风险防范重大事宜，对市（州）政府进行履职问责。省、市（州）、县（市、区）三级地方金融主管部门按照《条例》规定履行监管职责、日常检查、数据统计等工作，依法开展行政处罚工作。

3.2 税收

3.2.1 融资租赁行业税收政策变化

（一）增值税税率下调

2019年3月20日，财政部、税务总局、海关总署联合发布《关于深化增值税改革有关政策的公告》（财政部、税务总局、海关总署公告2019年第39号），规定增值税一般纳税人（以下简称“纳税人”）发生增值税应税销售行为或者进口货物，原适用16%税率的，税率调整为13%；原适用10%税率的，税率调整为9%。公告自2019年4月1日起执行。

对于融资租赁行业，此次增值税税率下调的结果为：有形动产租赁服务税率由16%变为13%，包括有形动产融资租赁服务、有形动产经营性租赁服务；不动产租赁服务税率由10%变为9%，包括不动产融资租赁服务、不动产经营性租赁服务；融资性售后回租服务税率依然为6%。

【加计抵减政策】

财政部、税务总局、海关总署公告2019年第39号规定，自2019年4月1日至2021年12月31日，允许生产、生活性服务业纳税人按照当期可抵扣进项税额加计10%，抵减应纳税额。生产、生活性服务业纳税人，是指提供邮政服务、电信服务、现代服务、生活服务取得的销售额占全部销售额的比重超过50%的纳税人。

【期末留抵税额退税】

符合以下条件的纳税人，可以向主管税务机关申请退还增量留抵税额：（1）自2019年4月税款所属期起，连续6个月（按季纳税的，连续两个季度）增量留抵税额均大于零，且第六个月增量留抵税额不低于50万元；（2）纳税信用等级为A级或者B级；（3）申请退税前36个月未发生骗取留抵退税、出口退税或虚开增值税专用发票情形的；（4）申请退税前36个月未因偷税被税务机关处罚两次及以上的；（5）自2019年4月1日起未享受即征即退、先征后返（退）政策的。

当期允许退还的增量留抵税额，按照以下公式计算：允许退还的增量留抵税额＝增量留抵税额×进项构成比例×60%。

（二）融资租赁增值税变动历程

2011年11月16日，财政部、国家税务总局共同出台《关于在上海市开展交通运输业和部分现代服务业营业税改征增值税试点的通知》（财税〔2011〕111号），自2012年1月1日起施行，我国“营改增”试点工作在上海正式启动。通知明确“营改增”试点行业为交通运输业和部分现代服务业（包括研发和技术服务、信息技术服务、文化创意服务、物流辅助服务、有形动产租赁服务、鉴证咨询服务）。根据规定，融资租赁公司开展的有形动产租赁服务，按照17%的税率缴纳增值税。

2013年12月13日，财政部、国家税务总局联合印发《关于将铁路运输和邮政业纳入营业税改征增值税试点的通知》（财税〔2013〕106号），自2014年1月1日起，在全国范围内开展铁路运输和邮政业“营改增”试点。将有形动产租赁服务纳入增值税应税范围，包括有形动产融资租赁服务和有形动产经营性租赁服务，税率为17%。

2016年3月23日，《财政部　国家税务总局关于全面推开营业税改征增值税试点的通知》（财税〔2016〕36号）出台。经国务院批准，自2016年5月1日起，在全国范围内全面推开营业税改征增值税试点，建筑业、房地产业、金融业、生活服务业等全部营业税纳税人，纳入试点范围，由缴纳营业税改为缴纳增值税。通知将融资租赁行业增值税税率分为三档，即有形动产租赁服务按照17%的税率征税，不动产租赁服务按照11%的税率征税，将融资性售后回租纳入金融服务中的贷款服务范畴，按照6%的税率征税。

2018年4月4日，财政部、税务总局出台《关于调整增值税税率的通知》（财税〔2018〕32号），规定纳税人发生增值税应税销售行为或者进口货物，原适用17%和11%税率的，税率分别调整为16%、10%；原适用17%税率且出口退税率为17%的出口货物，出口退税率调整至16%；原适用11%税率且出口退税率为11%的出口货物、跨境应税行为，出口退税率调整至10%。此通知自2018年5月1日起执行。

2019年3月，财政部、税务总局、海关总署联合印发《关于深化增值税改革有关政策的公告》，增值税税率进一步下调，自2019年4月1日起执行。

从2016年全面“营改增”，到2018年5月下调增值税税率，再到2019年再次下调税率，其调整过程如表3-3所示。

表3-3 融资租赁增值税税率调整

	全面“营改增”	2018年5月1日调整	2019年4月1日调整
有形动产租赁服务	17%	16%	13%
不动产租赁服务	11%	10%	9%
融资性售后回租服务	6%	6%	6%

3.2.2 融资租赁行业现行税收政策

（一）增值税

根据财政部、税务总局、海关总署联合公告2019年第39号，有形动产租赁服务税率为13%，不动产租赁服务税率为9%，融资性售后回租服务税率为6%。

【增值税特殊规定】

1. 销项扣除额

根据财税〔2016〕36号，经人民银行、银监会或者商务部批准，从事融资租赁业务的试点纳税人，提供融资租赁服务，以取得的全部价款和价外费用，扣除支付的借款利息（包括外汇借款利息和人民币借款利息）、发行债券利息和车辆购置税后的余额为销售额。

经人民银行、银监会或者商务部批准，从事融资租赁业务的试点纳税人，提供融资性售后回租服务，以取得的全部价款和价外费用（不含本金），扣除对外支付的借款利息（包括外汇借款利息和人民币借款利息）、发行债券利息后的余额作为销售额。

2. 融资性售后回租服务过渡期安排

根据财税〔2016〕36号，试点纳税人根据2016年4月30日前签订的有形动产融资性售后回租合同，在合同到期前提供的有形动产融资性售后回租服务，可继续按照有形动产融资租赁服务缴纳增值税。可以选择以下方法之一计算销售额：

（1）以向承租方收取的全部价款和价外费用，扣除向承租方收取的价款本金，以及对外支付的借款利息（包括外汇借款利息和人民币借款利息）、发行债券利息后的余额为销售额。

（2）以向承租方收取的全部价款和价外费用，扣除支付的借款利息（包括外汇借款利息和人民币借款利息）、发行债券利息后的余额为销售额。

3. 即征即退

根据财税〔2016〕36号，经人民银行、银监会或者商务部批准，从事融资租赁业务的试点纳税人中的一般纳税人，提供有形动产融资租赁服务和有形动产融资性售后回租服务，对其增值税实际税负超过3%的部分实行增值税即征即退政策。商务部授权的省级商务主管部门和国家经济技术开发区批准的从事融资租赁业务和融资性售后回租业务的试点纳税人中的一般纳税人，2016年5月1日后实收资本达到1.7亿元的，从达到标准的当月起按照上述规定执行；2016年5月1日后实收资本未达到1.7亿元但注册资本达到1.7亿元的，在2016年7月31日前仍可按照上述规定执行，2016年8月1日后开展的有形动产融资租赁业务和有形动产融资性售后回租业务不得按照上述规定执行。

4. 租赁飞机进口环节增值税

2018年5月11日，国家税务总局、海关总署联合出台《关于进口租赁飞机有关增值税问题的公告》（国家税务总局公告2018年第24号），规定自2018

年6月1日起，对申报进口监管方式为1500（租赁不满一年）、1523（租赁贸易）、9800（租赁征税）的租赁飞机（税则品目：8802），海关停止代征进口环节增值税。进口租赁飞机增值税的征收管理，由税务机关按照现行增值税政策组织实施。

（二）所得税

《中华人民共和国企业所得税法》规定，企业所得税的税率为25%。

《中华人民共和国企业所得税法实施条例》规定，融资租入的固定资产，以租赁合同约定的付款总额和承租人在签订租赁合同过程中发生的相关费用为计税基础，租赁合同未约定付款总额的，以该资产的公允价值和承租人在签订租赁合同过程中发生的相关费用为计税基础。此外，规定企业根据生产经营活动的需要租入固定资产支付的租赁费，按照以下方法扣除：（1）以经营租赁方式租入固定资产发生的租赁费支出，按照租赁期限均匀扣除；（2）以融资租赁方式租入固定资产发生的租赁费支出，按照规定构成融资租入固定资产价值的部分应当提取折旧费用，分期扣除。

【税前扣除】

2019年8月23日，财政部、税务总局发布《关于金融企业贷款损失准备金企业所得税税前扣除有关政策的公告》（财政部、税务总局公告2019年第86号），作为财税〔2015〕9号的延续，自2019年1月1日起执行至2023年12月31日。公告规定，金融企业准予当年税前扣除的贷款损失准备金计算公式为：

准予当年税前扣除的贷款损失准备金＝本年末准予提取贷款损失准备金的贷款资产余额×1%－截至上年末已在税前扣除的贷款损失准备金的余额

按上述公式计算的数额如为负数，应当相应调增当年应纳税所得额。

【涉农贷款和中小企业贷款损失准备金税前扣除】

2019年8月23日，财政部、税务总局联合发布《关于金融企业涉农贷款和中小企业贷款损失准备金税前扣除有关政策的公告》（财政部、税务总局公告2019年第85号），明确规定金融企业根据《贷款风险分类指引》（银监发〔2007〕54号），对其涉农贷款和中小企业贷款进行风险分类后，按照以下比例计提的贷款损失准备金，准予在计算应纳税所得额时扣除：（1）关注类贷款，计提比例为2%；（2）次级类贷款，计提比例为25%；（3）可疑类贷款，计提比例为50%；（4）损失类贷款，计提比例为100%。公告中所称涉农贷款是指《涉农贷款专项统计制度》（银发〔2007〕246号）统计的农户贷款以及农村企业及各类组织贷款；中小企业贷款是指金融企业对年销售额和资产总额均不超过2亿元的企业的贷款。该公告自2019年1月1日起执行至2023年12月31日。

（三）关税

根据《中华人民共和国进出口关税条例》，进口货物的收货人、出口货物的发货人、进境物品的所有人，是关税的纳税义务人。

【进口设备租赁】

根据《中华人民共和国海关法》和《中华人民共和国进出口关税条例》，进口货物的收货人是关税交纳义务人，即承租人为实际收货人，应是关税的纳税义务人。进口符合关税减免条件的，承租人可享受关税减免优惠。

【跨境租赁】

根据《中华人民共和国进出口关税条例》，以租赁方式进口的货物，以海关审查确定的该货物的租金作为完税价格。纳税义务人要求一次性缴纳税款的，纳税义务人可以选择按照本条例第二十一条的规定估定完税价格，或者按照海关审查确定的租金总额作为完税价格。

根据《中华人民共和国海关审定进出口货物完税价格办法》规定，租赁方式进口的货物，按照下列方法审查确定完税价格：（1）以租金方式对外支付的租赁货物，在租赁期间以海关审查确定的租金作为完税价格，利息应当予以计入；（2）留购的租赁货物以海关审查确定的留购价格作为完税价格；（3）纳税义务人申请一次性缴纳税款的，可以选择申请按照本办法第六条列明的方法确定完税价格，或者按照海关审查确定的租金总额作为完税价格。

此外，如果境内承租人对租赁进口的设备只是要求境外出租人提供一种短期的租赁服务，租赁合同中并没有规定承租人在租赁结束时有留购租赁物或享有留购租赁物的选择权，则根据《中华人民共和国海关法》规定，暂时进口或者暂时出口的货物，以及特准进口的保税货物，在货物收发货人向海关缴纳相当于税款的保证金或者提供担保后，准予暂时免纳关税。

【减免关税进口设备的售后回租】

根据《中华人民共和国进出口关税条例》规定，需由海关监管使用的减免税进口货物，在监管年限内转让或者移作他用需要补税的，海关应当根据该货物进口时间折旧估价，补征进口关税。特定减免税进口货物的监管年限由海关总署规定。根据《海关总署关于调整进口减免税货物监管年限的公告》（海关总署公告2017年第51号），船舶、飞机的监管年限为8年，机动车辆为6年，其他货物为3年。监管年限自货物进口放行之日起计算。

在海关监管期限内，减免税设备只能用于特定地区、特定企业或特定用途，未经海关核准并补缴关税，不得移作他用。如果企业在海关监管期内擅自将减免税设备转让、出租、出借给他人使用，或者擅自改变其特定用途，或者擅自将减免税设备用于抵押、质押、融资租赁的，海关将视情节轻重，根据《中华人民共和国海关法》和《中华人民共和国海关行政处罚实施条例》的相关规定予以行政处罚。

而在售后回租交易中，承租人仅向出租人让渡了被监管货物法律上的所有权，承租人继续享有货物的占有、使用和收益权，即租赁物没有改变用途，也没有改变使用地，没有发生实质性转让或出售，也没有被移作他用。因此，企业用监管货物开展售后回租交易时，应主动报海关备案，在租赁合同期间或结束时，监管货物发生实质性出售或转让时，按照海关规定补缴关税。

（四）印花税

2015年12月24日，《财政部　国家税务总局关于融资租赁合同有关印花税政策的通知》（财税〔2015〕144号）发布。该通知规定，对开展融资租赁业务签订的融资租赁合同（含融资性售后回租），统一按照其所载明的租金总额依照“借款合同”税目，按万分之零点五的税率计税贴花。在融资性售后回租业务中，对承租人、出租人因出售租赁资产及购回租赁资产所签订的合同，不征收印花税。

3.3 法律

3.3.1 2019年融资租赁行业经典司法案例解析[①]

解析一：租赁物需要真实存在且登记需要明晰特定，方可证明对租赁物具有所有权，仅设备清单，不足以证明租赁物真实存在，不能认定为真实的融资租赁合同关系。

租赁物是否真实存在是人民法院判断是否构成融资租赁法律关系的重要评判依据。《融资租赁企业监督管理办法》第十条、《金融租赁公司管理办法》第三十四条均明确要求租赁物必须真实存在。另外，天津高院于2019年12月30日印发的《天津市高级人民法院关于印发〈天津市高级人民法院关于审理融资租赁合同纠纷案件若干问题的审判委员会纪要（一）〉的通知》第五条明确规定："认定租赁物是否真实存在及权属是否清晰时，应当根据租赁物的性质和来源，综合审查采购合同、支付凭据、发票、租赁物办理保险或者抵押登记的材料、中国人民银行征信中心融资租赁登记公示系统记载的租赁物权属状况等证据，不能仅凭租赁物发票、租赁物交接书或者有关租赁物的说明等予以认定。"该规定也释放出今后人民法院对租赁物真实性的审查将越来越严格的信号。如果出租人无法证明在开展业务时尽到对租赁物真实性的审查义务，在发生纠纷后，尤其是承租人恶意隐藏转移租赁物的情况下，出租人往往无法举证证明租赁物的真实性，那么法院会因出租人无法证明租赁物的真实性而认为只有融资没有融物，从而不认可融资租赁法律关系。

① 本部分作者为北京市圣大律师事务所主任匡双礼，律师何矗、董雯、杨莲莲、张艳艳，律师助理王宇。

（一）司法实践

国网国际融资租赁有限公司与中建六局第三建筑工程有限公司融资租赁合同纠纷[①]

当事人信息

原告：国网国际融资租赁有限公司（原名称英大汇通融资租赁有限公司）

被告：中建六局第三建筑工程有限公司

委托诉讼代理人：魏超，北京市鑫诺律师事务所律师

委托诉讼代理人：何声波，北京市鑫诺律师事务所律师

案件概述

原告国网国际融资租赁有限公司（以下简称“国网公司”）与被告中建六局第三建筑工程有限公司（以下简称“中建六局三公司”）于2016年8月25日签订《融资租赁合同（售后回租）》。合同约定国网公司就中建六局三公司自有的挖掘机、推土机、装载机等设备为中建六局三公司开展融资租赁售后回租业务。国网公司向中建六局三公司支付购买价6 000万元冲抵保证金600万元、手续费294万元后的剩余购买价5 106万元。租赁期限为36个月。合同还对租赁利率调整、迟延利息、保证金、违约责任等进行了约定。

前述合同签订后，国网公司按约向中建六局三公司支付购买价6 000万元冲抵保证金600万元、手续费294万元后的剩余购买价5 106万元，并将设备交付给了中建六局三公司。但中建六局三公司并未履行租金支付义务，截至2018年1月16日，中建六局三公司已拖欠到期租金551. 368 8万元，已经构成了《融资租赁合同（售后回租）》约定的违约事件，且经国网公司以发送律师函等方式多次催收后，中建六局三公司仍未支付。

中建六局三公司辩称：第一，本案没有实际租赁物，双方之间不存在融资租赁法律关系。国网公司与案外人李杰等以及中建六局三公司的法定代表人李健、财务负责人李宏伟合谋，各方虚构租赁物，借融资租赁名义行非法放贷之实，现李健及李宏伟已经被捕。（1）李健、李宏伟等人在刑事案件的

① 参见天津市第一中级人民法院（2019）津01民初572号一审民事判决书，于2019年11月25日做出。

供述，能证明案涉租赁物实际并不存在，且国网公司未对是否存在租赁物进行审查。（2）国网公司无法提供案涉租赁物的发票、采购合同、付款凭证等基本资料来证明租赁物真实存在，说明租赁物是虚构的。（3）案涉融资租赁合同附件2设备清单上记载有所谓租赁设备的购买时间及供应商，但很多供应商公司在设备购买时还未设立，可见设备清单是虚假的，实际不存在租赁设备。（4）与租赁物有关的合同条款均未得到实际履行，也证明租赁物不存在。（5）国网公司在起诉过程中变更了诉讼请求，在申请财产保全时，也未要求对租赁物进行查封，证明其知晓租赁物实际不存在。第二，案涉融资租赁合同因违反《融资租赁企业监督管理办法》和《银行业监督管理办法》的强制性规定而无效，同时也因是以虚假意思表示而实施的民事法律行为而无效。第三，即使不考虑案件需要移送公安管辖的因素，在确定借贷本金时，应以实际发放的金额5 106万元作为借贷本金，国网公司违法放贷，不应支持其利息的诉讼请求。第四，因合同无效，故国网公司要求支付迟延利息及违约金缺乏合同依据，应予驳回。即使合同有效，迟延利息已足以弥补国网公司损失，故不能再主张违约金。迟延利息超过了年利率24%的法定上限，国网公司主张更高的迟延利息，应举证证明其损失。第五，因合同无效，国网公司主张的律师费、保险费、差旅费缺乏合同依据，即使合同有效，合同只约定了国网公司有权追索行使国网公司权利而产生的合理费用，本案是借贷而非融资租赁，故不存在所谓国网公司权利，该约定也就失去了适用的前提。第六，在程序上，因本案涉嫌经济犯罪，应移送公安，驳回起诉。

一审法院认为：案涉《融资租赁合同（售后回租）》及其附件由国网公司与中建六局三公司订立，加盖有双方公司公章并由法定代表人签字，应认定是双方的一致意思表示。虽然中建六局三公司法定代表人李健因涉嫌犯罪被逮捕，但案涉《融资租赁合同（售后回租）》本身并不存在违反《中华人民共和国合同法》第五十二条规定的情形，系当事人之间的真实意思表示，应认定为合法有效。

关于案涉《融资租赁合同（售后回租）》法律关系的性质，根据《中华人民共和国合同法》第二百三十七条的规定，租赁物客观存在且所有权转移给出租人系融资租赁合同区别于借款合同的重要特征。租赁物应当客观存在，并且为特定物。没有确定的、客观存在的租赁物，仅有资金的融通，不构成融资租赁合同关系。本案中，国网公司与中建六局三公司虽然签订了《融资租赁合同（售后回租）》，并就租赁物及租金等问题做出了约定，且附有设备清单，但租赁物的具体购买价格、折旧折价情况、现存价值等均未体现，特别是国网公司未提供其在取得租赁物所有权时对租赁物进行过现场查勘或实物检视、租赁物的现状以及其他能够证明特定租赁物真实存在的证据。故仅凭设备清单不足以证明租赁物真实存在，现有证据无法认定双方当事人之间系融资租赁合同关系。

《最高人民法院关于审理融资租赁合同纠纷案件适用法律问题的解释》第一条规定：人民法院应当根据合同法第二百三十七条的规定，结合标的物的性质、价值、租金的构成以及当事人的合同权利和义务，对是否构成融资租赁法律关系做出认定。对名为融资租赁合同，但实际不构成融资租赁法律关系的，人民法院应按照其实际构成的法律关系处理。因现有证据仅能证明案涉当事人之间有资金的出借与返还关系，而不足以证明存在实际的租赁物并转移了租赁物的所有权，根据《最高人民法院关于审理民间借贷案件适用法律若干问题的规定》第一条有关“本规定所称的民间借贷，是指自然人、法人、其他组织之间及其相互之间进行资金融通的行为”的规定，应当认定国网公司与中建六局三公司之间系民间借贷关系而非融资租赁合同关系，案涉合同有关资金出借和到期还款的约定系当事人的真实意思表示，应当认定借款合同真实有效。

根据上述分析，国网公司与中建六局三公司之间实际构成民间借贷法律关系，故有关还款本金、利息及违约金的数额应当按照民间借贷法律规范予以确定。第一，关于初始本金问题，双方在合同中约定的总价款为6 000万元，合同项下的保证金为600万元，手续费为294万元。国网公司实际支付的款项为5 106万元，故该笔款项应作为双方当事人之间借款合同的本金。第二，关于借款利率问题，双方当事人所订立的合同性质上为借款合同，且合同有效，各方当事人关于利息的约定未超过法定限制基准，应认定为有效。根据双方当事人对于利率标准和定期调整的约定，以及中国人民银行关于贷款基准利率调整的公告，涉案合同的年利率为合同生效日中国人民银行同期同档贷款基准利率上浮29.48%，即4.75%×129.48%=6.15%。借款的逾期利率，因合同约定的逾期利率及违约金已经超过了24%，本院将逾期利息利率调整为年利率24%。第三，关于中建六局三公司欠付本金数额问题，因双方当事人未就还款性质做出特别约定，故依法定抵充顺序，中建六局三公司的返款应优先清偿利息，剩余部分抵充本金。结合被告中建六局三公司偿还款项的时间及数额情况，以年利率/365计算日利率。经本院逐笔核算，被告在2017年8月31日最后一次偿还案涉借款后剩余本金3 170.237 939万元及此后相应未付利息。综上，中建六局三公司应当偿还国网公司本金3 170.237 939万元；期内利息以本金为基数，以年利率6.15%为标准，自2017年9月1日计算至2019年8月31日；逾期利息以本金为基数，以年利率24%为标准，自2019年9月1日计算至实际清偿之日。第四，关于律师费、财产保全保险费、违约金的问题，因该部分费用属于中建六局三公司未按期支付租金给国网公司造成的损失，该部分损失可通过中建六局三公司支付的逾期利息予以补偿，本院已将逾期还款利率按借贷合同的最高法定限制基准计算，故对国网公司的该项请求，本院不予支持。

法院判决如下：

第一，本判决生效之日起十五日内，被告中建六局第三建筑工程有限公司支付原告国网国际融资租赁有限公司借款本金3 170.237 939万元、利息（利息的计算方法：（1）利率：年利率6.15%；（2）计算基数：3 170.237 939万元；（3）起始时间：2017年9月1日；（4）终止时间：2019年8月31日）及逾期利息（逾期利息的计算方法：（1）利率：年利率24%；（2）计算基数：3 170.237 939万元；（3）起始时间：2019年9月1日；（4）终止时间：实际给付之日）；

第二，驳回原告国网国际融资租赁有限公司的其他诉讼请求。

（二）案件解析

1. 租赁物应当特定化

所谓物的特定化是指特定义务人于特定时间、特定地点向特定权利人交付标的物时，该物为确定的标的物。物的特定化有两种方式：一种方式为该物本身即具有独特的特征，如建筑物、世上独一无二的艺术品等其自身即具有区别于其他物的独特的特征；另一种方式为在同类物中进行指定，以实现物的特定化。当事人指定之同类物为特定物，未指定之同类物为种类物。

就融资租赁合同项下的租赁物而言，其首先是买卖法律关系项下确定的标的物，即在出卖人向买受人交付租赁物时为确定的标的物；其次是租赁法律关系项下确定的标的物，即出租人向承租人交付租赁物时为确定的标的物。

2. 为什么租赁物不特定化会影响融资租赁关系的认定

租赁物是否特定化将直接影响租赁物是否已经交付的认定，尤其是当租赁物为种类物时，在交付时对种类物进行特定化更为必要。这是由于种类物之间具有相同的特征，若不对其进行特定化，则无法将标的物与特定债务建立对应的关系，从而无法判断债务人是否完成了交付义务。

《最高人民法院关于审理买卖合同纠纷案件适用法律问题的解释》第十四条对交付时种类物未特定化的法律后果进行了规定："当事人对风险负担没有约定，标的物为种类物，出卖人未以装运单据、加盖标记、通知买受人等可识别的方式清楚地将标的物特定于买卖合同，买受人主张不负担标的物毁损、灭失的风险的，人民法院应予支持。"根据该规定，如果未对种类物进行特定化，则法律后果为认定债务人未完成其交付义务，需要继续履行交付义务，符合罗马法的"种类物不灭"原则。这样可以防止债务人将不属于债权人的标的物毁损、灭失后，谎称为债权人的标的物，从而保护了债权人的合法权益。

融资租赁关系中，首先出卖人需要完成其向买受人的交付义务，其次出租人需要完成其向承租人的交付义务。只有买卖法律关系与租赁法律关系项下的标的物均为特定化的物，才可视为出卖人与出租人完成了交付义务。特别是在售后回租项目中，不存在实际的交付行为，只有观念上的交付，若无法证明出卖人所交付之货物是特定化的物，则难以证明租赁物与特定的合同建立了对应关系，从而也难以证明融资租赁交易的"融物"特性。因此，租赁物若不是特定化的物，则直接影响融资租赁关系的认定。

（三）行业建议

1. 如何特定化租赁物

《租赁物清单》是描述租赁物信息的重要文件，因此应确保《租赁物清单》所列租赁物一一对应特定的租赁物。一般《租赁物清单》应当包含租赁物的名称、型号、生产厂商、数量、购买合同号、购买价格、净值、发票号、存放位置等可以特定化租赁物的信息。

售后回租项目中，出租人应当核查租赁物的原始购买合同和发票，并留存加盖承租人公章的复印件。对于核查的过程，建议留存照片证据，以证明出租人在开展项目时尽到了审慎的注意义务。同时，由于售后回租项目中往往进行观念交付，以防就租赁物发生争议，出租人在投前尽调以及租后检查中应当尽可能地对租赁物进行标记并拍照留存证据。

2. 租赁物可特定化的特殊情形

正如上文提到的物的特定化的两种方式，笔者认为，如果租赁物本身即具有独特的特征，也可认定租赁物为特定化的物。如《租赁物清单》中的信息无法特定化租赁物，但出租人可以证明《租赁物清单》上记载的某类租赁物，承租人处只有唯一的一个，既可以证明租赁物的唯一性，也可以达到证明租赁物为特定租赁物的目的。举例来讲，若承租人只有一套生产设备，即使根据《租赁物清单》对租赁物的描述无法特定化租赁物，也不影响租赁物为特定物的认定。

解析二：车辆未过户至承租人名下对融资租赁合同的性质和效力的影响。

随着我国经济的发展，汽车市场蓬勃发展，伴随而来的汽车融资租赁也如雨后春笋般迅速发展起来。业务实践中，考虑到汽车承租人对车辆的管理和使用便利，以及车辆违章、政策原因、车牌限制、第三人致损等诸多因素，很多融资租赁公司在开展汽车融资租赁业务时选择将车辆登记至承租人名下。该等操作与融资租赁业务中租赁物所有权须归属出租人在形式上不符，司法实践中人民法院对车辆过户与否对融资租赁的性质和效力的认定产生了不同的裁判规则。下面部分内容是对2017年至今主要融资租赁业务开展地区的案例进行的归集整理，梳理出三种裁判规则，对本文所支持的裁判规则一一进行分析论证，并对汽车租赁公司的业务提出建议。

（一）司法实践

规则一：机动车物权的变动以登记作为对抗要件，并非生效要件，登记本身不具有设权效力。《融资租赁合同》一经签订，租赁物的所有权即归属于出租人，双方构成融资租赁法律关系，《融资租赁合同》合法有效。

案情简介

2018年3月12日，狮桥融资公司（出租人）与盈运公司（承租人）签订了《融资租赁合同》，约定出租人对承租人自有的货车为租赁物以开展售后回租方式为承租人提供融资支持。一经签署合同，租赁物件的所有权和其他权益立即转移至出租人，在租赁期限内，租赁物件的所有权始终属于出租人。租赁期届满，承租人支付相应的留购价后，出租人应当办理所有权转移相关手续。

2018年3月12日，狮桥融资公司向出卖人支付租赁物购买价款。

案涉四台车辆已分别于2017年11月9日办理了登记，登记在盈运公司名下。车辆办理抵押登记时间分别为2018年6月25日一台、2018年8月3日两台、2018年8月7日一台，登记抵押权人均为狮桥融资公司。

后因盈运公司未能按期支付租金，狮桥融资公司向法院提起诉讼。双方对合同性质究竟为借贷关系还是融资租赁关系产生了争议。

裁判要点及思路

一审天津市滨海新区人民法院认为：关于租赁物，根据《中华人民共和国合同法》的规定，出租人享有租赁物的所有权，同时，狮桥融资公司与盈运公司签订的《融资租赁合同》明确约定，在支付完所有的租金和应付款项前，租赁物件的所有权属于出租人。因此，涉诉车辆所有权属于狮桥融资公司。现《融资租赁合同》已经解除，狮桥融资公司要求确认涉案租赁物所有权属于该公司，具有事实和法律依据，一审法院予以支持。盈运公司应当配合办理过户手续。

二审天津市第二中级人民法院认为：狮桥融资公司与盈运公司签订的案涉《融资租赁合同》及附件系双方当事人的真实意思表示，内容不违反法律、行政法规的强制性规定，且狮桥融资公司取得了从事融资租赁经营的行业许可，该《融资租赁合同》合法有效。关于《融资租赁合同》性质的争议焦点，盈运公司主张车辆登记在盈运公司名下，故盈运公司系案涉四台重型厢式货车的所有权人，而车辆登记抵押在狮桥融资公司名下，不符合融资租赁合同的特征，应为抵押借款合同关系。本院认为，机动车物权的变动以登记作为对抗要件，并非生效要件，双方在《融资租赁合同》中明确约定承租人一经签署本合同，租赁物的所有权属于出租人，同时《最高人民法院关于审理融资租赁合同纠纷案件适用法律问题的解释》第九条亦就出租人授权承租人将租赁物抵押并办理抵押权登记的法律后果进行规定，盈运公司以案涉租赁物上设立抵押权为由认为双方之间系抵押借款合同关系依据不足。本案中盈运公司向车辆经销商购买案涉四台重型厢式货车，并将该四台重型厢式货车转让给狮桥融资公司并租回使用，盈运公司认可租赁物实际存在且其曾实际使用，符合融资租赁法律关系的构成要件，一审判决认定双方当事人之间系融资租赁合同关系并无不当。

案件来源：广东盈运物流有限公司、狮桥融资租赁（中国）有限公司融资租赁合同纠纷［（2019）津02民终6974号］。

与此种裁判观点相类似的案例有：（2019）津02民终192号、（2019）苏01民终6841号、（2017）京02民终1867号、（2018）京0105民初63777号、（2018）京0105民初12195号、（2018）皖01民终6093号、（2019）豫01民终25920号、（2018）粤01民终10432号、（2018）粤06民终6640号、（2018）粤0391民初20号、（2019）新01民终1221号。

规则二：车辆未过户至承租人名下不符合融资租赁法律特征，实际是借贷法律关系，民间借贷合同应为无效。

案情简介

2019年2月28日，银湖公司、方林强签订《融资租赁合同》《车辆买卖合同》《抵押合同》各一份，约定方林强将其名下的汽车一辆以 16. 8 万元的价格出售给银湖公司，同时约定银湖公司向方林强交付车款 16. 8 万元后，不论车辆是否交付或者过户，即由银湖公司取得该车所有权。银湖公司再以售后回租的方式将该车出租给方林强。《融资租赁合同》和《抵押合同》都约定，以方林强名下该车辆为银湖公司在《融资租赁合同》的全部债权提供抵押担保。又约定方林强付清全部租金、相关费用以及车辆残值后，车辆所有权归属方林强。银湖公司支付汽车购买价款后，方林强仅在当日支付首期租金，后未再支付款项。银湖公司故起诉至法院。

裁判要点及思路

一审嘉兴市南湖区人民法院认为：银湖公司、方林强之间名为融资租赁关系，实为借贷关系。理由是：（1）融资租赁应当包括融资、融物的两重属性，本案中方林强将仅购入数月的新车以低价出售给银湖公司，可以认定方林强目的是为取得资金，而不是为使用车辆，即仅有融资而无融物；（2）合同签订后，银湖公司、方林强并没有办理车辆所有权转移的登记手续，而是签订抵押合同并办理抵押登记手续，银湖公司既主张所有权已转移却又设定了“所有权人”为方林强的抵押权。可见合同之间的逻辑混乱。因此融资租赁关系相关的“买卖合同”，在本案中显然属于形式的需要，而非以取得车辆所有权为目的的真实的买卖关系；（3）作为租赁物的车辆一直由方林强占有、使用，仅有资金的流转与抵押物的设定，没有车辆所有权变更的公示登记，符合民间借贷的特征，应当按照民间借贷关系处理。

银湖公司未取得金融主管部门批准从事贷款业务的资质，其从事的民间借贷业务，属于违反法律规定的行为，本案中借贷关系以及附属的抵押合同均无效。方林强应当将取得的资金返还银湖公司。

二审浙江省嘉兴市中级人民法院认为：案件争议焦点是，银湖公司与方林强间签订的合同性质是融资租赁关系还是名为融资租赁实为借贷的关系。

《金融租赁公司管理办法》第三十二条规定，“金融租赁公司应当合法取得租赁物的所有权”。因此，有关银湖公司与方林强之间的售后回租融资租赁关系，在承租人通过融物而实现融资租赁的过程中，租赁物的买卖是不可缺少的环节。银湖公司与方林强签订《融资租赁合同》《车辆买卖合同》，约定银湖公司向方林强购买车辆，然后出租给方林强使用，并由方林强向银湖公司支付租金。银湖公司虽称车辆作为动产完成了交付，所有权已转移给银湖公司，但在此次交易中，租赁物为车辆，属于交通工具，有法定的登记机关，银湖公司作为出租人并没有完成车辆过户手续。相反，银湖公司同时与方林强签订抵押合同，办理了车辆所有权人为方林强的抵押登记手续。可见，银湖公司未取得车辆所有权，本案并无租赁物的买卖，银湖公司与方林强以售后回租为名订立相关合同，然而交易实质不符合《中华人民共和国合同法》第二百三十七条和《最高人民法院关于审理融资租赁合同纠纷案件适用法律问题的解释》第一条确立的规则。一审法院关于银湖公司和方林强之间名为融资租赁关系实为借贷关系的认定，于法有据，本院予以确认。银湖公司以此种形式出借款项，变相从事贷款业务，所签订的合同应认定无效；对于合同无效，银湖公司存在过错，应承担相应的责任。

案件来源：福建银湖融资租赁有限公司、方林强融资租赁合同纠纷［（2019）浙04民终2222号］。

与此种裁判观点相类似的案例有：（2019）浙09民终161号。

规则三：当事人在履行合同的过程中，并未将该车辆的所有权实际转移至出租人名下，且为出租人办理车辆抵押登记，出租人仅要求实现抵押权而非担保物权。双方之间仅存在资金的转移而并未移转动产物权，不符合融资租赁合同的法律要件，应当按照实际的法律关系进行认定，但合同仍然有效。

案情简介

2016年9月14日，汇通信诚公司（出租人）与陈永时（承租人）签订了《汽车融资租赁合同》，约定出租人按照承租人要求购买旅行车一台，并以融资租赁的方式出租给承租人使用，融资总额为70 543元。承租人同意出租人在将确定金额的款项支付给承租人或承租人指定的汽车经销商后，视为出租人已向承租人购买租赁车辆（无论车辆的登记是否发生变更，车辆的所有权均由承租人转移至出租人名下），并将租赁车辆交付给承租人占有使用。

2016年9月29日，汇通信诚公司向案外人惠州市亿博冠汽车服务有限公司支付了车辆购买价款，涉案车辆于2016年10月19日核准登记于陈永时名下。

2016年9月14日，汇通信诚公司、陈永时签订《抵押合同》，约定陈永时将该车辆抵押给汇通信诚公司，为陈永时涉案汽车租赁合同项下的全部债务提供担保，并于2016年10月31日办理了抵押登记手续。

因陈永时未按时支付租金，汇通信诚公司向法院起诉请求陈永时一次性支付全部未付租金及滞纳金，并因车辆抵押权而对车辆享有优先受偿权。

裁判要点及思路

一审深圳市南山区人民法院认为：关于涉案《汽车融资租赁合同》的性质。本案中，涉案车辆的购车款由汇通信诚公司、陈永时各支付一部分，虽约定陈永时取得车辆所有权，汇通信诚公司按照陈永时需求为陈永时购买，并将该车辆以融资租赁方式出租给陈永时使用，陈永时按照合同约定向汇通信诚公司支付租金及其他款项，但在实际履行过程中，汇通信诚公司并非以买卖方式取得车辆所有权后又通过向陈永时出租租赁物来实现合同目的，而是通过另行签订《抵押合同》，以涉案车辆的抵押权作为债权保障完成资金融通。陈永时取得车辆所有权后不仅不办理变更登记手续，反而为该车辆设立抵押登记，汇通信诚公司应明知在抵押撤销之前是无法办理所有权转移登记手续并取得相应车辆的所有权的，且在债权无法实现后，汇通信诚公司不基于租赁物所有权请求陈永时返还租赁物，却主张行使设立在涉案车辆上的抵押权。综上，本案与融资租赁法律关系中出租人对租赁物享有所有权的法律关系特征不符，汇通信诚公司、陈永时之间形成的不是融资租赁合同关系，而是借款合同关系。

二审深圳市中级人民法院认为：本案的争议焦点仅仅为双方合同的性质。虽然双方签订的合同名称为《汽车融资租赁合同》，但是双方仅仅约定汇通信诚公司在租赁期限内名义上享有涉案所有权，并没有将车辆所有权进行变更登记。与此同时，汇通信诚公司又是涉案车辆的抵押权人。显然汇通信诚公司同时作为所有权人与抵押权人是存在冲突与矛盾的，两者不可同时享有。汇通信诚公司选择行使涉案车辆抵押权，而非所有权，也印证了涉案车辆实际所有权人为陈永时。依照《最高人民法院关于审理融资租赁合同纠纷案件适用法律问题的解释》第一条规定："人民法院应当根据合同法第二百三十七条的规定，结合标的物的性质、价值、租金的构成以及当事人的合同权利和义务，对是否构成融资租赁法律关系作出认定。对名为融资租赁合同，但实际不构成融资租赁法律关系的，人民法院应按照其实际构成的法律关系处理。"故一审认定本案应为借款合同关系，非融资租赁合同关系，并无不当，本院予以维持。

案件来源：汇通信诚租赁有限公司、陈永时融资租赁合同纠纷［（2019）粤03民终21729号］。

与此种裁判观点相类似的案例有：（2018）粤民申3834号、（2018）粤民申3084号、（2018）粤13民终6824号、（2018）粤20民终7815号、（2018）粤0391民初2826号、（2018）粤0391民初2825号、（2019）粤03民终4473号、（2019）粤0391民初1371号。

目前主流观点支持规则一，即车辆未过户并不影响融资租赁合同性质，北京、天津、上海目前对此规则大多予以认可。

规则二非常少见，且经查阅浙江省的其他同类案件，支持规则一的判决书较多。

规则三主要在广东省法院的判决书中较为常见，但广东省对此并无统一的裁判规则，亦有很多判决书支持规则一。

（二）案例解析

本书同意上述第一种裁判规则，即车辆未过户至出租人名下，不影响融资租赁法律关系的认定，《融资租赁合同》合法有效。具体理由如下：

我国法律规定，车辆登记为对抗要件，而非生效要件，机动车应当以交付时生效，当事人应当按照合同约定履行各自的义务。

《物权法》第二十三条规定：动产物权的设立和转让，自交付时发生效力，但法律另有规定的除外。

第二十四条规定：船舶、航空器和机动车等物权的设立、变更、转让和消灭，未经登记，不得对抗善意第三人。

第二十七条规定：动产物权转让时，双方又约定由出让人继续占有该动产的，物权自该约定生效时发生效力。

《合同法》第六十条规定：当事人应当按照约定全面履行自己的义务。

第一百三十三条规定：标的物的所有权自标的物交付时起转移，但法律另有规定或者当事人另有约定的除外。

最高人民法院研究室在《关于如何认定买卖合同中机动车财产所有权转移时间问题的复函》（法研〔2000〕121号）中向陕西省高级人民法院复函：关于如何认定买卖合同中机动车财产所有权转移时间问题，需进一步研究后才能做出规定，但请示中涉及的具体案件，应认定机动车所有权从机动车交付时起转移。

根据上述法律规定及最高人民法院复函，机动车所有权变动时点为“交付”，而登记的作用仅仅为“对抗善意第三人”。因此，《融资租赁合同》中约定合同签订时车辆所有权转移至出租人名下，再由出租人租给承租人使用，符合我国《物权法》关于动产所有权转移的规定，不应仅以车辆未过户为由认定出租人未取得租赁物所有权，进而以此为由否定融资租赁法律关系。双方当事人应当按照合同约定，以《融资租赁合同》的签订时点作为租赁物的交付时点。

车辆登记仅为是否准予道路行驶的登记，而非不动产所有权登记，不能作为判断车辆所有权人的依据。

《道路交通安全法》第八条规定：国家对机动车实行登记制度。机动车经公安机关交通管理部门登记后，方可上道路行驶。尚未登记的机动车，需要临时上道路行驶的，应当取得临时通行牌证。

公安部在《公安部关于确定机动车所有权人问题的复函》（公交管〔2000〕98号）中向最高人民法院执法工作办公室复函：“根据现行机动车登记法规和有关规定，公安机关办理的机动车登记，是准予或者不准予上道路行驶的登记，不是机动车所有权登记。为了交通管理工作的需要，公安机关车辆管理所在办理车辆牌证时，凭购车发票或者人民法院判决、裁定、调解的法律文书等机动车来历凭证确认机动车的车主。因此，公安机关登记的车主，不宜作为判别机动车所有权的依据。”

公安部在《公安部关于机动车财产所有权转移时间问题的复函》（公交管

〔2000〕110 号）中向最高人民法院研究室复函：“根据现行机动车登记法规和有关规定，公安机关办理的机动车登记，是准予或者不准予机动车上道路行驶的登记，不是机动车所有权登记。因此，将车辆管理部门办理过户登记的时间作为机动车财产所有权转移的时间没有法律依据。”

根据上述法律规定及公安部的两份复函可知，在车辆管理部门进行的登记，仅仅为车辆是否可以在道路上行使的登记，系车辆管理部门对车辆进行行政管理的一种措施，而非认定车辆所有权人的依据。因此，虽然在融资租赁业务中，车辆登记在承租人名下而未过户至出租人名下，也不能因此认定不符合融资租赁的法律要件而不构成融资租赁法律关系。

如汽车融资租赁已进行融资租赁登记，则依据该登记，亦可产生所有权公示的效果，不应仅以未过户为由，认为车辆所有权人为承租人。

2011年11月11日，天津市高级人民法院下发的《关于审理融资租赁物权属争议案件的指导意见（试行）》第一条规定：从事融资租赁交易的出租人，应当依照《通知》［《关于做好融资租赁登记和查询工作的通知》（津金融办〔2011〕87号）］的规定，在“中国人民银行征信中心融资租赁登记公示系统”将融资租赁合同中载明的融资租赁物权属状况，予以登记公示。未依照前款规定办理登记公示的，出租人对租赁物的所有权不得对抗《通知》中所列机构范围内的善意第三人。

2019年8月21日，上海市高级人民法院下发的《关于审理融资租赁物权属争议案件的指导意见（试行）》第一条规定：“本市金融租赁公司、外商投资融资租赁公司、内资融资租赁试点企业作为出租人（以下简称出租人），应当在中国人民银行征信中心（以下简称征信中心）的动产融资统一登记公示系统中对融资租赁合同中载明的租赁物权属状况予以登记。未依照规定办理登记公示，且不存在《最高人民法院关于审理融资租赁合同纠纷案件适用法律问题的解释》第九条规定的其余例外情形的，出租人对租赁物的所有权不得对抗善意第三人。”

2019年12月30日，天津市高级人民法院印发的《关于审理融资租赁合同纠纷案件若干问题的审判委员会纪要（一）》（津高法〔2019〕335号）第五条规定："认定租赁物是否真实存在及权属是否清晰时，应当根据租赁物的性质和来源，综合审查采购合同、支付凭证、发票、租赁物办理保险或者抵押登记的材料、中国人民银行征信中心融资租赁登记公示系统记载的租赁物权属状况等证据，不能仅凭租赁物发票、租赁物交接书或者有关租赁物的说明等予以认定。"

天津高院和上海高院的上述规定明确了融资租赁业务的开展需要到中国人民银行征信中心融资租赁登记公示系统登记权属状况，人民法院在审查租赁物权属时，也需要结合该登记进行。因此，人民法院不能仅凭借机动车在公安部门的登记来判断。

如要求车辆必须过户至出租人名下，将不利于承租人对汽车的使用和管理，不利于汽车融资租赁行业的发展。

出租人选择将车辆登记至承租人名下，主要基于以下几点考虑：

免去过户手续的繁杂，节省车辆过户交易成本；

受限于车辆运营资质；

受限于车牌购买限制；

承租人易于接受；

方便承租人日常管理；

方便承租人处理交通违章；

避免出租人因承租人交通事故造成第三人损害而被追偿。

汽车融资租赁的开展，促进了汽车的销量，扩大了内需，繁荣了汽车市场，进而带动了包括旅游、保险、汽车配件、维修等一系列产业的繁荣发展。但是如果限制汽车融资租赁的业务开展必须为出租人办理过户，那么出于以上因素的考虑，出租人不能或不愿办理过户，必然会限制融资租赁行业的发展，因此，从社会效应上来看，也不应要求必须将机动车过户至出租人名下。

（三）行业建议

为避免日后产生纠纷，建议融资租赁公司（出租人）在开展汽车融资租赁业务时，应尽最大努力保障自身的权益。因此，本书提出以下实务操作经验。

业务开展之前对租赁物进行充分尽调，核查其是否存在抵质押等情形或已开展其他融资租赁业务。

融资租赁公司应当对租赁物进行如下几点核查：至车辆管理部门查询车辆的登记情况及抵押情况；在中登网查询车辆是否已开展过融资租赁业务，是否重复租赁；于车辆交易上核实是否存在所有权保留情形；现场验证车辆是否由承租人实际占有使用，是否存在质押、留置等情形。

融资租赁合同条款中明确承租人承诺条款。

在汽车融资租赁合同中，应当明确承租人已明确知晓融资租赁的合同性质，汽车租赁公司已履行充分告知义务，避免承租人日后以不知晓系融资租赁合同模式为由抗辩融资租赁法律关系。

要求承租人由出租人办理租赁物抵押给出租人并在登记机关依法办理抵押权登记的授权。

无论是依据《物权法》《合同法》，还是依据最高人民法院的司法解释，均认为未经登记不得对抗善意第三人。因此，登记是我国法律认可的对抗善意第三人的最好方式。融资租赁公司为了保障自身的物权，应当至公安部车辆管理部门进行车辆抵押登记，避免承租人擅自以转让、抵押、质押等方式处分租赁物。

及时在中国人民银行征信中心融资租赁登记公示系统对融资租赁交易情况进行登记。

中国人民银行2014年3月20日出台了《关于使用融资租赁登记公示系统进行融资租赁交易查询的通知》（银发〔2014〕93号）。根据该文件要求，受中国人民银行约束的主体（国有商业银行、股份制商业银行、国家开发银行、各政策性银行及中国邮政储蓄银行）如未在中国人民银行征信中心建立的融资租赁登记公示系统查询租赁物权属状况，受让已在该系统登记的租赁物或者接受已在该系统登记的租赁物作为抵押物、质押物的，其不能依据物权法有关善意取得的规定，对抗出租人的所有权。

此外，天津市、上海市已明确出租人应通过“中国人民银行征信中心融资租赁登记公示系统”将融资租赁合同中载明的融资租赁物权属状况，予以登记公示。未办理登记公示的，出租人对租赁物的所有权不得对抗善意第三人。

中国人民银行征信中心融资租赁登记公示系统是保障出租人物权的又一官方途径，在人民法院审理融资租赁合同纠纷时，该登记常常作为一项重要的证据，也被越来越多的法院采纳，同时亦作为重复租赁的一项重要审理依据。因此，融资租赁公司应当及时在该系统内做好融资租赁业务登记，一方面作为所有权人的重要证据，另一方面亦可对抗善意第三人。其他保障措施有：

（1）在租赁物显著位置做出标识。出租人可在租赁物的主体部位安装标明出租人名称的铭牌等方式进行标识，以使第三人在与承租人交易时知道或者应当知道该物为租赁物，承租人并非租赁物的所有权人。

（2）在合同履行过程中加强对租赁物的监控，保留车辆必要的手续原件。目前很多出租人为了避免承租人恶意处置车辆，在车辆上加装 GPS 定位装置及视频装置，并保留车辆保险、购买发票原件等重要的手续原件，该等措施对出租人对车辆进行管控起到一定的作用，建议融资租赁公司可广泛利用。

（3）为租赁物购买租金支付保险。因融资租赁市场的蓬勃发展，一些保险公司推出融资租赁业务租金支付保险，出租人可与承租人协商一致，购买该等保险，进而转嫁汽车融资租赁公司租金不能回收的风险。但是采取此种措施的，通常保险公司可能会要求提供反担保，因而存在手续办理较为复杂的情形。汽车租赁公司可按照车辆价值的大小，考虑是否有必要购买该等保险。

结语

综上所述，汽车融资租赁合同实践中对机动车未过户至出租人名下对融资租赁合同性质的认定存在不同的裁判规则。虽然多数判决认为不会影响融资租赁的合同性质和效力，但融资租赁公司为了维护自身的合法权益，应当尽量采取一切可以保障其所有权的措施，并在发生纠纷时，对纠纷解决所在地法院的裁判思路有所了解，进而做出万全的应对之策。

解析三：融资租赁业务中承租人逾期支付租金时，租赁保证金应当何时抵扣。

融资租赁合同中关于“租赁期内，承租人未按合同约定履行付款义务时，出租人有权从租赁保证金中抵扣承租人当期应支付给出租人的款项”的约定，系对租赁保证金发生抵扣的条件、时间及抵扣内容做出了明确的约定，即当承租人未能按期支付租金的违约行为发生时，出租人“应当立即”对租赁保证金抵扣未付租金，以降低债务人负担，彰显公平。

（一）司法实践

当事人信息

上诉人（原审被告）：山东天诚市政公路工程有限公司（以下简称“天诚公司”）

被上诉人（原审原告）：国网国际融资租赁有限公司（以下简称“国网公司”）

原审被告：山东清源集团有限公司（以下简称“山东清源公司”）

原审被告：青岛建工集团有限公司（以下简称“青岛建工集团”）

原审被告：王海荣

原审被告：程龙

原审被告：杜庆富

原审被告：韩福启

原审被告：陈建庄

案件概述

国网公司与天诚公司、青岛建工集团、王海荣、程龙、杜庆富、陈建庄签订了编号为 YDHT186. 2014. 001 的《融资租赁合同（售后回租）》，该合同共有正文 21 条，附件 5 项。其中正文和附件的主要内容如下：

保证金：保证金不计息，由国网公司在支付购买价款时抵扣，如无合同项下的违约事件发生，则该保证金可冲抵最后一期租金或若干期租金；保证金若用于折抵违约损失，天诚公司应在国网公司通知的期限内补足。

违约责任：发生天诚公司不能清偿100万元的任何到期债务等约定的违约事件时，国网公司有权：（1）终止租赁合同，收回及处理设备；处理设备的款项按照处理费用、租金、迟延利息、未到期租金、违约金等款项的顺序折抵，若设备的处分所得不足折抵上述款项的，天诚公司应补足差额。（2）向天诚公司追索本合同项下所有到期未付租金、迟延利息、未到期租金等所有应付款项。（3）向天诚公司追索国网公司因执行或保护本合同项下出租人权利而产生的合理费用，包括但不限于律师费。（4）要求天诚公司支付本合同项下租金总额1%的违约金。如果违约金不足以弥补因其违约给出租人造成的经济损失的，国网公司有权要求其就差额部分继续赔偿。天诚公司支付违约金将不影响国网公司要求其支付租金项下的任何其他应付款项。

国网公司向一审法院提出诉讼请求：（1）判令解除国网公司与天诚公司签订的YDHT186.2014.001号《融资租赁合同（售后回租）》及YDHT186.2015.001－002－R号《〈融资租赁合同（售后回租）〉之变更协议》第1.1条、第1.3条以及YDHT186.2015.001－002－R1号《〈融资租赁合同（售后回租）〉之变更协议二》第1.1条、第1.2条；（2）判令天诚公司向国网公司返还YDHT186.2014.001号《融资租赁合同（售后回租）》项下附件2的租赁物；（3）判令天诚公司支付国网公司按全部未付租金数额计算的损失15 212 384.33元（15 212 384.33元＝截至2018年5月2日已到期租金人民币11 047 384.33＋未到期租金10 415 000－保证金6 250 000元，其中扣减保证金6 250 000元），截至2018年5月2日迟延利息943 029.59元，以及自2018年5月3日起计算至实际清偿之日止的迟延利息（以各期到期应付未付租金为基数，按月利率2.5%计算，以实际欠款天数计算）；（4）判令天诚公司向国网公司支付违约金人民币610 424.21元（《融资租赁合同（售后回租）》项下的租金总额人民币61 042 421元的1%）；（5）判令天诚公司向国网公司支付实现债权所支出的费用，包括律师费256 158元、财产保全所支出的保险费16 650元；（6）判令国网公司可就上述第2项所述的租赁物与天诚公司协议折价或将该租赁物拍卖、变卖，所得价款用于清偿天诚公司上述第3项、第4项、第5项付款义务，如所得价款不足以清偿上述债务，则不足部分由天诚公司继续清偿；（7）判令山东清源公司、青岛建工集团、王海荣、程龙、杜庆富、韩福启、陈建庄对于上述第3项、第4项、第5项及第6项义务承担连带保证责任；（8）本案诉讼费用由天诚公司及各原审被告承担。

一审法院认为：国网公司与天诚公司签订的融资租赁合同，系双方真实意思表示，不违反法律、行政法规的强制性规定，合法有效。国网公司依约支付了购买价款，并将租赁物交付天诚公司使用，天诚公司应当按照合同的约定支付租金，未按照约定支付租金的，应当按照合同约定和法律规定承担违约责任。

关于迟延利息损失的计算基数、利率和计付时间问题。首先，关于计算基数问题，根据《中华人民共和国合同法》第二百四十三条的规定，“融资租赁合同的租金，除当事人另有约定的以外，应当根据购买租赁物的大部分或者全部成本以及出租人的合理利润确定”。在本案中，租金总额和各期租金数额系合同双方当事人确定，未违反法律的强制性规定，因此，本案迟延利息的计算基数应当按照天诚公司当期应付而未付的租金计算。其次，关于迟延利息的利率问题，合同约定月利率2.5%的标准过高，年利率超过了24%，一审法院对超过部分不予支持。再次，关于迟延利息的计算天数问题，国网公司主张按照实际欠款情况分期计算，符合双方合同约定，应予支持。由于国网公司保存有天诚公司的保证金625万元，因此天诚公司第33—38期租金虽然存在迟延给付行为，但应当先用保证金予以抵扣，随后的付款再补足保证金，对于国网公司主张的该部分迟延利息，一审法院不予支持。2017年11月以后，天诚公司没有再给付租金，至2018年2月28日第41期租金到期之日保证金抵扣完毕，尚欠租金631 384.33元，迟延利息自2018年3月1日起分期计算。即2018年2月28日，天诚公司欠付第41期租金631 384.33元，迟延利息自2018年3月1日起计算；2018年3月28日，天诚公司应付而未付第42期租金208.3万元，迟延利息自2018年3月29日起计算。以此类推分别计算逾期天数。因其余租金到期日最迟为2018年9月28日，根据本判决的生效情况，分别计算逾期天数，即租金到期日在本判决确定的支付租金损失的履行期之前的，自租金到期日的次日起算；若约定租金到期日在本判决确定的支付租金损失的履行期之后，则自本判决确定的支付租金损失的履行期期满之日的次日起算。

一审法院判决如下：

（1）解除国网公司与天诚公司签订的 YDHT186. 2014. 001号《融资租赁合同（售后回租）》及 YDHT186. 2015. 001 - 002 - R号《〈融资租赁合同（售后回租）〉之变更协议》第1. 1 条、第1. 3 条以及 YDHT186. 2015. 001 - 002 - R1 号《〈融资租赁合同（售后回租）〉之变更协议二》第1. 1 条、第1. 2 条；

（2）本判决生效之日起十五日内，天诚公司返还国网公司在 YDHT186. 2014. 001号《融资租赁合同（售后回租）》附件2 项下的租赁物；

（3）本判决生效之日起十五日内，天诚公司赔偿国网公司未付租金损失15 212 384. 33元及迟延利息损失两项数额之和与收回租赁物价值的差额（迟延利息损失的计算方法：利率：月利率2%；计算基数：第41 期为63. 138 433万元，第42—44 期均为208. 3 万元；起始时间：自第41 期至第44 期分别从约定的各期租金支付日的次日计算，若约定的租金支付日在本判决确定的支付租金损失的履行期之后，则自本判决确定的支付租金损失的履行期期满之日的次日起计算迟延利息；终止时间：实际给付之日）；若天诚公司未予返还租赁物，则损失赔偿范围为全部未付租金损失15 212 384. 33元及迟延利息损失；

（4）收回租赁物价值按照国网公司与天诚公司协议确定或者以租赁物拍卖、变卖所得价款确定；如果租赁物价值超过全部债务，超过部分归天诚公司所有；

（5）山东清源公司、青岛建工集团、王海荣、程龙、杜庆富、韩福启、陈建庄就上述第三项给付内容，与天诚公司承担连带责任；

（6）山东清源公司、青岛建工集团、王海荣、程龙、杜庆富、韩福启、陈建庄承担责任后，可向天诚公司追偿；

（7）驳回国网公司的其他诉讼请求；如果未按本判决指定的期间履行给付金钱义务，应当按照《中华人民共和国民事诉讼法》第二百五十三条之规定，加倍支付迟延履行期间的债务利息；案件受理费16. 987 9 万元，财产保全费5 000元，共计17.487 9万元，由国网公司负担55 079元，由天诚公司、山东清源公司、青岛建工集团、王海荣、程龙、杜庆富、韩福启、陈建庄共同负担11.98万元。

上诉人天诚公司不服天津市第一中级人民法院判决向法院提起上诉。二审驳回上诉，维持原判。二审法院认为本案系融资租赁法律关系有事实依据和法律依据，应予维持。

（二）案件解析

1. 什么是融资租赁合同中的保证金

租赁保证金就是为了保证融资租赁合同的正常履行，而由承租人在订立合同时按照应付租金的一定比例，一次性向出租人支付的担保金。保证金交付后存在以下三种处理情况：

（1）承租人违约：此种情形下，承租人无权要求返还保证金，出租人有权将该等保证金抵扣未付租金、逾期利息、违约金或其他应付款（担保范围应依据融资租赁合同的约定），有些融资租赁合同亦约定出租人可以罚没保证金；

（2）出租人违约：应依照合同约定返还承租人保证金；

（3）融资租赁合同正常履行：租期届满后，保证金返还承租人或冲抵最后几期租金。

2. 租赁保证金是否属于定金

目前立法及实践中并未对保证金的性质予以明确界定。在此，我们认为，保证金不是为了融资租赁合同的签订而支付，不属于立约定金；保证金不是融资租赁合同生效的条件，不属于成约定金；保证金须在融资租赁合同履行完毕时返还，不属于解约定金。

对于保证金是否属于违约定金，目前司法实践中并无统一观点。有的法院对出租人的罚没权予以支持，如北京市朝阳区人民法院（2018）京0105民初7937号民事判决书，那么在此种裁判思路下，可以认为保证金具备违约定金的性质。有的法院则认为“不予退还”应理解为出租人可从保证金中直接扣除承租人在融资租赁合同项下的应付款项，如北京市第一中级人民法院（2018）京01民初2号民事判决书。也有法院认为保证金如果不予冲抵租金，将造成双方利益的不平衡，且有失公平，如银川市中级人民法院（2014）银民商终字第78号民事判决书，在此种裁判思路下，保证金不属于违约定金。

3. 租赁保证金是否属于金钱质押

不同于不动产抵押和权利质押，金钱质押是一种特殊的动产质押。依照《最高人民法院关于适用〈中华人民共和国担保法若干问题的解释〉》（以下简称《担保法司法解释》）第八十五条“债务人或者第三人将其金钱以特户、封金、保证金等形式特定化后，移交债权人占有作为债权的担保，债务人不履行债务时，债权人可以以该金钱优先受偿”的规定，金钱特定化和移交债权人占有是金钱质押生效的条件。

第一，关于金钱质押特定化，上述条款规定了三种金钱质押特定化的形式，即特户、封金、保证金，也就是说租赁保证金本身就属于一种特定化的形式，可以直接用作金钱质押的标的。实践中有些观点认为存放保证金的账户应当特定化，以专户形式存在，才符合法律规定的“特定化”，但本书认为，《担保法司法解释》作为普通法，对保证金特定化的形式做了不完全列举，其中保证金和特户均为特定化的表现形式，二者为并列关系，在无特别法（如《最高人民法院关于人民法院能否对信用证开证保证金采取冻结和扣划措施问题的规定》第一条所规定的信用证开证保证金、《期货经纪合同指引（修订）》中规定的期货保证金）规定的情况下，并不一定要求所有的保证金均应当以“专户”形式存放。因此，融资租赁业务中的保证金本身可以认定为特定化。

第二，关于金钱质押移交债权人占有，租赁保证金须在融资租赁合同订立时由承租人按照一定比例一次性支付给出租人，在实际履行过程中，出租人亦按照合同约定支付租赁保证金给出租人，即已满足金钱质押移交债权人的条件。实践中，有时为了操作的便捷，出租人和承租人会约定将租赁保证金在出租人向承租人支付的租赁物购买价款中直接扣除。那么产生纠纷后，融资租赁本金数额是否包含扣除的保证金便成了双方争议焦点。司法实践中，在此类情况下，融资租赁本金数额的认定通常取决于融资租赁合同性质的认定。如果法院认为构成融资租赁合同法律关系，那么往往会依据合同约定的融资租赁本金数额予以认定。如果法院最终认定为借款合同，那么则会以借款人实际获取的资金数额作为借款本金。

综上，我们认为，租赁保证金实际上是一种金钱质押，即在承租人违约时，以该保证金为限对未付租金及其他应付款项抵扣而承担担保责任。

（三）行业建议

如上所述，租赁保证金作为金钱质押的一种，其抵扣时间、担保范围、抵扣顺序应当以合同约定为准。（2018）最高法民终1202号案件中，融资租赁合同亦约定“金租公司使用保证金抵扣的，金岩化工公司应于金租公司要求的时间内补足保证金”，“金岩化工公司未按照约定补足保证金的，自抵扣之日起，对逾期的部分应按照租赁费率上浮50%计收罚息，直至保证金补足为止”，承租人逾期时抵扣租赁保证金后计算出的违约金数额会超出出租人一审诉讼请求所列违约金的数额，因而超出诉讼请求的违约金部分能否得到支持亦成为本案的争议焦点之一。对此最高人民法院认为，“租金与违约金是有机统一的整体，共同构成金租公司诉讼请求的一部分，即便分项列明，也不能改变其内在统一完整的实质，一审中级人民法院以租赁保证金抵扣租金，却机械地以调整租金后计算的违约金数额超出了金租公司一审主张的违约金数额，进而认定超过了金租公司的诉讼请求范围是错误的”，因此最高法院对金租公司关于抵扣后逾期部分按照租赁费率上浮50%计收罚息的主张予以支持。

据此，在实务中，出租人亦可选择在合同内添加“承租人未及时补足保证金的情况下，未补足部分的保证金应按照逾期租金的标准计算逾期利息或违约金”的条款，那么出租人是否在承租人逾期支付租金时以租赁保证金抵扣，实质上对承租人最终承担的债务数额影响不大，但可达到对出租人利益的双重保护。

解析四：开展融资租赁业务过程中，出租人进行自物抵押的效力如何。

融资租赁业务中，租赁物的所有权与使用权相分离，租赁物所有权归出租人所有，但租赁物由承租人合法占有使用，用于生产经营。由此，一旦承租人发生逾期支付租金或资金链恶化的情形，出租人如何掌握对租赁物的控制权则成了一个难题。

《最高人民法院关于审理融资租赁合同纠纷案件适用法律问题的解释》第九条对出租人就租赁物享有的所有权保护进行了相关规定，“承租人或者租赁物的实际使用人，未经出租人同意转让租赁物或者在租赁物上设立其他物权，第三人依据物权法第一百零六条的规定取得租赁物的所有权或者其他物权，出租人主张第三人物权权利不成立的，人民法院不予支持，但有下列情形之一的除外”。该条第二项规定，“出租人授权承租人将租赁物抵押给出租人并在登记机关依法办理抵押权登记的”，该规定即为融资租赁业务中说的“自物抵押”。

在前述背景下，“自物抵押”所有权人和抵押权人是同一人，即融资租赁业务中的出租人。上述规定与《物权法》关于抵押权的相关规定看似相互矛盾，但也正是此等特别规定，使得出租人的所有权在一定程度上能够取得对外公示效力。

众所周知，目前并没有关于融资租赁业务成熟的统一登记系统供公示及查询，这使得承租人擅自处置租赁物、就租赁物进行抵押等无权处分行为时有发生，而“自物抵押”的操作一定程度上减少了承租人对租赁物的无权处置行为的发生。在承租人发生根本违约事件时，出租人一般会在诉讼请求中列明就已经进行“自物抵押”的租赁物主张优先受偿权，审判法院对“自物抵押”的效力持不同态度，遵循着不同的裁判规则。

（一）司法实践

目前，融资租赁合同纠纷领域的司法审判实践，对于“自物抵押”效力问题态度不一。既有否认“自物抵押”效力，对出租人请求对租赁物行使优先受偿权不予支持的，又存在支持出租人优先受偿权请求的。

1. 出租人就“自物抵押”的租赁物主张优先受偿权的，不予支持

案例1：台骏国际租赁有限公司、中山市爱马仕洁具有限公司融资租赁合同纠纷二审民事判决书［（2019）粤20民终1736号］

裁判原文：由于涉案融资租赁合同和动产抵押合同均明确约定涉案租赁

物的所有权归属台骏公司，因此，按照《中华人民共和国担保法》第三十四条“下列财产可以抵押：……（二）抵押人所有的机器、交通运输工具和其他财产；……”的规定，涉案租赁物并不属于担保法意义上的抵押物，双方就涉案租赁物设立的抵押权也不具有担保法意义上抵押权的性质。台骏公司在享有涉案租赁物所有权的情况下，主张其享有涉案租赁物的优先受偿权，不符合法律规定，一审法院未予支持，适用法律正确，本院予以维持。

案例2：中鑫国际融资租赁（深圳）有限公司与张永侠等融资租赁合同纠纷一审民事判决书［（2018）京02民初347号］

裁判原文：关于利源精制公司的抵押责任。尽管利源精制公司与中鑫公司签订了抵押合同，并办理了抵押登记，但根据查明的事实，抵押物与租赁物为同一物，此情形下的抵押并非物权法意义上的抵押，双方设立该抵押的真实目的仅系为了防止租赁物被他人善意取得，故中鑫公司据此要求实现抵押权，本院不予支持。

案例3：河北正和担保有限责任公司、邵传义等与北车投资租赁有限公司融资租赁合同纠纷二审民事判决书［（2017）京02民终5051号］

裁判原文：北车公司与澳德隆公司之间存在真实的融资租赁法律关系，涉案租赁物归北车公司所有，并非澳德隆公司所有，北车公司仅是为了避免租赁物被他人善意取得，才与澳德隆公司约定将租赁物抵押给北车公司，并办理了抵押登记。上述做法符合《最高人民法院关于审理融资租赁合同纠纷案件适用法律问题的解释》第九条的规定，本院予以确认。因涉案租赁物办理抵押并非为《融资租赁合同》项下的债权提供担保，故正和公司主张中车公司应先就该租赁物行使优先受偿权，缺乏依据，本院不予支持。

案例4：润兴融资租赁有限公司与陈妹华等融资租赁合同纠纷一审民事判决书［（2018）京0105民初3547号］

裁判原文：关于润兴公司能否主张实现租赁物抵押权问题，本院认为，首先，《最高人民法院关于审理融资租赁合同纠纷案件适用法律问题的解释》第九条第（二）项规定，出租人授权承租人将租赁物抵押给出租人并在登记机关依法办理抵押权登记的，构成对善意取得的除外情形。该项规定系对现实中租赁物所有权无法定登记机关，出租人通过委托承租人将租赁物抵押给自己的方式办理抵押登记进而取得登记公示效力的变通做法的认可，并非对抵押权物权效力的确认。其次，从《中华人民共和国物权法》和《中华人民共和国担保法》关于抵押权的立法本意看，抵押权系为担保债务履行而由债务人或第三人提供财产而设立的担保物权，抵押权作为物权须以主债权及抵押债权合意的存在为基础，根据双方签订的融资租赁合同，双方办理抵押登记的目的在于公示租赁物并防止承租人擅自处置租赁物，并无设立抵押担保的合意。再次，根据《中华人民共和国合同法》第二百四十八条规定，承租人违约，出租人可以要求支付全部租金；也可以解除合同，收回租赁物。《最高人民法院关于审理融资租赁合同纠纷案件适用法律问题的解释》第二十一条亦对上述主张的选择权和行使顺序做了规定。润兴公司在第一项诉请中请求承租人支付全部剩余租金、逾期违约金，即是对其租金债权的实现，如该诉请得以实现则其权益得以保障，如未能实现则可通过解除合同、收回租赁物方式实现救济，两种情形下均无行使抵押权之必要。综上，润兴公司以抵押权人名义主张行使涉案设备的优先受偿权无法律依据，本院不予支持。

2. 出租人就“自物抵押”的租赁物主张优先受偿权的，予以支持

案例1：广州市龙德宝汽车销售服务有限公司、区碧茹融资租赁合同纠纷二审民事判决书［（2019）粤06民终506号］

裁判原文：本案讼争抵押物属于动产，本案中，虽然区碧茹与龙德宝公司之间没有签订单独的抵押合同，若能根据涉案《融资租赁合同》及区碧茹、龙德宝公司签订的其他文件补正或推定被担保的主债权种类、抵押财产等关键信息的，则区碧茹、龙德宝公司之间设定的抵押仍然具备成立的条件。经审查，区碧茹、龙德宝公司就本案讼争抵押物向工商部门办理了动产抵押登记手续，区碧茹也取得了相应的《动产抵押登记书》。该《动产抵押登记书》明确载明了被担保的债权数额为17 256 968元，同时，通过附件的形式明确记载了抵押权的名称、种类、数量等情况，虽然该《动产抵押登记书》中的被担保债权种类一栏填写为“设备”，但本案并无证据显示区碧茹、龙德宝公司之间存在其他债权债务关系，故结合涉案《融资租赁合同》的约定可以推定该登记书中的被担

保债权种类应是涉案《融资租赁合同》项下的合同之债。换言之，虽然区碧茹、龙德宝公司之间没有签订抵押合同，但是通过区碧茹、龙德宝公司签章确认的涉案《动产抵押登记书》《融资租赁合同》等文件可知，区碧茹、龙德宝公司就涉案抵押事宜已达成合意，且可以根据上述文件推定涉案抵押的被担保的主债权种类、数额及抵押财产等重要信息，故区碧茹、龙德宝公司设定的动产抵押已具备成立的基本法律要件。另一方面，抵押合同主要是约定抵押权人和抵押人权利义务关系的合同，其主要功能在于保障抵押权人和抵押人的合法权益，现区碧茹、龙德宝公司已办理了合法的抵押登记手续，而龙德宝公司在本案中也未对区碧茹主张的抵押权提出任何异议，在此情况下，若仅因区碧茹、龙德宝公司未签订书面的抵押合同这一情形就直接认定区碧茹主张的抵押权未设立，也与本案的客观情况不符。综上分析，本院认为区碧茹主张的抵押权已设立，区碧茹有权依法行使其抵押权。

案例2：华中融资租赁有限公司与程玲志等融资租赁合同纠纷一审民事判决书［（2018）京03民初444号］

裁判原文：本案争议焦点可总结为，融资租赁合同的出租人能否就租赁物行使抵押权并优先受偿，对此，可以从抵押权是否设立和抵押权能否行使两个角度进行审查。在抵押权设立方面，首先，我国现行法律并未对抵押财产的权属做出明确规定，亦未禁止所有权人为自己设定抵押权。《最高人民法院关于审理融资租赁合同纠纷案件适用法律问题的解释》第九条规定，承租人或者租赁物的实际使用人，未经出租人同意转让租赁物或者在租赁物上设立其他物权，第三人依据物权法第一百零六条的规定取得租赁物的所有权或者其他物权，出租人主张第三人物权权利不成立的，人民法院不予支持，但有下列情形之一的除外：……（二）出租人授权承租人将租赁物抵押给出租人并在登记机关依法办理抵押权登记的。据此，融资租赁合同的出租人作为租赁物的所有权人可以授权承租人在租赁物上为自己设定抵押权。其次，抵押权的设立应当满足订立书面抵押合同、办理抵押登记两个形式要件。本案中，陕西沃特玛公司在涉案租赁物上为华中融资租赁有限公司就《融资租赁合同》及其附件所享有的债权设定了抵押，双方就抵押事宜签订了书面的抵押合同，亦在工商行政管理部门办理了抵押登记，故应当认定华中融资租赁有限公司对涉案租赁物的抵押权已经设立。

案例3：梅赛德斯－奔驰租赁有限公司与邹君炀、郑彦融资租赁合同纠纷一审民事判决书［（2016）京0105民初4093号］

裁判原文：针对优先受偿权的主张，虽然《融资租赁与保证合同》约定出租人在租期内拥有车辆的完整所有权和完全处置权，但实际上涉案车辆登记在郑彦名下并办理了抵押登记，抵押权人为奔驰租赁公司，且现奔驰租赁公司已选择要求郑彦支付全部租金及尾款，故奔驰租赁公司请求确认其就郑彦应付款额对抵押物享有优先受偿权，于法有据，本院予以确认。

案例4：梅赛德斯－奔驰租赁有限公司与王德春、江阴市金顾山水蜜桃科技有限公司融资租赁合同纠纷一审民事判决书［（2017）京0105民初1113号］

裁判原文：金顾山水公司已将其购买的奔驰轿车办理了抵押登记，抵押权人为奔驰租赁公司，故在金顾山水公司未按期支付租金的情况下，奔驰租赁公司有权对抵押车辆享有优先受偿权。

（二）案例解析

根据2019年11月14日发布的《全国法院民商事审判工作会议纪要》（也称为《九民纪要》）穿透合同表层探究合同各方当事人的真实意思表示的精神，同时结合《中华人民共和国民法总则》第一百四十六条关于虚假表示与隐藏行为效力的相关规定，我们认为：应回归融资租赁的本源，支持出租人作为租赁物所有权人享有所有权而不享有抵押的优先受偿权，即当各方当事人的交易被认定为融资租赁法律关系且合法有效时，认可出租人对租赁物享有所有权足以维护出租人合法权益并实现合同目的；例外情形是如果各方当事人的交易被认定是名为融资租赁关系实为借贷法律关系或者其他法律关系的，因出租人对租赁物主张所有权不能成立，则宜认可出租人对租赁物享有抵押权，支持其在抵押物范围内享有优先受偿权。理由如下：

1．“自物抵押”其立法目的在于通过抵押登记取得登记公示的效力，并非赋予出租人对租赁物享有抵押权。

《物权法》第一百七十九条规定：“为担保债务的履行，债务人或者第三人不转移财产的占有，将该财产抵押给债权人的，债务人不履行到期债务或者发生当事人约定的实现抵押权的情形，债权人有权就该财产优先受偿。”上述条文为我国现行法律对抵押权及效力的相关规定。对比言之，《最高人民法院关于审理融资租赁合同纠纷案件适用法律问题的解释》第九条第（二）项规定，出租人授权承租人将租赁物抵押给出租人并在登记机关依法办理抵押权登记的，构成对善意取得的除外情形。该项规定是对现实中租赁物所有权没有法定登记机关的相关说明，如无法取得公示效力则可能存在善意第三人通过善意取得租赁物的相关权益。而“自物抵押”的相关规定弥补了上述困境，探究其立法目的，出租人通过委托承租人将租赁物抵押给自己的方式办理抵押登记进而取得登记公示效力，是在融资租赁法律关系中对租赁物所有权没有法定登记机关而进行的变通登记操作，目的是对抗善意第三人，并非对租赁物抵押权效力的确认。

2. 融资租赁法律关系中，出租人就“自物抵押”的租赁物享有的所有权足以满足其维护合法权益并实现合同目的，认可其对租赁物享有优先受偿权并无必要。

承租人基于“融资”以及“融物”的需求与出租人建立融资租赁法律关系，而出租人基于双方签订的融资租赁合同形成的合同之债向承租人主张租金等。因为融资租赁的特殊属性，出租人对租赁物享有所有权，而承租人对租赁物有占有使用权，租赁物的所有权与使用权相分离。在承租人违约时，根据《中华人民共和国合同法》第二百四十八条关于“承租人违约，出租人可以要求支付全部租金；也可以解除合同，收回租赁物”的规定，以及《最高人民法院关于审理融资租赁合同纠纷案件适用法律问题的解释》第二十一条相关规定，出租人一般会请求承租人支付全部剩余租金、逾期违约金等，即是请求对其享有的租金债权的实现；如该诉请未能实现，出租人可以依据上述相关法律法规主张以解除合同、收回租赁物的方式实现其权利救济，两种情形下均无行使抵押权之必要。

3. 对名为融资租赁关系实为借贷或其他法律关系的案件，承认“抵押权”有利于稳定市场经济秩序，同时不妨碍对故意职业放贷行为的追究。

一些同业可能认为对名为融资租赁关系实为借贷或其他法律关系的案件，承认“抵押权”可能会鼓励“名为融资租赁、实为借贷”案件的发生。但实际上，此等情况下对抵押权的认可可以使欲意通过主张借贷或其他法律关系逃避承担担保责任的抵押人无处遁形。另外，因为《九民纪要》第五十三条对于职业放贷人的认定进行了相关规定，并且，最高人民法院、最高人民检察院、公安部、司法部于2019年7月23日发布了《关于办理非法放贷刑事案件若干问题的意见》，对涉及刑事的非法放贷案件进行了进一步规定。上述法律法规对职业放贷行为的追究进行了较为详尽的规定，认可“抵押权”并不会鼓励“名为融资租赁、实为借贷”案件的发生，不会影响法律对职业放贷行为的追究。相反，从合同法公平、诚实信用原则出发，认可“抵押权”而非随意否认“抵押权”效力，有利于维护市场经济的交易秩序。

综上，融资租赁法律关系合法且真实存在的情况下，承租人不履行偿还租金的义务或发生根本违约的其他情形的，出租人因“自物抵押”取得公示登记效果，并不因此取得租赁物抵押权，其主张在租赁物抵押范围内就租赁物优先受偿不应当被支持。

（三）行业建议

因此，在目前的行业情形下，我们建议租赁公司在开展融资租赁业务时应当积极做好“自物抵押”登记（如可行），在合法范围内最大限度地维护自身合法权益。

同时，在统一的租赁物所有权登记制度尚未有效建立之前，我们呼吁各地方抵押登记机关厘清抵押事实及关系，如以融资租赁合同作为债权发生的依据时，在抵押登记权属证书上就“自物抵押”的法律依据进行明确，使得出租人因“自物抵押”而产生的排除善意取得的公示登记效力更为明确。

解析五：融资租赁合同取回租赁物强制执行公证研究。

债权文书强制执行公证，是指公证机构根据当事人的申请，依法对无疑义的债权文书（如融资租赁合同、借款合同等）赋予其强制执行效力的一种公证行为。当一方当事人不履行债权文书中所约定的偿还义务时，另一方当事人可以向原公证处申请签发执行证书，不经诉讼而直接向有管辖权的人民法院申请强制执行，以清偿债务。由于公证债权文书可快速帮助合同当事人实现权益，因此该种公证受到了融资租赁公司（以下简称“债权人”）的青睐。

（一）司法实践

经笔者分析统计，在涉及融资租赁合同强制执行公证的案件中，债务人或担保人通常会基于以下理由提出执行异议：

（1）融资租赁合同性质及效力；

（2）售后回租合同不属于公证机关能赋予强制执行效力的债权文书的范围；

（3）有财产担保的租赁合同不属于可由公证机关赋予强制执行效力的债权文书；

（4）债权人向公证处申请签发执行证书时，已经超过公证处办理执行证书的法定期限；

（5）公证书中当事人的名称写错；

（6）债务人或保证人未做出愿意接受依法强制执行的承诺；

（7）非主要被执行财产所在地法院对全案没有执行管辖权。

（二）案例解析

1. 对理由（1）的分析：融资租赁合同性质及效力。

融资租赁合同纠纷的焦点之一是融资租赁合同的性质和效力。同样地，在融资租赁强制执行公证执行异议及执行异议之诉中，执行异议人同样也可以融资租赁合同的性质及效力存在瑕疵为由抗辩。

参考案例：厦门弘信博格融资租赁有限公司与泉州顺强运输有限公司、林志达、郭志龙、陈碧玉、陈冬梅公证债权文书纠纷裁定书

法院案号：（2015）洛执异字第4号

异议人称：（2014）厦鹭证内字第32466号民事公证书载明的内容与事实严重不符，异议人与厦门博格公司并未达成融资租赁合意，双方实际存在的是借款合同关系。双方的实际履约行为不符合融资租赁合同的基本构造，涉案的融资租赁合同实际是借款合同，违反了法律强制性规定，系无效合同，依法应当裁定不予执行。

法院观点：根据《中华人民共和国合同法》第二百三十七条规定：“融资租赁合同是出租人根据承租人对出卖人、租赁物的选择，向出卖人购买租赁物，提供给承租人使用，承租人支付租金的合同。”申请执行人与异议人签订上述融资租赁合同后，基于异议人的指定，申请执行人向出卖人购买了自卸车十部，并将上述车辆提供给异议人使用，异议人向申请执行人出具《租赁物接收证书》，表明租赁物型号、规格、性能、技术指标均已达到合同约定的标准。本院认为，申请执行人与异议人签订上述融资租赁合同，系双方真实意思表示，符合法律规定，双方之间已形成融资租赁法律关系。根据《中华人民共和国民事诉讼法》第二百三十八条规定：“对公证机关依法赋予强制执行效力的债权文书，一方当事人不履行的，对方当事人可以向有管辖权的人民法院申请执行，受申请的人民法院应当执行。公证债权文书确有错误的，人民法院裁定不予执行，并将裁定书送达双方当事人和公证机关。”异议人与申请执行人之间签订的还款协议，是各方当事人的真实意思表示，没有违反法律和行政法规的强制性规定，依法应受法律保护。还款协议经过厦门市鹭江公证处公证，公证债权文书对主债务和担保债务同时赋予强制执行效力，具有强制执行的效力。

建议：融资租赁公司在提交申请强制执行公证的材料①前需按照法律规定的要件确认融资租赁合同是合法有效的，以免影响强制执行公证的效力。

实践中，法院将依据《民通意见》《民法总则》《合同法》《物权法》《最

---

① 申请强制执行公证需提交的材料：

（1）申请人的主体资格证明：企业法人营业执照、社会团体法人的注册登记证书等；法定代表人或负责人的身份证件；由代理人代为申请的，还应提供法定代表人的授权委托书和代办人的身份证件；

（2）申请人出具的申办强制执行效力公证的文件；

（3）需要赋予强制执行效力的债权文书及相关的债务证明；

（4）若为债权文书提供了担保的，担保方应按照上述（1）、（2）两项规定提交有关证明材料并提交有关担保的文件，及担保标的物的权属证明（指抵押担保或质押担保）；

（5）公证员认为应当提供的其他证明材料。

高人民法院关于审理融资租赁合同纠纷案件适用法律问题的解释》等相关法律法规、司法解释的相关规定，综合考虑标的物的性质、价值及租金构成等相关因素，进而区别融资租赁合同与借款合同、一般的租赁合同、分期付款买卖合同、投资合同、合作合同等类似合同的关系，最后综合认定案涉融资租赁合同的效力及其性质。一旦合同效力存在瑕疵，将会不同程度地影响执行公证的执行力。

2. 对理由（2）及理由（3）的分析：售后回租合同、有财产担保的租赁合同是否属于可赋予强制执行效力的债权文书范围。

《最高人民法院、司法部关于公证机关赋予强制执行效力的债权文书执行有关问题的联合通知》（以下简称《联合通知》）第二条规定了公证机关赋予强制执行效力的债权文书的范围：（1）借款合同、借用合同、无担保的租赁合同；……（6）符合赋予强制执行效力条件的其他债权文书。上述规定对可赋予强制执行效力的合同类型进行了列举，但并未明确规定售后回租合同及有财产担保的租赁合同不属于可被赋予强制执行效力的债权文书，但是能否归入前述（6）所述的“其他债权文书”呢？

根据《联合通知》的规定，针对售后回租合同及有财产担保的租赁合同等债权文书，只要其符合《联合通知》第一条的条件①，则前述合同属于可被赋予强制执行效力的“其他债权文书”。

参考案例：白燕川等公证债权文书执行裁定书

法院案号：（2017）京03执异63号

法院观点：售后回租合同对于双方的债权债务关系约定明确，对租金构成、支付方式、时间、币种、次数及租金总额均有明确约定，天津水魔方公司具有向中程公司支付相应租金的义务且具有愿意接受强制执行的承诺。因此，该售

① 根据《最高人民法院、司法部关于公证机关赋予强制执行效力的债权文书执行有关问题的联合通知》的规定，公证机关赋予强制执行效力的债权文书应当具备以下条件：

（1）债权文书具有给付货币、物品、有价证券的内容；

（2）债权债务关系明确，债权人和债务人对债权文书有关给付内容无疑义；

（3）债权文书中载明债务人不履行义务或不完全履行义务时，债务人愿意接受依法强制执行的承诺。

后回租合同虽未在《联合通知》第二条中一一列举的范围之内，但具备了该《联合通知》第一条中规定的特征和条件，应属于该《联合通知》第二条第六项规定的文书范围，符合可赋予强制执行效力债权文书的要求。

另依据《最高人民法院关于审理融资租赁合同纠纷案件适用法律问题的解释》第二条规定，本案中的售后回租合同有确定的租赁物，并明确约定了租赁物的出售和回租，具有融资特性，应属于融资租赁合同。因此，北京市方圆公证处赋予本案中的售后回租合同有强制执行效力，并未超出法律法规和司法解释的范围。天津水魔方公司主张售后回租合同系有财产担保的租赁合同且债务金额不确定，不属于公证机关能赋予强制执行效力的债权文书的范围，无事实和法律依据。

建议：售后回租、有担保的融资租赁占了融资租赁业务很大一部分比例。实践中，融资租赁公司需确保合同中约定了支付方式、租金、债务人接受强制执行的承诺等内容，且担保合同中明确了担保人愿意接受强制执行的承诺，从而确保售后回租合同、担保合同符合可赋予强制执行效力债权文书的要求。

需要特别说明的是，由于不同法院对执行债权文书执行标的的确定程度不一，我们需要对执行债权文书中的相关要素进行详尽约定，以便满足法院的确定性要求。

除上述要素外，有些当事人会同时在合同中约定律师费用，但部分公证机构对于律师费用不予公证。原因在于各省的律师费用收费标准并不统一，且价格存在区间，而公证机构并非审判机构，无法对相关标准及数额进行审查，因此审查律师费用的计算方式并不是公证处的职责。对此，我们建议在融资租赁合同中做出如下约定："律师费用以融资租赁公司与律师签订的法律服务合同为准，但不应超过或低于当地律师收费的指导价格。"以避免加重公证机构审查具体费用的负担。

在约定了前述内容后，融资租赁公司还需确保公证债权文书对主债务和担保债务同时赋予了强制执行效力。如仅对主债务赋予强制执行效力，未涉及担保债务的，法院将不予受理对担保债务的执行申请；如仅对担保债务赋予强制执行效力未涉及主债务的，法院对主债务的执行申请将不予受理。

此外，2017年7月实施的《最高人民法院、司法部、中国银监会关于充分发挥公证书的强制执行效力　服务银行金融债权风险防控的通知》提到，公证机构可以对银行金融机构运营中所签署的符合公证法规定的融资租赁合同赋予强制执行效力。因此，融资租赁公司签署的融资租赁合同具备了更加明确的被赋予强制执行效力的条件。

3. 对理由（4）的分析：如果债权人向公证处申请签发执行证书时，已经超过公证处办理执行证书的法定期限，公证处会如何处理。

《公证程序规则》第五十五条规定，债务人不履行或者不适当履行经公证的具有强制执行效力的债权文书的，公证机构可以根据债权人的申请，依照有关规定出具执行证书。执行证书应当在法律规定的执行期限内出具。《民事诉讼法》第二百三十九条规定，申请执行的期间为二年。申请执行时效的中止、中断，适用法律有关诉讼时效中止、中断的规定。因此，在公证机构对债权文书赋予强制执行效力后，债务履行期限届满之后两年内，经债权人申请，公证机构方可签发执行证书。

参考案例：辽宁成工工程机械有限公司与高大明、王彦融资租赁合同纠纷上诉案

法院案号：（2017）辽03民终3110号

上诉人称：申请强制执行公证的流程是先需要原公证处出具执行证书，方可去有管辖权的法院申请执行。根据《办理具有强制执行效力债权文书公证及出具执行证书的指导意见》，上诉人已向原公证处提出了申请执行证书的要求，但原公证处给成工公司的意见是，出具执行证书有相应的审查期限，审查期限为债权履行期限或违约期限二年内。因本案中被上诉人违约，上诉人根据租赁协议取得追偿权时，已经超过公证处办理执行证书的法定期限，故原公证机关不予出具执行证书，所以上诉人也无法申请强制执行公证。

法院观点：本院审理查明，二审期间，上诉人向本院提交辽宁省公证处为成工公司出具的辽证函字〔2017〕402号“不予出具执行证书决定书”一份，主要内容是：出具人拉赫兰顿融资租赁（中国）有限公司于2011年1月13日向我处申请办理赋予租赁协议具有强制执行效力公证，我处于2011年1

月 13 日依法出具了具有强制执行效力的债权文书公证书。在我处赋予强制执行效力的租赁协议债务履行期限届满二年内，拉赫兰顿融资租赁（中国）有限公司未向我处提出出具执行证书申请，我处现做出如下决定：不予出具执行证书，特此决定。

本院认为，辽宁省公证处于2011年 1 月 13 日出具的具有强制执行效力的债权文书公证书已不具有强制执行效力，上诉人已无权向有管辖权的人民法院申请执行。因此，本案属于民事诉讼案件，应当进行实体审理。

建议：在债务履行期限届满之后两年内，如债务人违约，债权人应向公证机构申请签发执行证书。如超过两年的时限，公证机构将不予出具执行证书。对于该项债权，债权人只能向有管辖权的人民法院提起诉讼，如此，耗费的时间将多于直接就债权提起诉讼所花费的时间。

此外，债权在被赋予强制执行效力之后，债权人取得执行证书之前，债权人是否可以再行起诉呢？实践中多数观点认为，依据《最高人民法院关于当事人对具有强制执行效力的公证债权文书的内容有争议提起诉讼人民法院是否受理问题的批复》①（以下简称《关于强制执行效力问题的批复》）、《最高人民法院关于审理涉及公证活动相关民事案件的若干规定》第三条②以及《最高人民法院关于审理融资租赁合同纠纷案件适用法律问题的解释》第二十一条③的规定，除非是公证文书的法律效力存疑，在就债权进行强制执行公证之后、要求公证机构出具执行证书之前，出租人不可再就债权向人民法院提

① 《最高人民法院关于当事人对具有强制执行效力的公证债权文书的内容有争议提起诉讼人民法院是否受理问题的批复》规定，经公证的以给付为内容并载明债务人愿意接受强制执行承诺的债权文书依法具有强制执行效力。债权人或者债务人对该债权文书的内容有争议直接向人民法院提起民事诉讼的，人民法院不予受理。但公证债权文书确有错误，人民法院裁定不予执行的，当事人、公证事项的利害关系人可以就争议内容向人民法院提起民事诉讼。

② 《最高人民法院关于审理涉及公证活动相关民事案件的若干规定》第三条规定，当事人、公证事项的利害关系人对具有强制执行效力的公证债权文书的民事权利义务有争议直接向人民法院提起民事诉讼的，人民法院依法不予受理。但是，公证债权文书被人民法院裁定不予执行的除外。

③ 《最高人民法院关于审理融资租赁合同纠纷案件适用法律问题的解释》第二十一条规定，出租人请求承租人支付合同约定的全部未付租金，人民法院判决后承租人未予履行，出租人再行起诉请求解除融资租赁合同、收回租赁物的，人民法院应予受理。

起诉讼。但如果出租人要求公证机构出具了执行证书且承租人拒绝履行，则出租人可就债权提起诉讼。

另外，在紧急情况下，通过诉讼方式解决纠纷的债权人可以根据《民事诉讼法》第一百零一条的规定申请诉前财产保全，从而防止其合法权益受到难以弥补的损害。但对于经过强制执行公证的债权文书，合同当事人如欲直接申请执行阶段的保全，债权人需提供法律依据，即执行证书。而在签发执行证书前，公证机构会依据法律规定核实尚未履行的债务。这个过程会根据债务的情况耗费一定的时间，由此便丧失了优先查封的机会。因此，当有多个债权人时，执行证书签发的及时与否就成为债权实现的关键，此时便凸显了公证债权耗时较长、程序复杂的缺点。值得一提的是，在部分案件中，由于往来票据混乱或合同不全，合同当事人并不确定还款金额及日期，双方可能会协商确定打折的租金、利息或违约金并进行公证。但进入执行程序后，部分债务人即表示出对于债务数额的不认可，采取拖延的措施，提出执行标的与事实不符、本金金额不正确、利息的计算方式不符合合同约定等执行异议理由，拖沓了债权实现的进程。

同样地，债务人也可能利用核实程序阻碍强制执行。依据《公证法》《联合通知》《公证程序规则》的规定，公证机构在出具执行证书前应向合同当事人核实债务的履行情况。根据《中国公证协会业务规则委员会关于办理赋予强制执行效力的债权文书公证的指导意见》的规定，公证机构核实债务履行情况的方式主要有三种：（1）“债务人履约备案”，即当事人约定，债务人履约后应当将履约的证据在约定期限送交给公证机构，如债务人（包括担保人）未能将履约的凭证及时送交给公证机构，则视为其同意债权人向公证机构提出的债权人已完全履行合同的证据和债务人违约的主张；（2）“公证处信函核实”，即当事人约定，在债权人申请公证机构出具执行证书时，由公证机构根据当事人约定的时间、方式和通讯地址向债务人和担保人以信函方式核实债务人的违约情况，债务人未按约定回函，或者回函提出异议，但未按约定提出充足证据，则视为其同意债权人向公证机构提出的债权人已完全履行合同的证据和债务人违约的主张；（3）“公证处电话（传真）核实”，即当事人约定，在债权人申请公证机构出具执行证书时，由公证机构根据当事人约定的时间、通讯号码向债务人和担保人以电话（传真）方式核实债务人的违约情况，债务人未按约定方式回复，或者回复时提出异议，但未按约定提出充足证据，则视为其同意公证机构依据债权人的申请出具执行证书。实践中，债务人可能会在核实阶段不向公证处做出任何反馈，而在进入执行阶段后对债务的履行提出异议，并向法院提交已部分履行合同的证据，进行证据突袭，从而使法院撤销或变更相关执行行为。

4. 对理由（5）的分析：合同当事人的名称被写错是否影响公证书的效力。

公证机构在对债权文书做出强制执行公证以及出具执行证书时需依照《公证法》《联合通知》等规定的程序进行，但实际操作中难免出现错误。

如果公证机构在出具执行证书前未核实债务履行情况，则该种实质错误会影响执行证书的效力。但如果出现的是写错合同当事人名称等非实质性错误，在实践中，法院并不会因此否认执行证书的效力。

参考案例：丰汇租赁有限公司与被执行人鄂尔多斯市福瑞供热有限责任公司等融资租赁合同纠纷一案执行裁定书

法院案号：（2018）内 71 执异 1 号

异议人称：本案第三方机构在处置国有资产时过于疏忽大意。异议人系国有独资的有限责任公司，在公证机构出具的相关文书上公证机构将异议人的名称错写成“鄂尔多斯市圣圆商贸煤炭运销有限责任公司”，措辞不严谨，其内容对异议人有不公平、不公正之嫌。

法院观点：经查明，对于（2015）鄂证执字第 638 号《执行证书》中将“鄂尔多斯市圣圆煤炭运销有限责任公司”书写为“鄂尔多斯市圣圆商贸煤炭运销有限责任公司”，经审查系笔误，且天骄公证处已于2017年 12 月 12 日做出（2017）鄂天证补字第 8 号更正为“鄂尔多斯市圣圆煤炭运销有限责任公司”。故，本院对异议人的该主张依法不予支持。

建议：融资租赁公司在拿到强制执行证书后应及时核对证书中罗列的信息，如发现不妥之处，应与公证机构及时沟通，要求出具补充证书，以矫正相关错误信息，从而保证执行证书的法律效力。

如果确因公证机构的过失导致执行证书内容错误，使得法院做出不予执行裁定的，融资租赁公司可以根据《公证法》第四十三条、《公证程序规则》第六十九条规定，请求公证机构承担相应的赔偿责任。融资租赁公司与公证机构因过错责任和赔偿数额发生争议，可以向人民法院提起民事诉讼，也可以申请地方公证协会调解。究其原因，融资租赁公司申请强制执行公证的目的在于便捷、迅速地解决纠纷，但由于公证员的操作失误，融资租赁公司无法直接进入执行程序，而需要通过诉讼的方式解决争议，违背了初衷。相较于直接起诉的方式，先公证再起诉无疑耗费了当事人更多的时间及经济成本，因此公证机构有义务填平相关损失。

除内容错误外，在实际执行过程中，法院认定公证债权文书确有错误的情形还包括：（1）公证债权文书属于不得赋予强制执行效力的债权文书；（2）被执行人一方未亲自或者未委托代理人到场公证等严重违反法律规定的公证程序；（3）公证债权文书的内容与事实不符或者违反法律强制规定；（4）公证债权文书未载明被执行人不履行义务或者不完全履行义务时同意接受强制执行；（5）人民法院认定执行该公证债权文书违背社会公共利益。公证债权文书被认定确有错误的，法院将裁定不予执行，之后，当事人、公证事项的利害关系人可以就债权争议提起诉讼。从上述错误情形可以看出，在执行过程中，被执行人提出执行异议的，法院会对公证债权文书是否有错误进行审查，其审查范围不仅包括公证债权文书的实体内容，也包括出具公证债权文书的程序问题。

5. 对理由（6）的分析：债务人或保证人未做出愿意接受依法强制执行的承诺，法院会如何处理。

根据《联合通知》第一条第三款规定，债权文书中应当载明债务人不履行义务或不完全履行义务时，债务人愿意接受依法强制执行的承诺。因此融资租赁合同及担保合同中需明确债务人愿意接受强制执行的承诺。

但如果作为从合同的保证合同没有上述约定，在强制执行公证之后，保证人是否需要接受相关协议的约束并承担担保责任，则需要视案件具体情况而定。

参考案例：薛晨光等仲裁执行裁定书

法院案号：（2018）京01执异217号

异议人称：公证债权文书未载明被执行人不履行义务或不完全履行义务

时，同意接受强制执行。本案所涉公证严重违反法律规定的公证程序，即公证机构未查明被执行人是否同意在承租人不履行公证债权文书时，无须经过诉讼程序，自愿接受强制执行，且补充协议已对主合同项下的义务进行了变更，公证机构不应以不履行主合同项下义务作为强制执行的依据，故该公证存在内容与事实不符的情形。

法院观点：根据《关于租金支付的补充协议》的约定，补充协议各方申请为该补充协议及其附件、《融资租赁合同》及其附件、《保证合同》、《股权质押合同》、《应收账款质押合同》一并办理赋予强制执行效力的公证，且合同各方向北京市长安公证处申请办理了赋予强制执行效力的公证。因此，保证人理应接受协议条款的约束，申请执行人有权依协议约定向北京市长安公证处申请执行证书。人民法院裁定不予执行公证债权文书应当符合《中华人民共和国民事诉讼法》及司法解释规定的公证债权文书确有错误的情形。故被执行人提出的公证债权文书未载明同意接受强制执行及公证程序违法、公证内容与事实不符的理由无事实依据，该院不予采纳。

建议：在上述案件中，如果补充协议对原协议做出了实质性变更，且补充协议在签订后未进行公证，则法院及公证机构会认为，债权人与债务人在公证后出现了一个不同于原公证债权文书的债权债务关系，原先经过公证的债权文书失去了强制执行的效力。因此，针对变更或补充的内容，合同双方应重新申请进行公证。

融资租赁公司在拟定融资租赁合同及担保合同时应明确约定，债务人及担保人愿意接受依法强制执行的承诺，并在中登网等适当的地方办理相应的担保登记（如适用），从而保证相关担保可以在强制执行公证后得到切实的履行。

如担保合同中未约定上述承诺，融资租赁公司可要求担保人签订补充协议或者将融资租赁合同与相关担保合同一起进行强制执行公证，以保证担保合同被纳入强制执行公证的范围内。

但如果担保合同中约定了债务人及担保人愿意接受依法强制执行的承诺，但担保人未亲自或者未委托代理人到场公证，则担保合同是否可被纳入强制执行公证的范围内呢？答案是否定的，因为被执行人一方未亲自或者未委托代理人到场公证是严重违反公证程序的行为。《公证法》《联合通知》等规定对办理具有强制执行效力的公证债权文书的程序做出了具体的规定，明确要求被执行人一方亲自或者委托代理人到场。

顺便提及一下，依照《最高人民法院关于人民法院办理执行异议和复议案件若干问题的规定》第二十二条规定：公证债权文书对主债务和担保债务同时赋予强制执行效力的，人民法院应予执行。因此，作为从合同的担保合同可以作为被赋予强制执行效力的债权文书。

6. 对理由（7）的分析：非主要被执行财产所在地法院对全案是否有执行管辖权。

根据《民事诉讼法》第二百二十四条的规定，公证债权文书性质上属于“其他法律文书”，应由被执行人住所地或者被执行的财产所在地人民法院执行。而对于一般的法律文书，则由第一审人民法院或者与第一审人民法院同级的被执行的财产所在地人民法院执行。因此公证债权文书的执行范围较小，不利于债权人权利的实现。

但对于取得执行证书的债权，非主要被执行财产所在地法院是否有执行管辖权呢?

参考案例：福建省时代华奥动漫有限公司、福建省时代华奥建设发展有限公司执行审查类执行裁定书

法院案号：（2017）最高法执复12号、17号

申请执行人称：（1）本案由四川管辖符合法律规定。第一，被执行人在四川省内有财产。时代华奥动漫公司、严敏在民生银行成都分行营业部的账户内有存款。第二，杨灿系本案被执行人，其居住在四川省。杨灿与中铁信托公司签订的保证合同未被撤销，真实有效，由此进行公证并赋予强制执行效力也并无不当，请求驳回管辖权异议。（2）被执行人关于不予执行公证债权文书的请求应由执行法院审查，且据以执行的公证债权文书不具有不予执行的情形。请求驳回不予执行申请。

法院观点：本案四川高院行使地域管辖权，存在争议的是两个联结点因素：一是四川是否为被执行人住所地，二是四川是否为被执行的财产所在地。

本案被执行人之一（保证人）杨灿的住所地在四川省成都市，除杨灿之外的其他被执行人的住所地均在福建省。虽然杨灿是中铁信托公司员工，且中铁信托公司与杨灿签订保证合同的时间是在其与债务人及其他担保人签订合同的时间之后单独签订，但上述因素并不足以否定担保关系的存在，不能排除据此对杨灿进行执行的可能。故应当认定四川是被执行人住所地之一。本案华奥动漫公司、严敏在中国民生银行成都分行营业部所开立的账户中有少量存款可供执行，故不能否定四川是被执行财产所在地之一。但如果参照相关司法解释关于主合同和担保合同纠纷诉讼应根据主合同确定管辖的规定，则在执行程序中以保证人的住所地作为确定地域管辖的联结点，确实不合理。同时，上述账户存款与本案巨额执行标的相比，也极不成比例。从目前查明的财产情况来看，可供执行的绝大多数财产在福建省内。因此，可以说，本案由福建省相关法院执行更为适当。但是，根据目前的通行理解，部分财产所在地或者部分被执行人住所地法院，可以取得执行案件全案管辖权。而且，目前相关司法解释并未对《中华人民共和国民事诉讼法》第二百二十四条规定的被执行人住所地做出限缩性解释，既未限制以保证人的住所地因素行使执行管辖权，也未将被执行的财产所在地限定为主要财产所在地，是否应做此种限缩性解释，有待今后司法解释进一步确定。故目前不能绝对排除四川高院对本案的管辖权，该院作为非主要的被执行人住所地和被执行财产所在地法院管辖本案，并不违反执行程序方面的现行法律规定。

建议：在上述案件中，最高法认为非主要的被执行人住所地和非主要的被执行财产所在地法院均对全案具有执行管辖权。此外，根据文义解释，被执行人包括担保人，被执行财产包括担保人的财产。因此，债权人可以向被执行人（含非主要的被执行人）住所地或者被执行的财产（含非主要的被执行财产）所在地人民法院申请执行。

但在实际操作过程中，即使债权人向有管辖权的人民法院申请强制执行，执行效果也可能会不理想。北京市长安公证处相关负责人在2018年5月“非诉讼案件执行难问题研讨会”中提到，北京地区的法院非常规范，对于公证债权文书的支持力度很大。但是，各地法院对于公证债权文书的执行力度不一，不予受理、区别对待的情况时有发生：当地法院会优先执行法院判决，更有甚者认为公证机构抢了审判机关的案源，从而不予执行或拖延执行公证债权文书。

（三）行业建议

1. 约束债务人或者担保人不配合核实的行为

在公证机构签发执行证书时，公证机构需对相关债务的履行情况进行核实，而债务人（担保人）的不配合有可能导致公证机构无法及时签发执行证书。为此，公证机构通常要求合同各方对核实方式及各自的举证责任进行事先约定，签订补充协议，并在签发执行证书前按照约定进行核实。因此，建议在司法解释中明确此种核实方式。

如债务人（担保人）未按约定回复，根据中国公证协会发布的《办理具有强制执行效力债权文书公证及出具执行证书的指导意见》的规定，公证机构无法与债务人（包括担保人）取得联系，或者债务人（包括担保人）未按约定方式回复，或者债务人（包括担保人）回复时提出异议但未能提出充分证明材料，不影响公证机构按照法定程序出具执行证书。但在强制执行阶段，如债务人提出执行异议并出示部分履约的证据，进行证据突袭，则法院会裁定撤销或变更相关执行行为。对此，债权人需再行起诉，增加了维权成本。因此，建议在司法解释中明确，如债务人不能按约定的方式进行回复，则在执行阶段，债务人不能以部分或全部履行为由提出执行异议，从而节约司法资源。

2. 明确债务人变更主体性质不影响执行证书的效力

强制执行公证在推广过程中遇到的阻力之一就是债权人取得了执行证书后，如非自然人债务人（包括担保人）发生了变化，各方需重新办理强制执行公证。实操中，为规避强制执行，部分债务人会改变组织形式，而执行法院会将变更组织形式后的债务人视为新的当事人，做出不予执行的裁定。因此，建议参考《最高人民法院关于适用〈中华人民共和国仲裁法〉若干问题的解释》第八条的规定，在司法解释中明确：当事人进行强制执行公证后合并、分立的，执行证书对其权利义务的继受人有效。

3. 赋予债权人选择诉讼的权利

为提高司法效率，现有法律法规规定，在进行强制执行公证后，合同当事人的诉权即受到了限制。具体而言，有如下几方面：

根据《关于强制执行效力问题的批复》规定，债权人或者债务人对经公证的债权文书内容有争议，直接向人民法院提起民事诉讼的，人民法院不予受理。由此可知，进入强制执行公证程序之后，债权人不可再自行放弃公证，选择进入诉讼程序。但公证文书应是合同各方合意的体现，其立意在于尊重各方当事人的意愿并兼顾高效解决司法纠纷。对债权人诉权过于严厉的限制与公证的基本立意相违背，因此建议在司法解释中明确债权人在公证后可以起诉的除外情形，如进行强制执行公证后，合同双方当事人又对部分债权约定采取诉讼方式解决纠纷的，当事人可以起诉，进而保证债权人可以有条件地享受诉权。

对于融资租赁合同中约定了强制执行公证条款，但当事人并未进行公证而直接提起诉讼的，有些地方法院会不予立案或驳回起诉，而要求当事人履行强制公证程序后再行起诉。由于选择通过强制执行公证或者诉讼解决纠纷是当事人的权利，在进入强制执行公证的程序之前，当事人选择诉讼是合乎法律规定的，地方法院不予立案或驳回起诉并无法律依据。因此，建议在司法解释中明确：如当事人在合同中约定，各方将通过强制执行公证的方式解决纠纷，则在进入强制执行公证程序之前，各方有权放弃事前约定的纠纷解决方式，而直接向法院提起诉讼。

4. 增加财产保全的适用情形

如前文所述，当有多个债权人时，融资租赁公司在进行强制执行公证后，容易丧失优先查封的机会。因此，建议在司法解释中明确，利害关系人因情况紧急，不立即申请保全将会使其合法权益受到难以弥补的损害的，可以在强制执行公证后、取得执行文书前向被保全财产所在地、被执行人住所地或者对案件有管辖权的人民法院申请采取保全措施。

5. 变更实现债权必要费用的约定方式

如执行证书仅写明由债务人给付“律师费”“实现债权的必要费用”等，

但未明确其金额或计算方式等内容的，地方法院可能会认为给付内容不明确、不具体（北京高院在《关于公证债权文书执行与不予执行若干问题的意见》中已明确规定此种情形属于对给付内容约定的不明确、不具体），而对该部分的执行申请不纳入执行范围。由于各地律师费用的标准不统一且该部分属于尚未发生的费用，难以确定具体数额以及计算基础，所以如何约定才能满足公证机构和地方法院的要求，给当事人带来了不少的困扰。因此，建议在司法解释中明确，律师费等实现债权的必要费用可以依据当事人与律师签订的服务合同等协议确定，而不是必须在执行前确定具体数额或计算方式。

强制执行公证具有很多优势，如可以节约司法成本、提高司法效率，但在现行法律框架中强制执行公证也存在一定的弊端，其结果可能会违背当事人快速实现债权的初衷。因此，建议融资租赁公司谨慎考虑、选择性地办理强制执行公证，以免对融资租赁债权的回收工作造成阻碍。

解析六：关于租赁物为不动产的融资租赁合同纠纷管辖法院确定。

为方便解决纠纷，出租人在制作合同模板时，一般会约定出租人住所地或合同签订地等与己方办公地点一致的人民法院管辖，但在具体业务中经常会出现以建筑物、构筑物、定着物等不动产作为租赁物，此时，合同约定是否与诉讼法上不动产纠纷专属管辖的规定相冲突而被认定无效？如果同时涉及专门法院管辖，合同约定管辖条款的效力是否受到影响？下面结合目前法律法规、规范性文件及实践情况，就前述问题进行分析。

（一）司法实践

我们认为，为解决租赁物为不动产的融资租赁合同纠纷管辖法院确定的问题，首先应当理清地域管辖及专属管辖的关系，协议约定管辖的尺度，以及涉及专门法院管辖时，如何处理专属管辖及协议管辖。

1. 地域管辖中的专属管辖问题

参考案例如下：

（1）（2017）最高法民辖终141号，原告中国金融租赁有限公司诉被告嘉兴永欣建业有限公司融资租赁合同纠纷案中，涉案租赁物包括5套别墅。原告请求法院判决：一是被告协助办理租赁物的过户手续；二是被告将《提前终止协议》项下全部租赁物返还原告；三是被告赔偿原告在《提前终止协议》项下的损失；……被告对管辖权提出异议，称尽管涉案《融资租赁合同》约定了相关争议由天津市有管辖权的法院管辖，但是该项约定无效。因不动产纠纷引起的诉讼，应由不动产所在地人民法院管辖。法院裁判认为：根据《最高人民法院关于适用〈中华人民共和国民事诉讼法〉的解释》（以下简称《民诉司法解释》）第二十八条、《中华人民共和国民事诉讼法》第三十三条第一项规定，除涉及不动产的权利确认、分割、相邻关系等引起的物权纠纷案件适用专属管辖外，对于其他涉及不动产的债权纠纷，并不适用前述管辖原则。本案融资租赁合同的标的物虽属不动产，但本案基于物权取回的损失赔偿之诉，属于债权纠纷，允许当事人依法协议管辖。

（2）（2019）最高法民辖终464号，原告长城国兴金融租赁有限公司诉被告天津市市政建设开发有限责任公司、天津市政建设集团有限公司融资租赁合同纠纷案中，租赁物为房屋，法院对“应否按照不动产纠纷确定管辖”的争议点，审查认为：根据《中华人民共和国民事诉讼法》第三十三条、《民诉司法解释》第二十八条规定，列举了按照不动产纠纷确定管辖的合同，除前述规定列举的合同以外，其他合同，仍应按照合同纠纷案件来确定管辖。融资租赁合同法律关系，基本特征在于“融资”“融物”，租金包括了购买租赁物的成本以及出租人的合理利润，虽然案涉的租赁物为房屋，但显著区别于普通的房屋租赁合同，因此本案不属于《民诉司法解释》第二十八条规定的不动产专属管辖的范畴，不应按照不动产纠纷确定管辖。根据《中华人民共和国民事诉讼法》第三十四条的规定，案涉《回租租赁合同》第20－1条约定“任何一方均应向本合同签订地有管辖权的人民法院提起诉讼”，故本案应按《回租租赁合同》的约定确定管辖。

从上述两个案例可见，虽然租赁物系不动产，针对融资租赁合同的债权诉讼，法院认为不适用专属管辖的规定，当事人协议管辖约定有效，即使当事人主张解除合同，收回租赁物，亦不受影响。

2. 地方各级法院与专门法院的选择问题

参考案例如下：

（1）（2018）最高法民辖终378号，原告长城国兴金融租赁有限公司诉被告盘锦港集团有限公司、营口港务集团有限公司融资租赁合同纠纷案中，租赁物为位于辽宁省盘锦港的防波堤，防波堤属港口主要设施，故本案属于港航设备设施融资租赁合同纠纷案件。根据《民诉司法解释》第二条第二款、《最高人民法院关于适用〈中华人民共和国海事诉讼特别程序法〉若干问题的解释》第一条、《最高人民法院关于海事法院受理案件范围的规定》第二条规定，本案应由海事法院专门管辖。根据《最高人民法院关于海事诉讼管辖问题的规定》第一条规定，辽宁省盘锦市属于大连海事法院管辖区域，故大连海事法院对本案具有管辖权。另外，虽然案涉融资租赁合同约定由长城公司所在地法院即新疆辖区法院管辖，但因防波堤属于不动产，且属于港航设施，属于《中华人民共和国民事诉讼法》及司法解释专属管辖范畴，本案双方当事人对管辖的约定违背上述法律及司法解释关于专属管辖的规定，应属无效。

（2）（2019）最高法民辖终160号，原告兴业金融租赁有限责任公司诉被告营口港务集团有限公司融资租赁合同纠纷案中，租赁物是港航设备设施，争议焦点是案涉纠纷是否属于应当适用专属管辖法律规定的不动产纠纷。被告辩称案涉租赁物“码头泊位”属于不动产，本案应由不动产所在地人民法院即案涉“码头泊位”所在地的大连海事法院专属管辖。法院裁判认为：本案为融资租赁合同纠纷案件，既非《民诉司法解释》第二十八条第一款规定的物权纠纷，也不属于第二款规定的四种合同纠纷，被告关于本案应适用不动产纠纷专属管辖法律规定的上诉理由，没有法律依据，不予支持。本案属于应由海事法院专门管辖的港航设备设施融资租赁合同纠纷案件，双方当事人对此均无异议。涉案《融资租赁合同》第二十条第二款明确约定：“有关本合同的一切争议，双方应首先根据本合同的约定友好协商解决；协商不成的，应向本合同签订地或甲方注册地有管辖权的人民法院提起诉讼。”该约定不存在违反级别管辖、专属管辖规定的情形，合法有效。涉案合同原告（甲方）的住所地在天津市，一审法院将本案移送天津海事法院处理并无不当。该合同的签订地与甲方注册地均不在大连海事法院管辖区域内，营口港务集团关于应将本案移送大连海事法院审理的主张，没有事实及法律依据。

从上述两个案例看，（2018）最高法民辖终378号案中，法院以租赁物为不动产且属于港航设施，认为应适用不动产专属管辖的规定，否定了合同约定管辖的效力；无独有偶，在（2019）最高法民辖终160号案中，同一被告营口港务集团有限公司以"（2018）最高法民辖终378号案"相同理由主张租赁物为不动产，应适用专属管辖的规定，被法院裁定不予支持。因此，我们认为，同一争议焦点在最高法前后两个案例中具有不同的裁判说理，可能是因审判人员裁判观点的差异，但最新的案例应更具有参考性。

（二）案例解析

结合上述案例，总结如下：

1. 地域管辖中的专属管辖

根据《民事诉讼法》的规定，确定纠纷的管辖法院主要涉及地域管辖和级别管辖，当事人仅能就法院的地域管辖进行约定，而不能对级别管辖进行约定。而专属管辖系地域管辖中因其争议标的特殊而专门做出的法律规定，当事人地域管辖的约定并不能排除适用专属管辖的法律规定，当地域管辖和专属管辖重合时，应当适用专属管辖的规定。

在不动产融资租赁合同纠纷中，涉案租赁物为不动产，如果当事人针对租赁物所有权确认、分割、相邻关系等引起的物权纠纷请求裁判，则应适用不动产专属管辖规定，由租赁物所在地法院管辖。但是，如果当事人不是针对租赁物所有权确认、分割、相邻关系等引起的物权纠纷请求裁判，而是针对融资租赁合同项下承租人违约引起的债权纠纷进行诉讼，应允许当事人依法协议管辖。

2. 地方各级法院与专门法院的选择

根据我国《人民法院组织法》的规定，我国法院除了高级人民法院、中级人民法院和基层人民法院等地方各级人民法院外，还并存专门人民法院。专门法院与地方各级人民法院在审理的案件类型上进一步分工，即确定某类案件归某种专门法院受理。与融资租赁合同纠纷最为密切的当属海事法院、金融法院。

目前，金融法院仅有 1 家，即上海金融法院，根据《最高人民法院关于上海金融法院案件管辖的规定》，上海市辖区内应由中级人民法院受理的一审融资租赁合同纠纷案件由上海金融法院管辖。

海事法院有 11 家，根据《最高人民法院关于海事法院受理案件范围的规定》，融资租赁合同纠纷之船舶融资租赁合同纠纷案件、海运集装箱融资租赁合同纠纷案件、港航设备设施融资租赁合同纠纷案件、海洋开发利用设备设施融资租赁合同纠纷案件由海事法院管辖。特别提出，因沿海港口作业纠纷提起的诉讼，由港口所在地海事法院管辖，属专属管辖规定。地方各级人民法院应当按照《民事诉讼法》《海事诉讼特别程序法》等的规定严格执行审查立案程序，不得采取改变案由或者追加第三人等方式变相受理海事海商案件。海事法院和地方人民法院对案件管辖不明确的，应当逐级向上级人民法院请示；有争议的，由双方法院协商解决；协商解决不了的，报请它们的共同上级法院指定管辖。因此，融资租赁合同纠纷案件如为海事法院管辖范围，则应由海事法院管辖，除专属管辖规定的案件外，当事人可以协议选择由某地的海事法院管辖。

（三）行业建议

针对融资租赁行业，我们建议如下：

关于不动产专属管辖的问题，融资租赁合同项下即使租赁物为不动产，如因承租人未按时足额偿付租金等债务违约引发的诉讼案件原则上并不是物权纠纷，不应按照不动产纠纷确定管辖。至于涉及海事法院、金融法院等专门法院的管辖，则应由专门法院管辖，除专门法院受理的专属管辖规定的案件外，当事人可以协议管辖。

管辖权异议是诉讼当事人的程序性权利，虽然协议管辖并不能当然排除对方提出管辖权异议，但是协议管辖一般是当事人契约精神的体现，且从出租人角度而言，作为原告诉讼时更为便捷，如对方未提出管辖异议，并应诉答辩的，只要不违反级别管辖和专属管辖规定，视为受诉人民法院有管辖权，因此建议合同条款明确约定争议解决的管辖法院。特别建议，在涉及专门法院管辖时，协议管辖应兼顾特别程序法的规定。

3.3.2 2019年融资租赁合同纠纷案件大数据分析报告①

一、大数据分析报告样本说明

（一）样本来源

1. 检索工具

利用数据库检索功能锁定样本范围。

2. 检索条件

我们于2020年4月15日登录alpha案例库，检索2019年融资租赁合同纠纷并下载存档，共计58 975份裁判文书。

（二）检索结果可视化

1. 整体情况分析

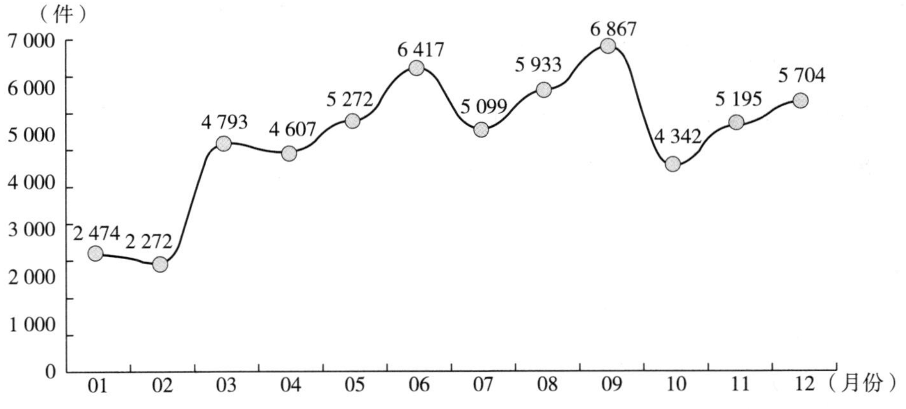

图3-1 2019年融资租赁合同纠纷案件数量

从图3-1可以看出2019年融资租赁合同纠纷案件数量的变化趋势，从3月开始案件数量直线上升，5月至9月为最高峰。

图3-2为2019年融资租赁合同纠纷案件地域分布情况，排名前五的省市为上海市、湖南省、江苏省、天津市、广东省，占比分别为22.56%、11.49%、10.84%、5.04%、4.75%。其中上海市的案件量最多，达到13 304件。这主

① 本部分由北京市圣大律师事务所争议解决团队编写，执笔人：北京市圣大律师事务所主任匡双礼，律师何矗、董雯，律师助理王宇。

要是因为多数融资租赁合同约定的争议管辖地为出租人所在地，而上述5个省市为融资租赁公司主要注册集中地或者融资租赁案件多发地。

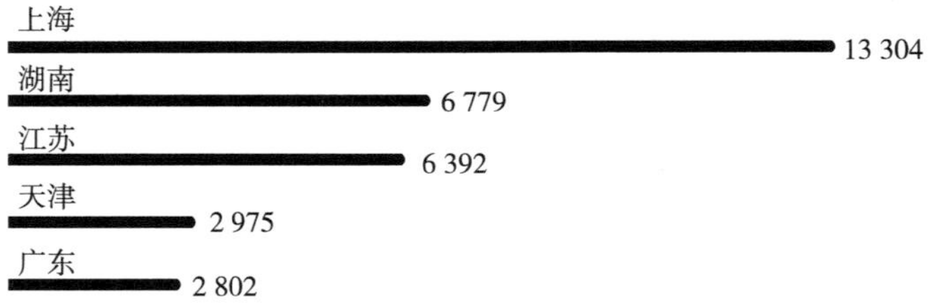

图3-2　2019年融资租赁合同纠纷案件地域分布

2. 标的额情况

图3－3为2019年融资租赁合同纠纷案件标的额分布情况，从标的额可以看出，标的额为50万元以下的案件数量最多，有22 601件，占89.36%；50万至100万元的案件有1 008件，占3.99%；100万至500万元的案件有1 063件，占4.2%；500万至1 000万元的案件有201件，占0.8%；1 000万至2 000万元的案件有155件，占0.61%。2 000万元以上的案件更少。可见，50万元以下小标的的诉讼案件仍然是整个融资租赁合同纠纷诉讼中的主流。

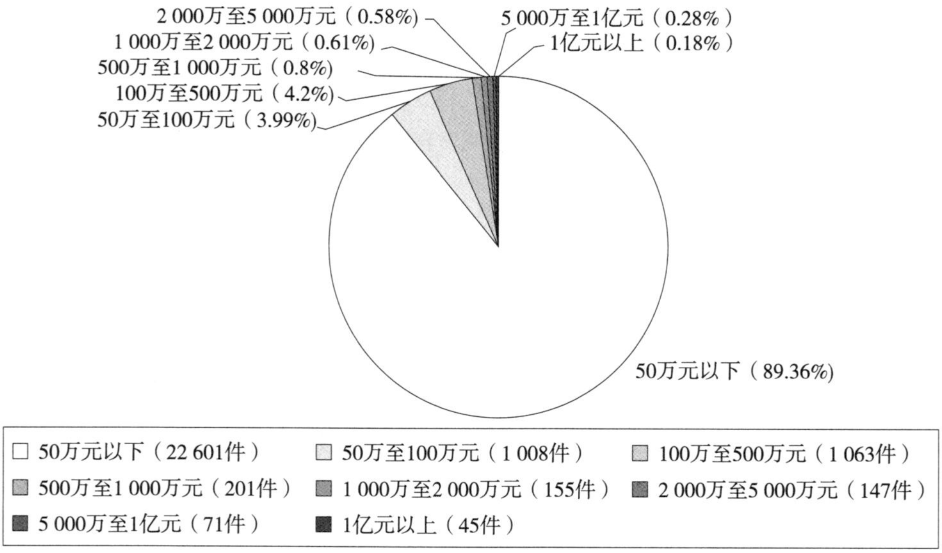

图3-3　合同纠纷案件标的额

3. 审理期限情况

图 3 –4 为 2019 年融资租赁合同纠纷案件审理期限情况，可以看出，审理时间更多处在“30 天以内”及“31 ~90 天”这两个区间内，平均时间为 78 天。

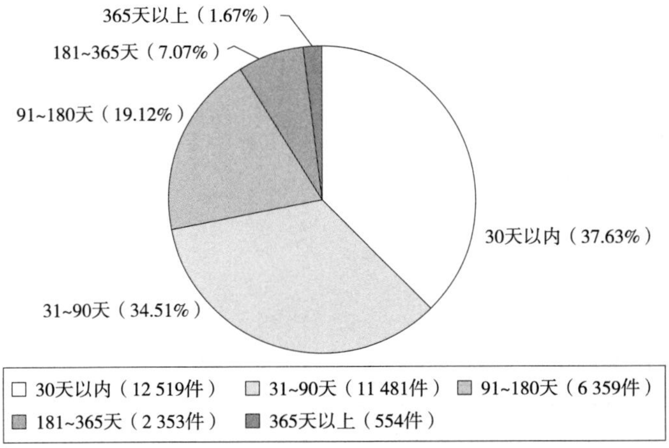

图 3–4　合同纠纷案件审理期限

4. 审理程序分布

图 3 –5 为 2019 年融资租赁合同纠纷案件审理程序分布情况，其中一审案件有37 001件，二审案件有2 422件，再审案件有 404 件，执行案件有18 526件。通过上述数据能够推算出一审终审的案件大概未上诉率为 93. 45%，说明融资租赁合同纠纷的审理较为成熟化。

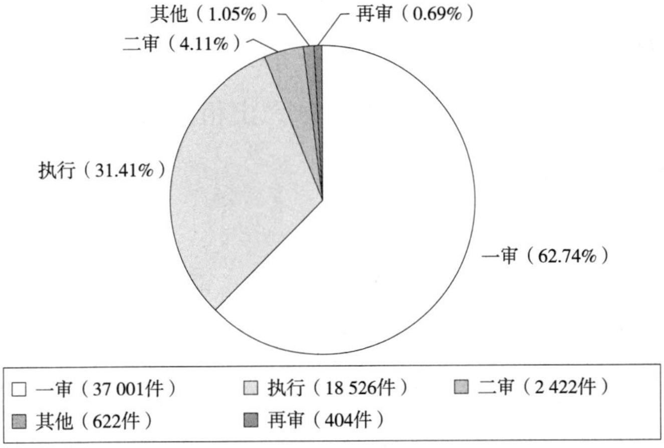

图 3–5　合同纠纷案件审理程序分布

5. 法院层级分布

图3－6为2019年融资租赁合同纠纷案件受理法院层级分布，可以看出，绝大多数融资租赁合同案件是由基层人民法院审理的，占比91.77%，其中包含执行案件，与图3－5中一审和执行案件的数量基本可以对应。

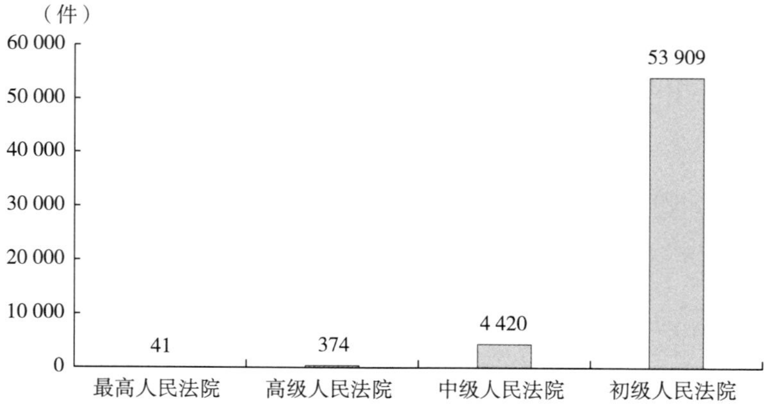

图3–6　合同纠纷案件审理法院层级分布

6. 裁判结果

（1）一审裁判结果

图3－7为2019年融资租赁合同纠纷案件一审裁判结果分布情况，可以看出，全部/部分支持的有19 932件，占比为53.89%；其他的有8 742件，占比为23.63%；撤回起诉的有6 998件，占比为18.92%；驳回起诉的有989件，占比为2.67%；全部驳回的有313件，占比为0.85%。从上述数据可以看出，撤回起诉的案件占近五分之一，说明有一部分承租人在出租人起诉前有能力却无意愿还款，在承租人起诉后立即还款，出租人撤回起诉，诉讼对承租人起到了一定的震慑作用。

（2）二审裁判结果

图3－8为2019年融资租赁合同纠纷案件二审裁判结果分布情况，可以看出，二审案件共2 420件，当前条件下维持原判的有1 335件，占比为55.16%；撤回上诉的有468件，占比为19.34%；改判的有263件，占比为10.87%；发回重审的有118件，占比为4.88%；其他的有236件，占比为9.75%。从上述数据可以看出，有一半以上案件经过二审审理后维持原判，改判和发回重审

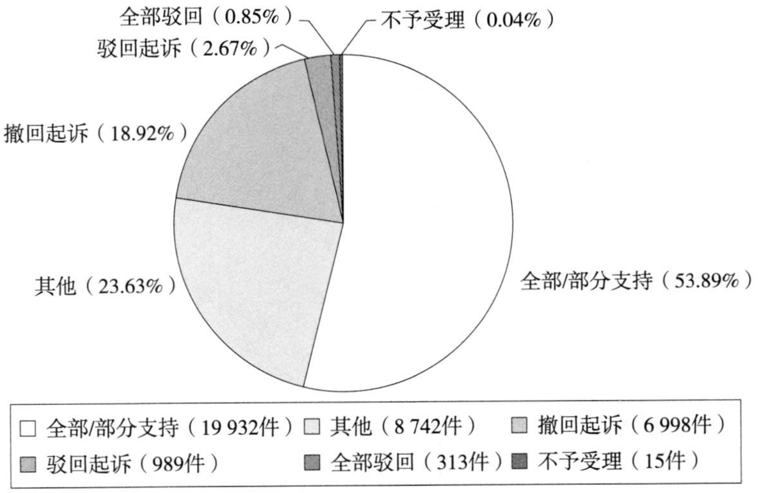

图3-7 合同纠纷案件一审裁判结果

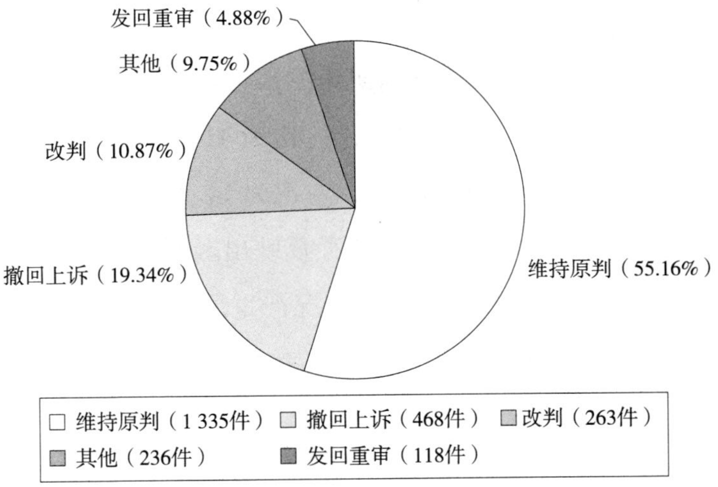

图3-8 二审裁判结果

的案件合计占近六分之一。

（3）再审裁判结果

图3-9为2019年融资租赁合同纠纷案件再审裁判结果分布情况，可以看出，2019年再审案件共404件，当前条件下维持原判的有199件，占比为49.26%；提审/指令审理的有94件，占比为23.26%；撤回上诉的有41件，占比为10.15%。

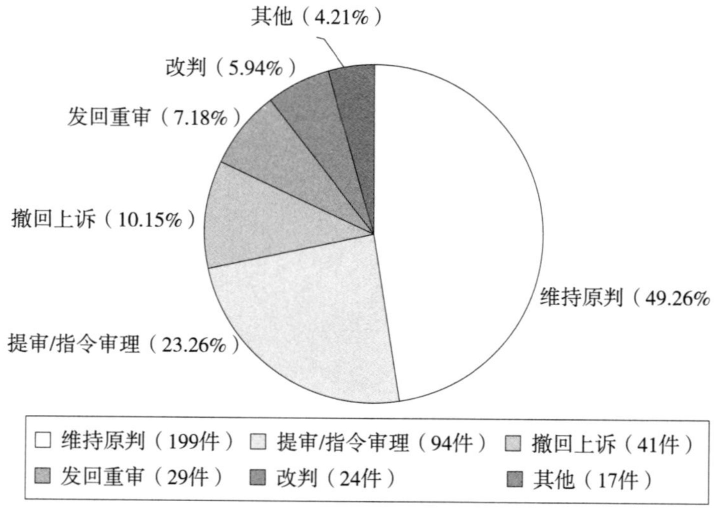

图 3-9　再审裁判结果

（4）执行裁判结果

图 3－10 为 2019 年融资租赁合同纠纷案件执行裁判结果分布情况，可以看出，终结本次执行程序的有7 613件，占比为 41. 11%；其他的有4 348件，占比为 23. 48%；财产执行的有2 635件，占比为 14. 23%。终结本次执行程序和终结执行的案件合计占 53. 58%，一方面反映出融资租赁合同纠纷中承租人不能按时偿还租金的原因大多是其财务状况严重恶化导致，另一方面也说明出租人胜诉后无法回收租金或损害赔偿的概率也较大。

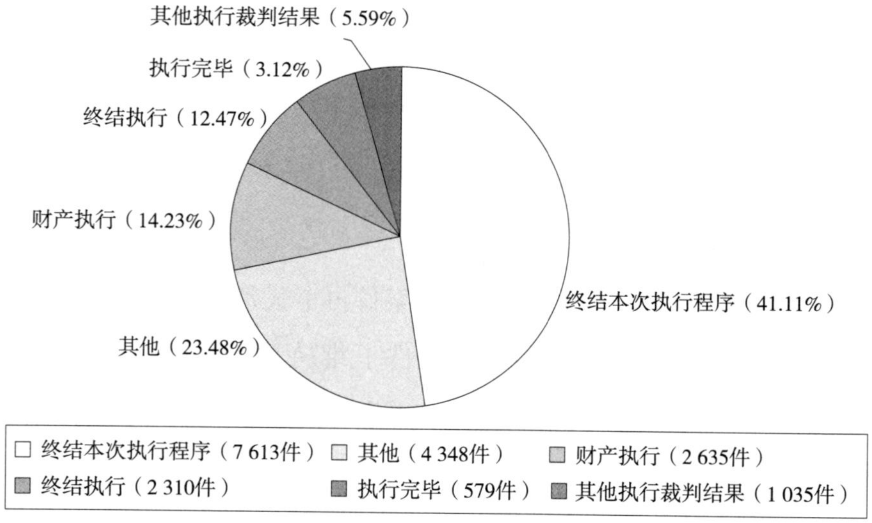

图 3-10　执行裁判结果

7. 审理法院

图 3 - 11 为 2019 年融资租赁合同纠纷案件审理法院分布情况，可以看出，审理融资租赁合同纠纷案件由多至少的法院分别为上海市浦东新区人民法院、上海市嘉定区人民法院、天津市滨海新区人民法院、上海市静安区人民法院、常德市鼎城区人民法院。

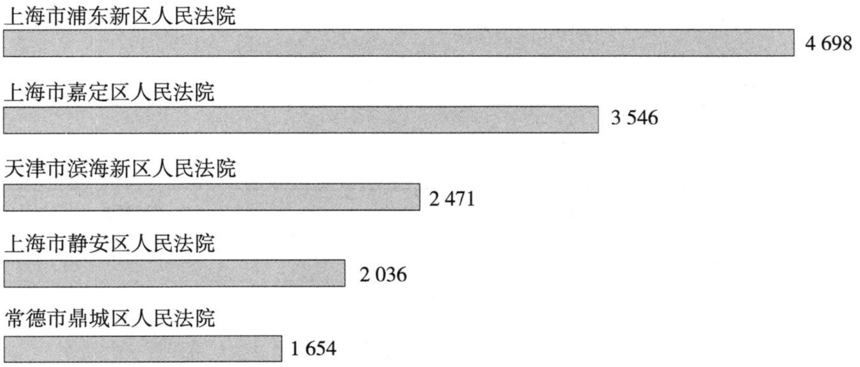

图 3-11　审理法院

8. 高频法条

我们统计了融资租赁合同纠纷案件中所有被援引的高频实体法条和高频程序法条（见表 3 - 2、表 3 - 3）。

表 3-2　高频实体法条（内容见附件）

序号	法规名称	条目数	引用频次
1	中华人民共和国合同法	第二百四十八条	16 783
2	中华人民共和国合同法	第一百零七条	12 684
3	最高人民法院关于审理融资租赁合同纠纷案件适用法律问题的解释	第二十条	7 832
4	中华人民共和国合同法	第二百三十七条	6 353
5	中华人民共和国合同法	第六十条	4 360
6	中华人民共和国合同法	第一百一十四条	4 286
7	中华人民共和国合同法	第六十条第一款	4 131
8	中华人民共和国担保法	第十八条	3 634
9	中华人民共和国合同法	第八条	2 971
10	中华人民共和国担保法	第三十一条	2 233
11	中华人民共和国合同法	第一百一十四条第一款	2 117
12	最高人民法院关于审理融资租赁合同纠纷案件适用法律问题的解释	第二条	1 993
13	最高人民法院关于审理融资租赁合同纠纷案件适用法律问题的解释	第二十二条	1 877

（续表）

序号	法规名称	条目数	引用频次
14	中华人民共和国担保法	第二十一条	1 606
15	最高人民法院关于审理融资租赁合同纠纷案件适用法律问题的解释	第十二条第二项	1 219
16	中华人民共和国合同法	第一百零九条	1 208
17	中华人民共和国物权法	第一百七十九条	1 054
18	中华人民共和国担保法	第三十三条	964
19	中华人民共和国担保法	第五十三条	794
20	最高人民法院关于审理融资租赁合同纠纷案件适用法律问题的解释	第一条	761

表3-3　高频程序法条

序号	法规名称	条目数	引用频次
1	中华人民共和国民事诉讼法（2017修正）	第二百五十三条	19 534
2	中华人民共和国民事诉讼法（2017修正）	第一百四十四条	17 458
3	最高人民法院关于适用《中华人民共和国民事诉讼法》的解释	第五百一十九条	7 258
4	中华人民共和国民事诉讼法（2017修正）	第一百四十五条第一款	4 199
5	中华人民共和国民事诉讼法（2017修正）	第一百五十四条第一款第十一项	3 292
6	中华人民共和国民事诉讼法（2017修正）	第六十四条	2 356
7	中华人民共和国民事诉讼法（2017修正）	第一百零二条	2 178
8	中华人民共和国民事诉讼法（2017修正）	第一百条	2 028
9	中华人民共和国民事诉讼法（2017修正）	第一百一十八条	1 697
10	最高人民法院关于适用《中华人民共和国民事诉讼法》的解释	第二百一十三条	1 609
11	中华人民共和国民事诉讼法（2017修正）	第一百零三条第一款	1 518
12	中华人民共和国民事诉讼法（2017修正）	第二百五十七条第六项	1 405
13	中华人民共和国民事诉讼法（2017修正）	第一百七十条第一款第一项	1 392
14	中华人民共和国民事诉讼法（2017修正）	第六十四条第一款	1 388
15	中华人民共和国民事诉讼法（2017修正）	第二百四十二条	1 287
16	中华人民共和国民事诉讼法（2017修正）	第二百四十四条	1 231
17	最高人民法院关于适用《中华人民共和国民事诉讼法》的解释	第九十条	991
18	中华人民共和国民事诉讼法（2017修正）	第一百五十四条第一款第五项	938
19	最高人民法院关于适用《中华人民共和国民事诉讼法》的解释	第四百八十七条	833
20	中华人民共和国民事诉讼法（2017修正）	第二百五十七条第一项	772

二、2019年融资租赁合同纠纷主要争议焦点案例

（一）融资租赁合同的性质与效力问题

1. 名为融资租赁关系实为借款关系的合同，出租人不以发放贷款为主要业务来源的，合同有效。

法院案号：（2018）津民初81号

法院认为：《融资租赁合同》项下的租赁物所有权并未转移至出租人名下，不具备融资租赁法律关系应具备的融资和融物双重属性，依照《最高人民法院关于审理融资租赁合同纠纷案件适用法律问题的解释》第一条规定，应按照借款关系处理。因案涉主合同性质为企业间借款合同，故应按企业间借款合同判断合同效力，进而确定各方当事人的权利义务。出租人作为内资融资租赁业务企业，虽未取得发放贷款资质，但并没有证据表明其以发放贷款为主要业务或主要利润来源。出租人与被告的企业间借款系双方的真实意思表示，且不违反法律、行政法规的强制性规定，涉案主合同为有效合同。被告关于案涉主合同无效的抗辩意见不能成立，依法不予支持。

实务要点：名为融资租赁关系实为借贷关系的合同效力基本已经在司法实践中认可有效。但是根据《最高人民法院关于印发〈全国法院民商事审判工作会议纪要〉的通知》第五十三条“未依法取得放贷资格的以民间借贷为业的法人，以及以民间借贷为业的非法人组织或者自然人从事的民间借贷行为，应当依法认定无效”，以及《最高人民法院、最高人民检察院、公安部、司法部关于办理非法放贷刑事案件若干问题的意见》第一条规定的“经常性地向社会不特定对象发放贷款”，是指2年内向不特定多人（包括单位和个人）以借款或其他名义出借资金10次以上。虽然个别案件被认定为借贷关系对出租人的影响不大，仅存在利息、手续费等方面的损失，但出租人需要在今后的业务中更加谨慎，避免被多次认定为借贷关系，进而被法院认定为非法经营行为。

2. 出租人无融资租赁经营范围或未取得行政许可，对融资租赁性质和效力的影响。

（1）出租人无融资租赁经营范围，不影响融资租赁合同的性质和效力

法院案号：（2019）黔民终90号

法院认为：根据《最高人民法院关于审理融资租赁合同纠纷案件适用法律问题的解释》第二条、第三条规定，本案合同系融资租赁合同关系，人民法院不应仅以出租人未取得行政许可为由认定融资租赁合同无效。因此，申请执行人所提撤销一审关于确认S14－CC002号《回租买卖合同》附件所列清单相关设施设备共57项的所有权归属于出租人的判决的上诉请求缺乏事实和法律依据，不能成立。

（2）出租人未取得融资租赁经营资质的，签订的合同无效

法院案号：（2019）粤03民终21918号

法院认为：融资租赁业务属于国家许可专营的金融类业务，出租人商业登记的营业范围并不包括此类业务，也未提交相关融资租赁业务经营许可证，根据《中华人民共和国合同法》第五十二条第（五）项的规定，本案双方当事人签订的《经营性租赁合同》无效。根据无效合同的处理原则，双方基于无效合同取得的财产应予以返还，故出租人刘爱华、南海健康公司及原审被告刘洋应返还银石公司因融资租赁合同支付的本金827 112元及占用资金期间的合理利息。

实务要点：关于出租人未取得融资租赁经营资质而签订的合同是否有效的裁判观点，在2014年《最高人民法院关于审理融资租赁合同纠纷案件适用法律问题的解释》施行前后有比较显著的变化。根据《中华人民共和国民法总则》第一百五十三条之规定，只有违反法律、行政法规的强制性规定的民事法律行为无效，而是否取得融资租赁经营资质属于行政许可的范畴，不属于法律、行政法规的强制性规定，因此，无论是从法律规定出发，还是从鼓励交易、保护市场稳定性的角度出发，均不应以出租人未取得融资租赁经营资质而认定签订的合同无效。但是，因融资租赁行业是国家特许经营行业，须有相关监管部门颁发的经营许可及市场监督管理部门许可的经营范围。因此，如果出租人未取得融资租赁经营范围，虽然所签订的合同不至于无效，但是仍然存在被市

场监督管理部门等监管机构给予行政处罚的风险。

3. 车辆未过户至出租人名下对融资租赁合同法律关系和合同效力的影响。

（1）车辆未过户至出租人名下，不影响融资租赁法律关系的认定

法院案号：（2019）津02民终6974号

法院认为：出租人与承租人签订的案涉《融资租赁合同》及附件系双方当事人的真实意思表示，内容不违反法律、行政法规的强制性规定，且出租人取得了从事融资租赁经营的行业许可，该《融资租赁合同》合法有效。关于承租人车辆登记抵押在出租人名下，不符合融资租赁合同的特征，应为抵押借款合同关系的主张，法院认为机动车物权的变动以登记作为对抗要件，并非生效要件，双方在《融资租赁合同》中明确约定承租人一经签署本合同，租赁物的所有权属于出租人，同时《最高人民法院关于审理融资租赁合同纠纷案件适用法律问题的解释》第九条亦就出租人授权承租人将租赁物抵押并办理抵押权登记的法律后果进行规定，承租人以案涉租赁物上设立抵押权为由认为双方之间系抵押借款合同关系依据不足。本案中承租人向车辆经销商购买案涉四台重型厢式货车，并将该四台重型厢式货车转让给出租人并租回使用，承租人认可租赁物实际存在且其曾实际使用，符合融资租赁法律关系的构成要件，因此认定双方当事人之间系融资租赁合同关系。

相似案例：（2019）津02民终192号、（2019）苏01民终6841号、（2017）京02民终1867号、（2018）京0105民初63777号、（2018）京0105民初12195号、（2018）皖01民终6093号、（2019）豫01民终25920号、（2018）粤01民终10432号、（2018）粤06民终6640号、（2018）粤0391民初20号、（2019）新01民终1221号。

（2）车辆未过户至承租人名下，构成借贷关系，合同有效

法院案号：（2019）粤03民终21729号

法院认为：本案的争议焦点仅仅为双方合同的性质。虽然双方签订的合同名称为“汽车融资租赁合同”，但是双方仅仅约定出租人在租赁期限内名义上享有涉案所有权，并没有将车辆所有权进行变更登记。与此同时，出租人又是涉案车辆的抵押权人。显然出租人同时作为所有权人与抵押权人是存在冲突与矛

盾的，两者不可同时享有。出租人选择行使涉案车辆抵押权，而非所有权，也印证了涉案车辆实际所有权人为承租人。依照《最高人民法院关于审理融资租赁合同纠纷案件适用法律问题的解释》第一条“人民法院应当根据合同法第二百三十七条的规定，结合标的物的性质、价值、租金的构成以及当事人的合同权利和义务，对是否构成融资租赁法律关系作出认定。对名为融资租赁合同，但实际不构成融资租赁法律关系的，人民法院应按照其实际构成的法律关系处理”的规定，认定本案为借款合同关系，非融资租赁合同关系。

相似案例：（2018）粤民申3834号、（2018）粤民申3084号、（2018）粤13民终6824号、（2018）粤20民终7815号、（2018）粤0391民初2826号、（2018）粤0391民初2825号、（2019）粤03民终4473号、（2019）粤0391民初1371号。

（3）车辆未过户至承租人名下，构成借贷关系，合同无效

法院案号：（2019）浙09民终161号

法院认为：案涉租赁物所有权人一直为承租人，虽然出租人支付了款项，但并未实际购得租赁物，仅是办理了车辆抵押手续，出租人与承租人之间并未实际发生买卖车辆再回租的事实，不符合融资租赁关系的法律特征。出租人将款项交付给承租人后，承租人实际履行的义务为每月向出租人还款5 499元。因此，双方之间签订《融资租赁售后回租合同》只是形式，目的在于使承租人获得出租人提供的款项，并履行还款义务。故双方订立的合同名为融资租赁关系，实际为借贷法律关系。出租人并没有从事放贷业务的资质，其从事放贷业务所签订的民间借贷合同应认定为无效。

相似案例：浙04民终2222号。

实务要点：根据《物权法》第二十三条、第二十四条、第二十七条之规定，车辆登记为对抗要件，而非生效要件，机动车应当以交付时生效，当事人应当按照合同约定履行各自的义务。同时，根据《道路交通安全法》《公安部关于确定机动车所有权人问题的复函》《公安部关于机动车财产所有权转移时间问题的复函》中均可体现出在车辆管理部门进行的登记，仅仅为车辆是否可以在道路上行使的登记，系车辆管理部门对车辆进行行政管理的一种措施，而非认定车辆所有权人的依据。另外，有一些融资租赁案件审理较为成

熟的地区如天津、上海，均明确规定中国人民银行征信中心融资租赁登记公示系统作为融资租赁的登记系统，具备公示效果。

4. 出租人委托承租人购买租赁物对合同性质的影响。

（1）出租人委托承租人购买租赁物，不符合融资租赁合同交易模式，应当确定为借贷法律关系

法院案号：（2019）京民终52号

法院认为：出租人既未向出卖人购买租赁物，亦未从承租人处购买租赁物，而是直接将租赁物购买价款支付承租人，由承租人以自己的名义自行签订买卖合同。故案涉合同不符合融资租赁合同的法律特征，其法律关系性质应为民间借贷。对于出租人关于本案为融资租赁法律关系的上诉理由，本院不予采信。

（2）出租人委托承租人自行购买租赁物，不影响买卖合同关系和融资租赁合同关系

法院案号：（2018）京01民终706号

法院认为：根据本案现有证据可知，出租人与承租人约定由承租人自主选择和决定购买租赁物，并且出租人与承租人签订了《委托代理协议》，约定出租人委托承租人自行签订买卖合同购买《融资租赁合同》中的租赁物件，承租人主张出租人与出卖人不存在买卖关系，无事实依据，本院不予采信。承租人虽主张融资租赁方系中汇通公司，但根据出租人二审提交的出卖人记账凭证及相应的银行记录、情况说明的内容可以确定融资租赁方是出租人，故对承租人所述其与出租人之间不存在融资租赁关系之意见，本院不予采纳。

实务要点：根据上述案件可以看出，对于出租人委托承租人自行购买租赁物在司法实践中并无统一的裁判规则。在常规的融资租赁直租模式中，应当是由出租人按照承租人的指示购买租赁物，在出租人和出卖人之间建立买卖合同关系。出租人委托承租人购买，则是在承租人和出卖人之间建立买卖合同关系，法院因此认为不符合融资租赁直租的交易模式从而认定为借贷关系。但是，从另一方面来讲，我国法律并未禁止出租人委托承租人购买，有时因承租人对租赁物更加了解，且承租人可能与出卖人已建立起良好熟悉的交易模式，由出租人委托承租人自行购买可能更高效便捷，只要出租人拿出

足够的证据证明其出租人的身份即可。租赁公司在今后开展业务时，应尽可能避免委托承租人自行购买租赁物的情形，并保留租赁物原始购买的相关凭证，以免产生纠纷以后陷入被动的局面。如必须通过委托购买的形式，也应由出租人、承租人、出卖人三方共同签署书面文件，确认出租人的所有权地位以及委托购买的事实。同时，出租人还应实地考察租赁物的情况，防范承租人将融资租赁款挪作他用。

5. 裁判规则：租赁物需要真实存在且登记需要明晰，方可证明对租赁物具有所有权，仅提供发票复印件或设备清单，不足以证明租赁物真实存在，不能认定为真实的融资租赁合同关系。

（1）仅提供发票复印件，不足以认定为真实的融资租赁合同关系

法院案号：（2019）津 02 民终 233 号

法院认为：虽出租人主张双方之间是真实的融资租赁法律关系，但其未能充分举证证明其主张，租赁物发票只提供了复印件，租赁物没有实物照片，也没有变更登记。故现有证据不足以认定当事人之间是融资租赁合同关系。

（2）仅凭设备清单不足以证明租赁物真实存在

法院案号：（2019）津 01 民初 572 号

法院认为：出租人与承租人虽然签订了《融资租赁合同（售后回租）》，并就租赁物及租金等问题做出了约定，且附有设备清单，但租赁物的具体购买价格、折旧折价情况、现存价值等均未体现，特别是出租人未提供其在取得租赁物所有权时对租赁物进行过现场查勘或实物检视、租赁物的现状以及其他能够证明特定租赁物真实存在的证据。故仅凭设备清单不足以证明租赁物真实存在，现有证据无法认定双方当事人之间系融资租赁合同关系。

实务要点：租赁物是否真实存在，是人民法院判断是否构成融资租赁法律关系的重要评判依据。《融资租赁企业监督管理办法》第十条、《金融租赁公司管理办法》第三十四条均明确要求租赁物必须真实存在。另外，天津高院于2019年 12 月 30 日印发的《天津市高级人民法院关于印发〈天津市高级人民法院关于审理融资租赁合同纠纷案件若干问题的审判委员会纪要（一）〉的通知》第五条明确规定：“认定租赁物是否真实存在及权属是否清晰时，应

当根据租赁物的性质和来源，综合审查采购合同、支付凭据、发票、租赁物办理保险或者抵押登记的材料、中国人民银行征信中心融资租赁登记公示系统记载的租赁物权属状况等证据，不能仅凭租赁物发票、租赁物交接书或者有关租赁物的说明等予以认定。”该规定也说明，今后人民法院对租赁物真实性的审查将越来越严格。如果出租人无法证明在开展业务时尽到对租赁物真实性的审查义务，在发生纠纷后，尤其是在承租人恶意隐藏转移租赁物的情况下，出租人往往无法举证证明租赁物的真实性，那么法院会因出租人无法证明租赁物的真实性而认为只有融资没有融物，从而不认可融资租赁法律关系。因此，出租人在开展业务时应当尽可能保留能证明租赁物真实存在的相关材料，在发生纠纷时避免处于被动地位。

6. 租赁物出卖价值与实际价值不符，对合同性质的影响。

（1）租赁物同时包含其附属设施的，并未明显超出有关固定资产价格核算的成本范围，不足以否定本案的融资租赁合同关系

法院案号：（2019）浙民终635号

法院认为：首先，融资租赁合同中的租赁物一般为固定资产，财政部发布的企业会计准则规定，外购固定资产的成本，包括购买价款、相关税费、使固定资产达到预定可使用状态前所发生的可归属于该项资产的运输费、装卸费、安装费和专业人员服务费等。据此，承租人与出卖人约定的案涉租赁物因系专业医疗设备，属于固定资产项目，其价格包含装修费、空调、电梯、家具家电、消防、污水废水系统等费用，并未明显超出有关固定资产价格核算的成本范围，不足以否定本案的融资租赁合同关系。其次，根据案涉融资租赁合同的约定，承租人自主选择租赁物，并直接与供应商商定上述交易条件，承租人作为专业医疗机构对案涉租赁物医疗专业设备的价格及构成已充分了解，自主选择决定并确定了租赁物的价格，其应自负相应风险及法律后果。出租人没有干预承租人对租赁物和供应商的选择，对案涉租赁物的价格及实际构成亦不知晓，依合同约定的承租人自主选择的供应商、租赁物类型及价格等条件从出卖人处购入设备并交付给承租人，已履行作为融资租赁合同出租人的义务。出租人对案涉租赁物的价格是否包含技术服务费以及包含

多少没有审查义务，不影响出租人所主张的租金内容。再次，本案不符合借款合同的法律特征。承租人与出卖人已就相关业务合作及租赁物种类、价格和价格构成达成协议，之后与出租人达成融资租赁合意，出租人交付了租赁物而非借款，与承租人之间并无借款之合意。

（2）租金低于租赁物成本，租赁期限仅为3个月，影响融资租赁关系的认定

法院案号：（2019）津0116民初645号

法院认为：租金总额1.654 728万元明显低于出租人向承租人购买租赁物的成本（承租人主张为60.15万元）；同时，租赁期限仅为3个月，也不符合租赁物所有权相对稳定的特征，案涉《融资租赁合同（短期）》，只是名为融资租赁，实质上并不符合融资租赁的法律特征。

实务要点：租赁物是否构成低值高买往往是融资租赁合同纠纷中承租人就合同性质的重要抗辩点之一。《融资租赁监督管理办法》第十五条第二款、第二十一条及《金融租赁公司管理办法》第三十六条均体现出租赁公司应当充分考虑并客观评估售后回租资产的价值，不得低值高买的基本原则。高值低估因其具备担保租金支付的功能，且租赁物在使用中往往会存在一定的价值减损，所以在实践中争议较小。但低值高估往往会被法院以不具备租金支付担保的功能以及存在变相借贷的可能而被法院不认可融资租赁合同关系。另外，司法实践中对租赁物所附带的附属服务及设施的价值予以认可。出租人在开展业务时，应当审查租赁物的原始购买发票、结合租赁物的使用年限、损耗程度等综合判断租赁物的价值，在可能的情况下，可以聘请专业的评估公司进行评估，避免因低值高买而产生不利影响。

7. 裁判规则：出租人并未全部支付完毕租赁物价款，对融资租赁关系认定的影响。

（1）出租人未全部支付完毕租赁物价款，不应认定为融资租赁法律关系

法院案号：（2019）沪74民终323号

法院认为：根据本案《售后回租买卖合同》约定，车辆转让价款为323 800元，自出租人向承租人支付完毕车辆转让价款之日起，车辆的所有权转移至

出租人。而出租人并未按约支付全部车辆转让价款，依约未取得系争议车辆的所有权。因此，本案不符合融资租赁的特征。

（2）出租人未全部支付完毕租赁物价款，不影响融资租赁法律关系的认定

法院案号：（2017）京02民终1867号

法院认为：承租人称租赁标的物价值为1 455.6万元，但出租人实际支付727.8万元，标的物的价值远高于融资额，据此主张双方之间系借贷法律关系。首先，双方约定的标的物转让价格为1 455.6万元，并非727.8万元。其次，承租人以出租人支付转让款前其已向出租人支付首付款727.8万元为由主张实际融资727.8万元，承租人事先向出租人支付首付款727.8万元系其自行选择的行为，据此不能否定双方之间的融资租赁法律关系。最后，承租人以标的物的账面价值为依据主张标的物价值为1 455.6万元，并非标的物实际价值，且即使融资额低于标的物的实际价值也不能否定双方之间的融资租赁法律关系。在上述情形下，本院难以认定双方之间签订的融资租赁合同实际为借贷法律关系。

实务总结：租赁物购买价款是否全部支付通常与出租人是否取得租赁物的所有权相关，此时需要关注融资租赁合同中如何约定。如果双方约定出租人支付全部购买价款后取得租赁物所有权，那么出租人未支付全部购买价款，取得租赁物所有权的条件不足，可能因此被人民法院认定为不构成融资租赁法律关系。如果双方约定租赁物所有权自合同签署之日或出租人支付一定比例即可获取租赁物所有权，那么即便出租人未全部支付完毕租赁物购买价款，也不应否认双方之间的融资租赁法律关系。因此，判断融资租赁法律关系不应仅依据租赁物价款是否全部支付，还应该结合融资租赁合同的约定，充分尊重出租人与承租人的意思自治。

8. 裁判规则：刑事案件受理回执、调查报告等尚不足以否认《融资租赁合同》项下的租赁物不存在，融资租赁合同应当有效。

法院案号：（2019）京民申4402号

法院认为：仅凭担保人提交的对涉嫌伪造增值税专用发票行为报告书、国家税务部门出具的检举税收违法行为受理回执、承租人发票案件调查报告、

出具的发票案件调查反馈等证据，尚不足以证明不存在《融资租赁合同》项下的租赁物，否定出租人与承租人形成融资租赁法律关系的事实，且相关证据亦不能证明存在《融资租赁合同》和《房地产抵押合同》无效的情形。担保人为上述《融资租赁合同》项下承租人的债务向出租人承担抵押担保责任，出租人与担保人形成抵押担保法律关系。担保人认为出租人与承租人之间名为融资租赁关系实为借贷关系，缺乏依据，其主张不能成立。刑事案件受理回执、调查报告等尚不足以否认《融资租赁合同》项下的租赁物不存在，否定出租人与承租人形成融资租赁法律关系的事实，且相关证据亦不能证明存在《融资租赁合同》和《房地产抵押合同》无效的情形。

实务要点：《最高人民法院关于在审理经济纠纷案件中涉及经济犯罪嫌疑若干问题的规定》第一条规定："同一公民、法人或其他经济组织因不同的法律事实，分别涉及经济纠纷和经济犯罪嫌疑的，经济纠纷案件和经济犯罪嫌疑案件应当分开审理。"第三条规定："单位直接负责的主管人员和其他直接责任人员，以该单位的名义对外签订经济合同，将取得的财物部分或全部占为己有构成犯罪的，除依法追究行为人的刑事责任外，该单位对行为人因签订、履行该经济合同造成的后果，依法应当承担民事责任。"如融资租赁合同纠纷中出现承租人未收到租赁物或存在经济犯罪时，人民法院不会仅以受理通知书等证据就中止审理或认定融资租赁合同无效，人民法院还会根据出租人和承租人之间是否存在合法有效的融资租赁关系，刑事案件是否属于出租人和承租人合谋而对担保人进行诈骗以骗取担保人的担保，出租人是否真实支付租赁物购买价款，承租人挪用租赁物购买价款是否与出租人有关等因素综合考量。在租赁公司开展融资租赁业务时，应当在租前对租赁物和承租人进行充分尽调和审查义务，租后亦做好租赁物的管理，尽最大可能防范风险。

（二）关于出租人加速到期权利

1. 出租人可以选择收回部分租赁物，解除合同并要求赔偿损失，同时就未收回部分加速到期。

法院案号：（2018）津02 民初1199号

法院认为：出租人自2018年 12 月开始陆续收回案涉车辆，截至2019年 5

月 5 日共计收回车辆 357 台，对该部分车辆出租人主张解除其与卓尼商诗公司之间的合同条款，本院予以确认，卓尼商诗公司应赔偿就此给出租人造成的损失。出租人主张未收回 43 台车辆的租金加速到期，要求卓尼商诗公司支付全部未付租金及罚金。根据《中华人民共和国合同法》第二百四十八条的相关规定，卓尼商诗公司经催告后在合理期限内仍未支付租金，出租人可以要求卓尼商诗公司加速履行，一并支付全部未到期租金。故卓尼商诗公司应向出租人支付未收回 43 辆车已到期未付及全部未到期租金共计3 269 720元。关于 43 台车的违约金，出租人主张以截至加速到期日的未付租金为基数，按照月 2% 的标准支付至加速到期日产生的违约金，该项请求不违反合同约定及法律规定，本院予以支持。

实务总结：承租人违约后，收回租赁物可行的，可以先行收回部分租赁物，以减少损失。但是应当注意对于收回部分的租赁物应当留好证据，双方签署租赁物交接清单并配以照片，以便后续确定收回部分租赁物的价值。对于未收回部分的租赁物，可以向法院就该部分主张加速到期。

2. 各地法院目前对确定加速到期日的结论不一，加速到期通知书送达之日、约定司法送达地址被退回日、起诉状签收之日、公告期满日、庭审日都可能会被认定为加速到期日，但较为确定的标准为宣布加速到期的意思表示需到达承租人。

（1）宣布加速到期的意思表示需到达承租人

法院案号：（2019）津0116民初 676 号

法院认为：在承租人出现根本违约且经过催告后，出租人可以单方宣布租金加速到期。但不论是口头还是书面形式，意思表示均需到达承租人。被告自2017年 11 月起未按照约定支付租金，原告主张向被告进行了催要并宣布加速到期，但未提交证据予以证实。

（2）以加速到期通知书送达之日为加速到期日

法院案号：（2019）京 01 民初 164 号

法院认为：2019年 1 月 30 日，出租人向西部水电公司和青海投资公司发出《宣布加速到期通知书》，宣布《融资租赁合同》项下西部水电公司所负债务全部到期，要求西部水电公司、青海投资公司一次性支付到期未付租金及逾期违约金、未到期租金、名义价款及上述款项产生的逾期违约金。出租人上述宣布《融资租赁合同》提前到期的行为符合《融资租赁合同》的约定，但西部水电公司和青海投资公司实际于2019年2月2日才收到《宣布加速到期通知书》，同时根据《融资租赁合同》中“书面通知如采用快递方式，文件或通知在发出日后第三日视为送达”的约定，上述合同提前到期的通知2019年2月2日才送达到西部水电公司，西部水电公司收到上述通知后，才知晓其需要一次性支付相应款项的合同义务，故应认定《融资租赁合同》于2019年2月2日到期。

（3）以约定司法送达地址被退回日为加速到期日

法院案号：（2019）沪0115民初15441号

法院认为：原告与被告莫江波在《融资租赁合同》中约定有司法送达地址，故其要求以本案诉状副本送至该约定地址被退回之日作为提前到期日，合法有据，本院予以准许。

（4）以起诉状签收之日为加速到期日

法院案号：（2019）津03民初147号

法院认为：现有证据不能证实大庆传媒在本次诉讼前均接收到了出租人发出催告及融资租赁合同加速到期的声明，本院确定以大庆传媒2019年8月12日签收起诉状副本的时间为合同加速到期日。

类似案例：（2019）沪74民初404号、（2019）粤01民终18516号。

（5）以公告期满日为加速到期日

法院案号：（2018）沪0115民初58976号

法院认为：关于合同加速到期日，本院认为以公告期满日作为原告加速到期声明已送达被告王文强的确定日期，自公告之日起，经过60日即视为送达。

（6）起诉宣布加速到期的，法院酌定庭审日为加速到期日

法院案号：（2018）津民初84号

法院认为：根据《中华人民共和国合同法》第二百四十八条规定，承租人经催告后在合理期限内仍不支付租金的，出租人可以要求支付全部租金。

出租人无证据证明在提起本案诉讼之前向海宸公司催告过租金。出租人提起诉讼宣布租金加速到期，应给予海宸公司一定的履行期限，故本院依法酌定本案庭审日2018年12月13日为加速到期日。对出租人提出的海宸公司收到诉讼材料之日为加速到期日的主张，本院不予支持。

实务总结：出租人在向承租人发出加速到期的通知时，应当在通知中明确全部加速到期的意思表示，并留存寄送证据以及显示承租人签收的证据，必要时要求承租人出具已收到通知的确认函。另外，在签订融资租赁合同时，双方在约定通知条款时，可以约定视为送达条款，同时可以约定多种送达方式，比如约定邮件送达，则显示发送成功即视为送达。

3. 加速到期时，对于是否能以未到期租金为基数计算逾期利息，法院裁判不一。

（1）不应以未到期租金为基数计算逾期利息

法院案号：（2019）京民终185号

法院认为：提前收回未到期租金已经对华电融资公司的损失进行了补偿，提前支付未到期租金亦是济宁中科公司对其欠租行为承担的违约责任。在此情况下，华电融资公司再要求济宁中科公司以全部未付租金为基数，支付自2018年4月3日起至实际支付之日止的逾期利息，事实和法律依据不足。

（2）以加速到期的全部租金计算违约金

法院案号：（2019）京民终126号

法院认为：该合同21.2条对违约金界定为：承租人逾期向出租人支付租金及其他应付款项的，承租人应就逾期支付款项按日万分之五向出租人支付违约金。迟延期间自本合同约定的支付日次日起，至该款项实际全额支付至“租赁附表”所列明的出租人账户之日止。违约金从承租人支付的款项中优先扣除。因此，在承租人中孚公司出现违约后，出租人宣告中孚公司在《融资租赁合同》项下债务于2018年8月3日到期，已加速到期的剩余未付租金及其他应付款项均应按照《融资租赁合同》的约定计算违约金。

相似案例：（2019）京0105民初7188号。

实务总结：目前法院对加速到期后未到期部分的租金是否应当计算违约

金没有统一的裁判规则，出租人在与承租人签订融资租赁合同时应当对此明确约定对于未到期部分也应当计算违约金，并且明确起算日期为加速到期日。

（三）关于出租人解除合同权利

1. 承租人在一般违约的情况下，出租人不能举证证明有效催缴的，出租人收回租赁物的行为构成根本违约。

法院案号：（2019）苏01民终4064号

法院认为：本案中，王众秋在合同履行过程中仅为迟延支付租金，其行为已构成违约，但该行为不足以致使该融资租赁合同的目的不能实现，其行为属于一般违约，应按约定承担相应的滞纳金即可。出租人在王众秋迟延支付租金，构成一般违约的情况下，未能举证证明进行了有效催缴，也未向王众秋有效通知的情况下，将案涉车辆拖走并实际控制，致使该融资租赁合同的目的不能实现，其行为构成根本违约，应承担根本违约的法律责任。

本案中，承租人王众秋虽然存在迟延支付租金的情形，但出租人提交的证据不能证明对王众秋进行了催告，其在此情形下径行将案涉车辆收回并实际控制，致使王众秋无法占有、使用租赁物。出租人在本案中表示要求继续履行融资租赁合同，但其收回租赁物的行为已致王众秋的合同目的落空。一审法院据此认定出租人已构成根本违约，并无不当。出租人要求王众秋支付剩余全部租金及相关费用的诉讼请求，无法律依据，本院不予支持。

2. 出租人解除合同，应当履行催告程序。

法院案号：（2019）辽民再234号

法院认为：关于案涉合同是否应当解除的问题，根据《最高人民法院关于审理融资租赁合同纠纷案件适用法律问题的解释》第十二条“有下列情形之一，出租人请求解除融资租赁合同的，人民法院应予支持：……（二）承租人未按照合同约定的期限和数额支付租金，符合合同约定的解除条件，经出租人催告后在合理期限内仍不支付的”的规定，本案中，出租人并未向田家加油站催告，不符合解除条件。同时，田家加油站实际履行合同至2017年5月，支付租金24期合计134.256613万元，加上保证金80万元，实际已经履行合同金额的80%。案涉合同双方均具备继续履行合同的条件，且案涉设备已安装于地下，履行合同更有利于双方的合同目的。因此，本案合同不适用于解除。

类似案例：（2019）苏民申1227号。

3. 对于出租人收回租赁物是否代表出租人做出合同解除的意思表示，法院裁判不一。

（1）收回租赁物不代表合同解除，应视为一种催告

法院案号：（2019）津0116民初4531号

法院认为：原告出租人取回租赁物的行为不代表合同必然解除，应视为一种催告，经过合理期限，被告仍不支付租金，原告有权解除合同。原告出租人主张解除合同应当通知对方，合同自通知到达对方时解除。因此，本院确认自2019年7月6日向被告送达载明原告出租人解除合同意思表示的起诉状之时，原告出租人与被告签订的合同号为CNZCHP 00002316009702的《融资租赁合同》即刻解除。

（2）以收回租赁物的行为作为向被告通知解除合同的意思表示

法院案号：（2019）津0116民初4177号

法院认为：于合同解除一节，因原告已于2019年2月16日自行从被告处将涉案租赁物收回，原告收回租赁物的行为作为向被告通知解除合同的意思表示，并不违反法律规定，故以原告收回租赁物的日期作为合同解除之日符合法律规定，本院确认原、被告所签订的涉案《融资租赁合同》于2019年2月16日解除。

（3）被告不拖欠租金的情况下，出租人未及时返还租赁物，视为单方解除合同

法院案号：（2019）津0116民初1355号

法院认为：关于合同解除的时间。被告黄土有第1、2期均逾期支付租金，原告为维护自身权益，2018年10月24日将租赁车辆收回，符合合同约定。租赁车辆收回后，被告于2018年11月3日支付了第2期租金，但原告并未将车辆返还。虽然合同约定原告收回租赁车辆不视为对被告占有、使用租赁物的妨碍，也不视为原告解除本合同收回租赁物，但被告在不拖欠租金的情况下，应享有租赁物使用权。原告未及时返还租赁物，应视为单方主动解除合同。故本院确认原、被告签订的《售后回租赁合同》于2018年11月15日前解除。

4. 各地法院目前对确定合同解除日的结论不一，租赁物收回日、租赁物收回三个月之日、起诉状签收之日、起诉状被退回之日、庭审日都可能会被认定为合同解除日。

（1）以租赁物收回日为合同解除日

法院案号：（2019）沪0115民初37052号

法院认为：因原告已于2018年10月24日收回租赁车辆，车辆收回后双方没有再履行系争《车辆分期融资租赁合同》的可能，故本院认定双方合同于2018年10月24日解除。

（2）租赁物收回三个月后，被告仍未支付租金，应视为合同解除

法院案号：（2019）津0116民初5810号

法院认为：关于合同解除的时间。被告杨如林第1、3、7、8期逾期支付租金，第11期起就再未履行租金支付义务，原告为维护自身权益，于2019年3月7日将租赁车辆收回，符合合同约定。租赁车辆收回后，被告仍未支付租金，虽然合同约定原告收回租赁车辆不视为对被告占有、使用租赁物的妨碍，也不视为原告解除本合同收回租赁物，但原告亦应依据被告的租金支付以及资信情况等，适时解除合同，避免损失进一步扩大。本院认为，租赁车辆收回三个月后，被告仍未支付租金，应视为合同解除，故本院确认原、被告签订的《售后回租赁合同》于2019年6月7日解除。至合同解除日，被告拖欠4期租金未付，共计1.114 744万元，全部未付租金合计7.245 836万元。

（3）以起诉材料送达之日为合同解除日

法院案号：（2019）津0116民初4317号

法院认为：本院向被告成都思晨汽车服务有限公司寄送的原告变更诉讼请求申请书于2019年8月13日送达，故本院确认原、被告签订的《售后回租融资租赁合同》于2019年8月13日解除。至合同解除日，被告拖欠9期租金未付，全部未付租金合计6.065 106万元。

（4）以起诉材料被退回之日为合同解除日

法院案号：（2019）津0116民初5819号

法院认为：本院向被告刘树辉寄送的民事起诉状等诉讼文书于2019年9月

1 日退回，文书退回之日视为送达之日，故本院确认原、被告签订的《售后回租赁合同》于 9 月 1 日解除。至合同解除日，被告拖欠 9 期租金未付，全部未付租金合计 9.960 64 万元。

（5）以庭审日为合同解除日

法院案号：（2019）沪0115民初78803号

法院认为：虽然起诉前原告未对被告顶赢物流进行催告，但原告的起诉可以视为对被告顶赢物流的催告，原告起诉要求解除合同，并要求以开庭日作为合同解除日，于法无悖，本院予以确认。

5. 出租人解除合同收回租赁物并予以处置的，应当举证证明处置租赁物的价值，否则出租人需自行承担无法计算可得利益的不利后果。

法院案号：（2019）豫 01 民终5013号

法院认为：本案中，出租人经合理催告，赵志强仍不履行支付租金义务，出租人将涉案车辆收回并二次出售的行为，应视为出租人已解除涉案融资租赁合同。结合《最高人民法院关于审理融资租赁合同纠纷案件适用法律问题的解释》第二十二条的规定，在合同解除的情形下，出租人所能获得的赔偿应以可得利益为限。但出租人没有证据证明其收回涉案车辆的时间，且又对涉案车辆单方予以评估，致使在法院评价其可得利益损失时，丧失直接的、准确的计算依据。尽管出租人将涉案车辆的价值在可得利益的损失中予以扣减，符合合同法关于损失赔偿的基本原则，但因其行为导致的可得利益损失无法计算的后果，其也只能自行承担。一审法院依据民事诉讼证据规则，综合衡量涉案车辆交付承租人使用期限，以及出租人单方法律行为的后果，对出租人关于赵志强、赵华伟仍需偿还损失 5.889 85 万元的主张，不予支持，实体处理并无不妥。

6. 收回租赁物价值按照协议确定或者以租赁物拍卖、变卖所得价款确定。

（1）法院案号：（2019）津民终 112 号

法院认为：本判决生效之日起十五日内，天诚公司赔偿出租人未付租金损失15 212 384.33元及迟延利息损失两项数额之和与收回租赁物价值的差额；若天诚公司未予返还租赁物，则损失赔偿范围为全部未付租金损失15 212 384.33

元及迟延利息损失；收回租赁物价值按照出租人与天诚公司协议确定或者以租赁物拍卖、变卖所得价款确定；如果租赁物价值超过全部债务，超过部分归天诚公司所有。

（2）法院案号：（2019）津0116民初4177号

法院认为：关于赔偿损失一节，根据涉案《融资租赁合同》11.4.3 条，甲方有权解除本合同、自行或委托第三方收回租赁物，并要求乙方支付解除合同之日的到期未付租金及逾期利息，若收回租赁物的价值经评估不足以弥补合同解除之日未到期租金、逾期利息及其他应付款项的，差价部分（差价等于未到期租金减去租赁物评估价）由乙方予以补足。赔偿价款应由到期未付租金及差价部分减去评估价及保证金，即全部未付租金加上违约金减去车辆评估价及保证金。根据涉案《融资租赁合同》第 11.4.1 条约定，当承租人发生合同约定的严重违约行为时，出租人有权采取必要措施控制租赁物的使用和处置，承租人应予以配合并承担由此造成的一切损失，并按全部租赁本金的 20% 向甲方支付违约金，被告应向原告支付的违约金为59 721.76元；涉案合同对收回租赁物的评估价值的计算方式进行了明确约定，即评估价 = 设备发票初始金额 ÷（N × 360）×［n × 360 －（租赁物回收日 － 设备初始发票开具日）］，其中 n 为租赁物的折旧年限，租赁物为商用车、乘用车、工程车、农用车则 n = 2，N 表示融资租赁期限，单位年，评估价格为107 918.75元。因此赔偿损失金额为45 366.76元。原告据此主张被告支付损失符合合同约定，且并未超出法律规定的合理范畴，本院予以支持。

7. 承租人不履行加速到期判决书，出租人可起诉请求解除合同，解除合同的判决的效力替代在先判决。

法院案号：（2019）津民终 157 号

法院认为：出租人提起本案诉讼，请求解除合同、收回租赁物，是基于法院做出在先判决后，红十字会医院、李丹薇不履行在先判决确定的义务这一新的事实。故本案是基于新的事实而产生的纠纷，本案判决的效力替代在先判决。

实务总结：《最高人民法院关于审理融资租赁合同纠纷案件适用法律问题

的解释》第十二条对“承租人违约，出租人可以解除合同的情形”进行了规定。对于承租人未按照合同约定的期限和数额支付租金，符合合同约定的解除条件，出租人必须履行催告程序。出租人在履行催告程序时，要注意留存寄送证据以及显示承租人签收的证据，必要时要求承租人出具已收到通知的确认函。另外，在签订融资租赁合同时，双方在约定通知条款时，可以约定视为送达条款，同时可以约定多种送达方式，比如约定邮件送达，则显示发送成功即视为送达。

出租人若自力收回租赁物，建议先行按照解除合同的程序发函确定合同解除的意思表示，然后再采取取回租赁物的行为。在取回租赁物时应当留好证据，双方签署租赁物的交接清单并配以照片，以便后续确定收回部分租赁物的价值。若按照合同约定的方式计算租赁物价值或直接折价，建议双方就此再签署一份关于租赁物价值的确认函；若将租赁物处置给第三方，出租人要注意聘请第三方独立的评估机构对租赁物价值出具评估报告，以免后续发生诉讼后，难以证明租赁物处置的市场价值。

（四）关于承租人的权利

1. 租赁物质量出现问题，导致合同目的不能实现的，承租人可依据法定解除而解除融资租赁合同。

法院案号：（2018）粤 03 民终8527号

法院认为：关于《工程机械融资租赁合同》解除条件是否成就的问题，……故可证实租赁物存在质量问题，导致租赁物不能正常使用，罗应征签订融资租赁合同的目的落空。根据《最高人民法院关于审理融资租赁合同纠纷案件适用法律问题的解释》第十一条规定，“有下列情形之一，出租人或者承租人请求解除融资租赁合同的，人民法院应予支持：……（三）因出卖人的原因致使融资租赁合同的目的不能实现的”。罗应征要求解除《工程机械融资租赁合同》，符合法律规定，一审予以准许并无不当，本院予以确认。

出租人上诉主张《工程机械融资租赁合同》约定除非由于租赁物不能交付导致本合同解除，否则无论索赔是否在办理或执行中，无论承租人能否通过索赔得到补偿，均不影响本合同效力，承租人均应当依照本合同的约定向出租人支付租金及其他费用。本院认为，合同履行过程中因租赁物的质量问题导致合同目的落空，合同无法履行，虽三方有此约定，但不能对抗法定的解除事由。且根据上述司法解释的相关规定，出租人另有救济途径。

实务总结：《最高人民法院关于审理融资租赁合同纠纷案件适用法律问题的解释》第十一条第三款规定因出卖人的原因致使融资租赁合同的目的不能实现的，承租人有权解除合同。该条款系承租人的法定解除权，其前提条件是出卖人的违约达到了根本违约的程度，若出卖人的违约只是一般违约，则承租人不可向出租人主张解除合同。同时，该条款仅是对承租人解除情形的规定，在融资租赁合同解除后，对损失的承担问题仍应结合《合同法》总则有关合同解除后果的规定予以认定。

2. 如发生客观原因导致承租人无法继续履行合同的，承租人应当提出情势变更的请求，并请求变更或解除合同，否则，应当继续履行合同义务。

法院案号：（2019）新民终413号

法院认为：天马酒业公司以情势变更为由，主张免除违约责任的请求不能成立。《最高人民法院关于适用〈中华人民共和国合同法〉若干问题的解释（二）》第二十六条确立了情势变更法律制度，合同成立后客观情况发生了当事人在订立合同时无法预见的、非不可抗力造成的不属于商业风险的重大变化，继续履行合同对于一方当事人明显不公平或者不能实现合同目的，当事人请求人民法院变更或者解除合同的，人民法院应当根据公平原则，并结合案件的实际情况确定是否变更或者解除。就本案而言，如果天马酒业公司认为出现了客观情况的重大变化，继续履行合同对自己明显不公平或者不能实现合同目的，应当向人民法院请求变更或者解除合同。但是，本案中，天马酒业公司在合同履行期间届满前并没有请求人民法院变更或解除合同，故其以情势变更为由请求免除违约责任的主张不符合情势变更适用的条件，本院不予支持。

天马酒业公司的违约责任应当根据本案的实际情况，按照公平原则综合认定。人民法院应当兼顾合同的履行情况、当事人的过错程度，根据公平原则综合衡量合同违约方的违约责任。在法律的框架下，应由双方当事人分担由于异常损害所造成的风险。从本案争议来看，双方签订的租赁合同约定合同履行期间为2013年9月至2016年9月，共支付12期租金。合同履行过程中，天马酒业公司支付了7期租金，履行了大部分的合同义务。2015年8月12日，“天津港8·12事故”发生后，天马酒业公司随即停产。2016年1月8日，政府相关部门下发文件要求天马酒业公司整体搬迁。天马酒业公司在履行合同过程中，未按时足额交纳租金系基于一定的客观原因，而非恶意违约。根据本案合同的履行情况和当事人的过错程度，在天马酒业公司非因自身原因不能正常使用租赁设备停产停业至今，已承担向出租人支付剩余租金的合同义务的情形下，再适用双方当事人约定的惩罚性违约金条款全额支付罚息会导致双方当事人的利益明显违反公平原则，发生严重失衡，应当酌情公平合理地认定天马酒业公司应承担的违约责任。

实务总结：由于融资租赁是以融物的方式实现融资的目的，出租人的主合同义务是根据承租人的选择或认可出资购买租赁物，而与租赁物有关的风险通常均不由出租人承担。因此，除非在极端情形下可能主张不可抗力而免责或者解除合同外，承租人不得主张因经营受到影响而减免租金支付的相关责任。但现实情况总是复杂多变的，加上各方面政策的引导，并不排除法院适用公平原则调整相关的合同权利义务的可能性。

（五）关于保证金

1. 承租人逾期后，出租人应当首先用保证金予以抵扣，不支持保证金的迟延利息。

法院案号：（2019）津民终112号

法院认为：由于国网公司保存有天诚公司的保证金625万元，因此天诚公司第33—38期租金虽然存在迟延给付行为，但应当先用保证金予以抵扣，随后的付款再补足保证金，对于国网公司主张的该部分迟延利息，一审法院不予支持。

2. 保证金应按照合同约定的顺序予以抵扣。

法院案号：（2019）京02民初300号

法院认为：根据《融资租赁合同》约定的租赁保证金抵充顺序，结合出租人的诉讼请求和主张，青海国鑫公司支付的租赁保证金500万元按照违约金、增值税、欠付租金的顺序抵充其对北京国资公司的债务。青海国鑫公司提出租赁保证金应直接抵充欠付租金，本院不予采信。

3. 没收履约保证金是对违约责任的约定，在约定了年24%逾期利息的情况下，不应再没收保证金。

法院案号：（2019）粤18民终852号

法院认为：因《融资租赁合同》第六条第七款约定的承租人逾期支付租金按每日千分之三计算逾期利息，是对违约责任的约定，《融资租赁合同》第七条约定的在广越公司违约的情况下保证金不予退还，也是对违约责任的约定，上述违约金的金额明显过高，应当予以调整。故在出租人已主张按照年利率24%计付逾期付款利息的情况下，不应再没收保证金，保证金75 641.87元应抵扣剩余应付租金。

实务总结：融资租赁合同中关于“租赁期内，承租人未按合同约定履行付款义务时，出租人有权从租赁保证金中抵扣承租人当期应支付给出租人的款项”的约定，系对租赁保证金发生抵扣的条件、时间及抵扣内容做出了明确的约定。当承租人未能按期支付租金的违约行为发生时，出租人最好对租赁保证金抵扣未付租金，以降低债务人负担，彰显公平。

（六）关于咨询服务费、手续费

1. 融资租赁合同约定手续费的，在出租人实际提供了对应服务的情况下，应认定其有权向承租人收取该笔费用。

法院案号：（2019）最高法民终736号

法院认为：案涉《融资租赁合同》第7.7条的约定，利源轨道公司同意在2017年9月14日一次性向出租人支付手续费，手续费金额为租赁物购买价款的2.4%，即1 440万元。该约定并不违反法律规定，系双方当事人真实意思表示，双方应当依约履行。2017年9月13日，出租人与利源轨道公司签订的《融资租赁合同之补充协议》第一条对案涉《融资租赁合同》约定的手续费的具体定义及服务内容进行了明确。其中第1.1条约定手续费是指甲方（出租人）为乙方（利源轨道公司）提供包括但不限于以下经济咨询服务而收取的服务费用：融资租赁知识培训、策划和制订融资租赁方案、介绍和推介融资工具，提供融资租赁内部风险控制业务指导、行业资讯，以及对租赁财产的管理咨询等融资租赁相关的经济咨询服务。第1.2条和第1.3条均约定在乙方委托的情况下，甲方有义务提供具体分项经济咨询服务。据此，出租人提供上述补充协议第1.1条、第1.2条和第1.3条约定的服务构成了收取服务费的对价。而上述补充协议第1.2条、第1.3条的服务内容需以利源轨道公司委托为前提，即利源轨道公司应当明确向出租人发出委托后进行，但利源轨道公司并未举证证明其向出租人发出委托而出租人拒不提供服务。故上述补充协议第1.2条和第1.3条约定服务内容的履行均不影响服务费的收取，利源轨道公司亦未举证证明案涉合同对于服务费收取另有其他约定。出租人为利源轨道公司策划和制订了本次融资租赁方案，最终促成双方签署了案涉《融资租赁合同》，并完成了利源轨道公司的融资目的，已经履行了《融资租赁合同之补充协议》第1.1条手续费中包含的服务内容和服务项目。

相似案例：（2019）津02民终2265号、（2019）沪74民终84号。

2. 融资租赁手续费是融资租赁行业的交易习惯，一般为3%～5%，售后回租的手续费应当低于直租手续费。

法院案号：（2018）粤0391民初1829号

法院认为：租赁手续费是出租人为承租人提供融资租赁服务，向承租人收取融资额一定比例的费用。融资租赁交易收取手续费是因为融资租赁在20世纪80年代引入我国时，当时大量租赁物都是进口的，出租人除提供融资租赁服务外，还要提供包括外汇、进出口、报关等贸易方面的服务。基于此，融资租赁公司要收取融资额一定比例（3%～5%）的手续费。虽然现在租赁物多数是国内的机器设备，不涉及外汇、报关等事务，但融资租赁交易收取手续费却作为交易惯例保留了下来。鉴于交易惯例，融资租赁交易收取手续费是针对直租模式的融资租赁，且最高比例不能超过融资额的5%，而本案是售后回租模式的融资租赁，根据公平原则和降低民营企业融资成本的精神，本院酌定将原告可向被告中康绿能收取的手续费由融资额的6%调整为3%。

3.《咨询服务合同》与《融资租赁合同》属于两种不同的法律关系，不可认定出租人通过咨询费提前获益。

法院案号：（2019）津民终195号

法院认为：承租人抗辩出租人已经通过咨询费等变通方式实现获取利润的目的，出租人无权再向其主张损害赔偿金、违约金、律师费、诉讼费及保全费的问题。一审法院认为，根据《咨询服务合同》的约定，双方之间成立咨询服务合同法律关系，根据该合同内容，出租人提供融资知识培训，介绍和推荐融资工具，策划和制订融资方案，提供咨询等服务，相应的上述各方应当向出租人支付服务费用。该合同权利义务与《融资租赁合同》完全独立，应从属两种不同的法律关系。因此原审被告无法通过前述《咨询服务合同》及其履行来认定出租人已经提前获益，更不能据此拒付出租人主张的违约金、损害赔偿金等费用。

4.《咨询顾问协议》所列事项实际从属于融资租赁业务，应视为出租人为开展融资租赁业务而应当支付的必要成本，据此收取的咨询顾问费应属于融资租赁业务收益的组成部分，不应当抵扣租金。

法院案号：（2019）沪74民终760号

法院认为：关于咨询顾问费用，土左旗医院主张出租人未按约履行咨询顾问义务，但从《咨询顾问协议》约定的服务内容看，均与融资租赁业务紧密相关，属于出租人为开展系争融资租赁业务而从事的辅助工作，结合双方签订并履行《融资租赁合同》的事实，应当认为出租人开展了《咨询顾问协议》所列明的相关工作。土左旗医院关于要求出租人返还咨询顾问费的主张缺乏事实依据，本院不予支持。鉴于《咨询顾问协议》所列的事项实际上从属于融资租赁业务，应视为出租人为开展融资租赁业务而应当支付的必要成本，据此，收取的咨询顾问费应属于融资租赁业务收益的组成部分。截至《融资租赁合同》加速到期日，出租人主张的全部租金（包括已支付的租金）、罚息、咨询顾问费总和与出租人的融资成本相比，未超过法定收益上限，土左旗医院关于要求以咨询顾问费抵扣租金的主张，本院难以支持。

5. 服务费为其他费用，与迟延罚息合计不得超过年利率24%。

法院案号：（2018）沪0115民初86763号

法院认为：《最高人民法院关于审理民间借贷案件适用法律若干问题的规定》规定逾期利率以不超过年利率24%为限，逾期利息、违约金或者其他费用，可以一并主张，但总计不得超过24%的年利率。本案中被告支付给原告的150万元咨询服务费属于其他费用，与迟延罚息合计不得超过24%的年利率，超出部分本院不予支持。

6. 被认定为构成借贷法律关系后，承租人支付的服务费应从本金中扣除。

法院案号：（2018）津02民初594号

法院认为：因案涉合同被认定为借款法律关系，原告预扣或收取的保证金、服务费等费用已从原告出借金额中减除。

相似案例：（2018）津02民终7769号。

7. 出租人无法证明提供了咨询服务的，咨询服务费用于抵扣罚金、租金。

法院案号：（2019）沪74民终826号

法院认为：出租人另行收取了150万元的咨询服务费。出租人认为该150万元咨询服务费系《融资租赁咨询服务协议》所约定，与本案无关。但该《融租租赁咨询服务协议》签约主体为出租人与承租人，收取该咨询服务费的主体亦为出租人，出租人未证明根据该协议提供了何种独立于涉案融资租赁合同关系之外的咨询服务。一审法院将相关费用认定为被上诉人的融资租赁其他费用成本，并参照《售后回租协议》约定的抵扣顺序先抵扣罚金、再抵扣租金，符合法律规定，未损害出租人的利益，并无不当。

实务总结：咨询服务费/手续费对应的服务内容可以包括融资租赁知识培训、策划和制订融资租赁方案、介绍和推介融资工具，提供融资租赁内部风险控制业务指导、行业资讯，对租赁财产的管理咨询等融资租赁相关的服务。不论是单独签署相关合同还是列为融资租赁合同的条款，出租人都要注意留存提供了相关服务的证据，比如服务策划书、租赁财产咨询报告等。同时，出租人要注意要求承租人另外支付该费用，以免在融资租赁法律关系认定为借贷关系时，服务费从本金中扣除。

在诉讼中，出租人要注意避免法官将咨询服务费/手续费认定为《最高人民法院关于审理民间借贷案件适用法律若干问题的规定》中的“其他费用”，从而与逾期利息、违约金一并认定不得超过年利率24%。

（七）关于律师费、诉讼保全保险费等实现债权的费用

1. 提起诉讼系合法救济措施，因此而支付的律师费依约应当由承租人承担。

法院案号：（2019）沪74民初121号

法院认为：出租人要求力池公司支付律师费具有合同依据，其主张律师费40万元相对于本案标的额尚属合理，本院予以支持。

类似案例：（2019）苏民终1196号、（2019）粤民终1527号。

2. 法院认为律师费等实现债权的费用已通过逾期利息和违约金得到弥补，不予支持。

法院案号：（2019）津民终333号

法院认为：关于出租人主张官山钨业公司应向出租人支付本次诉讼产生的律师代理费20万元，交通费、食宿等相关费用暂计2万元，因该部分损失出租人已经通过逾期利息和违约金得到弥补，故对该主张不予支持。

相似案例：（2019）津民终112号。

3. 律师费无支付凭证，得到法院支持。

法院案号：（2019）苏02民终4248号

法院认为：承租人主张出租人仅提交一份《委托代理合同》，并未提供律师费支付凭证，无法判断实际律师费支出情况。一审判决享骑公司支付律师费并无依据。本院认为，因双方在协议中已约定了因诉讼等衍生费用的承担，该约定也系双方当事人的真实意思表示，内容不违反法律、行政法规的强制性规定，合法有效。出租人为实现债权提起本案诉讼而与江苏辰海律师事务所签订了《委托代理合同》，委托合同为诺成性合同，双方签订即发生法律效力，且该律师事务所实际指派了律师参加诉讼，履行代理职责。综合考虑本案案件类型、标的额、难易复杂程度、数额并未超出江苏省律师服务收费标准等因素，享骑公司上诉主张其支付律师费并无依据的理由不成立，本院不予支持。

4. 出租人因实现债权而支出的保全保险费应予支持。

法院案号：（2019）粤民终2315号

法院认为：因荆州沃特玛公司等违约引起本案诉讼，横琴租赁公司为此向保险公司交纳的诉讼保全担保保险费系横琴租赁公司支出的合理必要费用，属横琴租赁公司的损失部分，一审判令违约方荆州沃特玛公司等承担并无不当，本院予以维持。

相似案例：（2019）京民终185号、（2019）京民终540号、（2019）沪民终179号。

实务总结：一般法院认为律师费、诉讼保全保险费作为实现债权费用的必要的合理费用，在出租人提供相关协议、支付凭证、发票后会予以支持。出租人除了注意在诉讼中向法院提交相关证据外，在签订融资租赁合同时，要注意在合同条款中明确律师费、诉讼保全保险费等实现债权的费用为出租人的损失，由承租人承担。

（八）担保相关问题

1. 保证相关争议热点

（1）保证人真实意思表示之证明

裁判规则：准金融机构应当提供决议文件以证明善意

法院案号：（2019）沪0115民初66086号

法院认为：对于被告西藏勃达是否应当承担保证担保责任，本院认为，根据法律规定，法定代表人超越权限订立的担保合同，除相对人知道或者应当知道其超越权限的以外，该代表行为有效；法人章程或者法人权力机构对法定代表人代表权的限制，不得对抗善意相对人。本案中，被告张宏伟虽是被告西藏勃达的法定代表人，但其未经董事会、股东会决议而擅自实施的以公司名义为其他人债务提供担保的行为已经超越代表权限，属于越权代表行为。该行为对被告西藏勃达是否有效，取决于原告是否系善意相对人，即原告是否知道或者应当知道被告张宏伟超越权限。《中华人民共和国公司法》第十六条明确规定，公司向其他企业投资或者为他人提供担保，依照公司章程的规定，由董事会或者股东会、股东大会决议；公司为公司股东或者实际控制人提供担保的，必须经股东会或者股东大会决议。根据法律一经公布即推定所有人明知及不知法律不免责的法理，公司担保相对人在接受担保时，对有关公司董事会或者股东会、股东大会决议负有必要的形式审查义务，否则不构成表见代表中的善意相对人，该担保行为对公司不产生效力。本案中，原告在接受担保时，对被告西藏勃达同意对外担保的董事会或者股东会决议负有形式审查义务，其应当知道被告张宏伟超越权限。且原告作为准金融机构，即使是从交易风险控制角度出发，也应查阅被告西藏勃达的公司章程，并依照章程指引，对被告西藏勃达向被告河南勃达提供担保是否经过法定程序进行形式审查，以此证明自己的善意第三人身份。但原告未提供相应的股东会决议加以证明，显然未尽审慎注意义务，不属于法律所保护的善意相对人。故被告张宏伟的越权代表行为无效，被告西藏勃达则不应为被告河南勃达向原告履行付款义务承担连带清偿责任。

实务总结：准金融机构对于保证人的担保文件是否符合公司章程对外担保的要求，以及法律规定进行法定程序的形式审查义务更加严格。准金融机构在证明自己履行审查注意义务时，应当提供相应的股东会决议予以证明自己的善意。

（2）股东会决议对合同效力的影响

裁判规则1：租赁合同将股东会决议约定为生效条件，必须提供股东会决议

法院案号：（2019）沪民终265号

法院认为：诺华公司是否应当对港务公司的债务承担连带保证责任。本院认为，根据涉案鉴定意见书，《保证合同2》上加盖的诺华公司印章除了与绿地公司提交的诺华公司章程等材料上加盖的印章相同外，与涉案《抵押合同》及其他比对样本上的诺华公司公章均不相同。本案并无证据证明《保证合同2》上加盖的印章系由诺华公司实际使用，或《保证合同2》及上述诺华公司章程系由诺华公司交付给绿地公司。而且，绿地公司持有的诺华公司章程载明“为他人提供担保的，由股东会决议”，《租赁合同》也将提供诺华公司同意进行担保的股东会决议作为合同生效前提条件。在此情况下，绿地公

司不能提供诺华公司出具的同意提供保证担保的股东会决议，故其并未能证明《保证合同2》系诺华公司的真实意思表示。绿地公司要求诺华公司承担连带保证责任缺乏事实和法律依据，本院不予支持。

接受保证的债权人在形式上审查提供保证的公司是否形成了相应股东会决议，不会增加交易成本，反而能够有效控制保证的法律风险，证明其在接受保证时属于善意。但绿地公司未能在本案中提供诺华公司同意保证的股东会决议，应认定绿地公司未尽到合理注意义务，不属于善意接受保证的债权人，故绿地公司要求诺华公司承担连带保证责任的主张不能成立。诺华公司申请印章鉴定所支付的鉴定费，应由绿地公司承担。

实务总结：债权人在接受保证人提供的担保时，应当尽到合理注意义务，就保证人公司章程进行审查，看是否有对“为他人提供担保”的特别规定。

裁判规则2：担保须出具股东会决议，否则无效

法院案号：（2019）京03民终12352号

法院认为：关于股东会决议，公司法规定公司对外担保需要股东会决议，没有股东会决议的对外担保的效力问题目前存在争议，目前的倾向性意见为否定意见，即担保行为不是法定代表人或其他相关人员能单独决定的事项，而必须以公司股东会或者股东大会、董事会等决议作为授权的基础和来源。出租人未提供充分有效证据证明东兴公司存在公司决议或具有足以认定该担保符合公司决议的真实意思从而认定担保有效之情形，本院难以认定该保证责任的效力，故出租人要求东兴公司承担保证责任的请求，本院不予支持。

实务总结：担保行为必须以公司股东会或者股东大会、董事会等决议作为授权的基础和来源，以证明是公司的真实意思表示。

（3）保证担保责任承担相关问题

裁判规则1：保证人配偶签字不能认定其承担保证责任

法院案号：（2019）京03民终12352号

法院认为：区别夫妻共同保证和配偶一方同意另一方保证，涉及承担保证责任的财产范围，因此本案中赵志芳仅在“保证人配偶”一栏签字不能认定为赵志芳也是保证人，故出租人要求赵志芳承担保证责任，依据不足，本

院不予支持。

实务总结：如需要夫妻双方作为保证人为债务提供担保，则需要明确两人的保证人身份及两人作为保证人系其真实意思表示，不能仅以“保证人配偶”签字为依据。

裁判规则2：主债权金额不明确，但有清晰指向和方法等，应当承担担保责任

法院案号：（2019）京02民终8940号

法院认为：崔岩在出具《个人担保承诺书》时虽无固定的主债权金额但约定有明确的指向和确定方法，主债权种类清晰，在实际履行中随着承租人出现违约行为、建机公司未按照约定履行回购义务的情况出现，崔岩所应承担保证责任所对应的主债权金额已可以确定。因此，崔岩应当按照《个人担保承诺书》承担保证责任。本院对崔岩的此项上诉理由不予采纳。

实务总结：虽然保证书中主债权金额不明确，但有清晰指向和方法等，保证人仍应承担担保责任。但是在债权人要求保证人提供担保时，在实际履行中随着承租人出现违约行为等情况出现，保证人所应承担保证责任所对应的主债权金额可以确定即可。

2. 抵押

（1）抵押担保范围是否应包括咨询服务费等

裁判规则：未明确约定，担保范围不包括咨询服务费

法院案号：（2019）沪民终265号

法院认为：由于《抵押合同》约定担保的主债权并不包括《咨询服务协议》项下的咨询服务费，也无证据证明诺华公司事后同意为咨询服务费提供抵押担保，故涉案222万元咨询服务费不属于诺华公司的抵押担保范围。绿地公司关于诺华公司承担担保责任的主债权金额不应扣减咨询服务费的上诉理由不能成立，本院不予支持。

实务总结：抵押合同对担保的主债权应当进行明确约定。

（2）自物抵押效力之不同裁判实践情况

裁判规则1：出租人在享有租赁物所有权时，不能就自物抵押主张优先受

偿权

法院案号：（2019）粤 20 民终1736号

法院认为：由于涉案融资租赁合同和动产抵押合同均明确约定涉案租赁物的所有权归属出租人，因此，按照《中华人民共和国担保法》第三十四条“下列财产可以抵押：……（二）抵押人所有的机器、交通运输工具和其他财产；……”的规定，涉案租赁物并不属于担保法意义上的抵押物，双方就涉案租赁物设立的抵押权也不具有担保法意义上抵押权的性质。出租人在享有涉案租赁物所有权的情况下，主张其享有涉案租赁物的优先受偿权，不符合法律规定，一审法院未予支持，适用法律正确，本院予以维持。

法院案号：（2019）京0105民初10065号

法院认为：关于出租人主张涉案车辆优先受偿权请求，本院认为：首先，抵押合同及抵押登记中的抵押权人均为沈阳翰皇公司，出租人无权依据《车辆抵押合同》主张抵押权；其次，根据抵押权的立法本意，抵押权系为担保主债权的实现而由债务人或第三人提供担保财产而设立的担保物权，须以主债权及抵押债权合意的存在为基础，根据双方合同约定，出租人系涉案车辆的所有权人，双方办理抵押登记的目的在于公示租赁物并防止肇启军、高洋擅自处置，并无设立抵押担保的合意；再次，根据法律规定，承租人违约，出租人可以要求支付全部租金，也可以解除合同、收回租赁物，相关法律亦对上述主张的选择权和行使顺序做出规定，出租人于本案中要求肇启军、高洋支付全部未付租金及违约金，即是对其租金债权的实现，如该诉请得以实现则其权益得以保障，如未能实现则可通过解除合同、收回租赁物的方式实现救济，两种情形均无行使抵押权的必要。故出租人以抵押权人的名义主张涉案车辆的优先受偿权，于法无据，本院不予支持。

裁判规则 2：出租人可对租赁物的自物抵押行使抵押权

法院案号：（2019）粤 06 民终 506 号

法院认为：本案讼争抵押物属于动产，本案中，虽然区碧茹与龙德宝公司之间没有签订单独的抵押合同，若能根据涉案《融资租赁合同》及区碧茹、龙德宝公司签订的其他文件补正或推定被担保的主债权种类、抵押财产等关键信息的，则区碧茹、龙德宝公司之间设定的抵押仍然具备成立的条件。经审查，区碧茹、龙德宝公司就本案讼争抵押物向工商部门办理了动产抵押登记手续，区碧茹也取得了相应的《动产抵押登记书》。该《动产抵押登记书》明确载明了被担保的债权数额为17 256 968元，同时，通过附件的形式明确记载了抵押权的名称、种类、数量等情况。虽然该《动产抵押登记书》中的被担保债权种类一栏填写为“设备”，但本案并无证据显示区碧茹、龙德宝公司之间存在其他债权债务关系，故结合涉案《融资租赁合同》的约定可以推定该登记书中的被担保债权种类应是涉案《融资租赁合同》项下的合同之债。换言之，虽然区碧茹、龙德宝公司之间没有签订抵押合同，但是通过区碧茹、龙德宝公司签章确认的涉案《动产抵押登记书》《融资租赁合同》等文件可知，区碧茹、龙德宝公司就涉案抵押事宜已达成合意，且可以根据上述文件推定涉案抵押的被担保的主债权种类、数额及抵押财产等重要信息，故区碧茹、龙德宝公司设定的动产抵押已具备成立的基本法律要件。另一方面，抵押合同主要是约定抵押权人和抵押人权利义务关系的合同，其主要功能在于保障抵押权人和抵押人的合法权益，现区碧茹、龙德宝公司已办理了合法的抵押登记手续，而龙德宝公司在本案中也未对区碧茹主张的抵押权提出任何异议，在此情况下，若仅因区碧茹、龙德宝公司未签订书面的抵押合同这一情形就直接认定区碧茹主张的抵押权未设立，也与本案的客观情况不符。综上分析，本院认为区碧茹主张的抵押权已设立，区碧茹有权依法行使其抵押权。

实务总结：出租人是否可对租赁物的“自物抵押”行使抵押权？原则是应回归融资租赁的本源，支持出租人作为租赁物所有权人享有所有权而不享有抵押的优先受偿权，即当各方当事人的交易被认定为融资租赁法律关系且合法有效时，认可出租人对租赁物享有所有权足以保护出租人维护合法权益并实现合同目的。例外情形是，如果各方当事人的交易被认定是名为融资租赁关系实为借贷法律关系或者其他法律关系的，因出租人对租赁物主张所有权不能成立，则宜认可出租人对租赁物享有抵押权，支持其在抵押物范围内享有优先受偿权。

3. 质押：质权人实现应收账款质权的方式

裁判规则：质权人可请求法院判令直接向出质人的债务人收取金钱并对该金钱行使优先受偿权

参考案例：国网湖南省电力有限公司等与太平石化金融租赁有限责任公司融资租赁合同纠纷二审民事判决书

法院案号：（2019）京民终247号

法院认为：质权人可请求法院判令直接向出质人的债务人收取金钱并对该金钱行使优先受偿权。依据该裁判规则，国网湖南公司虽然不是《融资租赁合同》及相关担保合同的当事人，但是出租人依然可以直接起诉国网湖南公司直接向其清偿应收账款债务。出租人对国网湖南公司有明确的诉讼请求，即请求法院确认其对《应收账款质押合同》项下电费收费权享有质权，并要求国网湖南公司直接向出租人支付电费。

实务总结：质权人可请求法院判令直接向出质人的债务人收取金钱并对该金钱行使优先受偿权。

4. 其他：担保权人就不同担保方式之实现顺序问题

裁判规则1：不违反法律规定的情况下，担保物权的实现顺序有约定的，从约定

法院案号：（2019）豫01民再202号

法院认为：《中华人民共和国物权法》第一百七十六条规定：被担保的债权既有物的担保又有人的担保的，债务人不履行到期债务或者发生当事人约定的实现担保物权的情形，债权人应当按照约定实现债权；没有约定或者约定不明确，债务人自己提供物的担保的，债权人应当先就该物的担保实现债权；第三人提供物的担保的，债权人可以就物的担保实现债权，也可以要求保证人承担保证责任。提供担保的第三人承担担保责任后，有权向债务人追偿。

涉案车辆虽办理了以出租人为抵押权人的抵押登记，但根据车辆租赁合同中约定“自出租人支付购买租赁汽车所需的资金时，出租人即成为租赁车辆的唯一所有权人”的约定，该车辆并非谙诺士公司自己提供的物的担保。依据法律规定，出租人可就物的担保实现债权，也可要求保证人承担保证责任。徐丹

华向出租人出具连带责任担保书，出租人再审主张徐丹华就谙诺士公司应承担的债务承担连带还款责任，有合同依据和法律依据，应当予以支持。

裁判规则2：如债务人自行提供抵押担保，应先实现抵押权，不足部分再要求担保人承担

法院案号：（2019）新民初17号

法院认为：关于出租人主张由帝景集团公司、何庆华、黄小碧承担连带保证责任的诉讼请求能否成立的问题。《中华人民共和国物权法》第一百七十六条规定：被担保的债权既有物的担保又有人的担保的，债务人不履行到期债务或者发生当事人约定的实现担保物权的情形，债权人应当按照约定实现债权；没有约定或者约定不明确，债务人自己提供物的担保的，债权人应当先就该物的担保实现债权……本案中，帝景集团公司、何庆华、黄小碧对其与出租人签订的保证合同的真实性均予以认可，对该保证合同的内容亦不持异议，其作为保证人与出租人签订保证合同，自愿为帝景房地产公司基于案涉融资租赁合同所应当承担的债务向出租人提供连带保证责任，该保证合同系双方当事人的真实意思表示，内容不违反法律法规的强制性规定，应为有效合同。该保证合同约定，保证人担保的主债权种类为主合同项下出租人享有的所有债权；保证人保证份额为主债权的100%；保证方式为连带责任保证。根据上述约定，帝景房地产公司应当向出租人支付的租金、逾期罚息均属于上述三被告的保证担保范围，应当承担保证责任。因债务人帝景房地产公司提供抵押担保，故根据上述法律规定，出租人应当先就案涉抵押物实现债权后，不足部分才能要求帝景集团公司、何庆华、黄小碧承担保证责任。

实务总结：被担保的债权既有物的担保又有人的担保的，债务人不履行到期债务或者发生当事人约定的实现担保物权的情形，债权人应当按照约定实现债权；没有约定或者约定不明确，债务人自己提供物的担保的，债权人应当先就该物的担保实现债权；第三人提供物的担保的，债权人可以就物的担保实现债权，也可以要求保证人承担保证责任。提供担保的第三人承担担保责任后，有权向债务人追偿。

5. 回购担保责任的相关问题

裁判规则：融资租赁合同未实际履行，仅有资金融通，担保人的回购担保责任不应继续承担

法院案号：（2019）京民申1130号

法院认为：涉案融资租赁业务并未实际履行，并未达到协议约定的太原重工公司承担回购保证义务的条件。对于本案中出现的《不可撤销回购担保确认函》《融资租赁业务核保书》两份文件，因《不可撤销回购担保确认函》中加盖的公章经鉴定并非太原重工公司的备案公章。同时，就现有证据来看，亦无证据证明上述《不可撤销回购担保确认函》记载的内容属实，在没有其他证据予以佐证的情况下，单凭一份《融资租赁业务核保书》不能直接认定上述《不可撤销回购担保确认函》中载明的内容。出租人要求太原重工公司承担回购保证责任缺乏相应的事实和法律依据。

实务总结：根据《中华人民共和国民事诉讼法》关于举证证明责任的相关规定，出租人应当就回购条件成就承担积极的举证证明责任。另外，对回购条件的约定尤为重要。

（九）承租人破产

1. 承租人进入破产程序后，是否应当中止审理

裁判规则：人民法院受理破产申请后，已经开始而尚未终结的有关债务人的民事诉讼或者仲裁应当中止

法院案号：（2019）粤0307民初13499号

法院认为：被告深圳市长盈五金塑胶制品有限公司已进入破产清算程序，且破产管理人尚未完全接管公司财产，依据《中华人民共和国企业破产法》第十九条、第二十条规定，有关该公司已经开始尚未终结的民事诉讼应当中止，在管理人接管该公司财产后，该诉讼继续进行，故本案应当中止审理。

实务总结：人民法院受理破产申请后，已经开始而尚未终结的有关债务人的民事诉讼或者仲裁应当中止；在管理人接管债务人的财产后，该诉讼或者仲裁继续进行。

2. 承租人进入破产程序后，应将给付之诉变更为确认之诉

裁判规则：承租人进入破产程序后，应将给付之诉变更为确认之诉

法院案号：（2018）津02民初213号

法院认为：金盾消防公司与蓝能公司于2018年4月10日进入破产重整程序，《中华人民共和国企业破产法》第十六条规定，人民法院受理破产申请后，债务人对个别债权人的债务清偿无效。出租人对金盾消防公司与蓝能公司的债权应当在将来的破产分配中获得给付清偿，故本案应为确认之诉。本院对出租人主张对金盾消防公司、蓝能公司享有的债权予以确认，对出租人要求金盾消防公司、蓝能公司履行给付义务的主张不予支持。

实务总结：承租人进入破产程序后，应将给付之诉变更为确认之诉，请求法院确认债权数额。

3. 承租人破产后，如何计算逾期利息

裁判规则：未到期的债权，在破产申请受理时视为到期。附利息的债权自破产申请受理时起停止计息

法院案号：（2017）京0102民初27589号

法院认为：《中华人民共和国企业破产法》第四十六条规定："未到期的债权，在破产申请受理时视为到期。附利息的债权自破产申请受理时起停止计息。"辽宁省大连市中级人民法院于2017年11月10日受理对数控公司的重整申请，因此，数控公司应当赔偿截至2017年11月10日的全部未付租赁本金、利息、手续费、罚息。由于辽宁省大连市中级人民法院受理破产申请时本案尚未审结，因此，本院应直接做出确认当事人之间债权债务的裁判，而不应做出以给付为内容的裁判。

实务总结：未到期的债权，在破产申请受理时视为到期；附利息的债权自破产申请受理时起停止计息。

4. 承租人破产后，合同如何解除

裁判规则：承租人破产，管理人未通知继续履行合同的，融资租赁合同解除时间的确定

法院案号：（2018）粤民终1427号

法院认为：关于案涉合同的解除。出租人及广大电缆公司对解除案涉租赁合同无异议，应予以支持。至于解除时间，本院认定如下：2014年9月30日，出租人向广东省广州市越秀区人民法院提起本案诉讼，该院于2014年11月14日向广大电缆公司邮寄诉讼材料，该时间晚于佛山市中级人民法院受理广大电缆公司破产重整申请之日起二个月。依据《中华人民共和国企业破产法》第十八条第一款的规定："人民法院受理破产申请后，管理人对破产申请受理前成立而债务人和对方当事人均未履行完毕的合同有权决定解除或者继续履行，并通知对方当事人。管理人自破产申请受理之日起二个月内未通知对方当事人，或者自收到对方当事人催告之日起三十日内未答复的，视为解除合同。"2014年9月10日，佛山市中级人民法院依法受理了广大电缆公司的破产重整申请，且广大电缆公司管理人并未在破产重整申请两个月内通知出租人继续履行合同，故两个月期满应视为案涉租赁合同解除，即解除时间为2014年11月10日。

实务总结：对于双方均未履行完毕的合同，管理人享有选择权。管理人自破产申请受理之日起两个月内未通知对方当事人，或者自收到对方当事人催告之日起三十日内未答复的，视为解除合同。

5. 承租人破产后，出租人是否可以行使取回权

裁判规则：在管理人不予认可出租人取回租赁物的情况下，出租人行使取回权法院才能受理

法院案号：（2019）辽民终83号

法院认为：《最高人民法院关于适用〈中华人民共和国企业破产法若干问题的规定（二）〉》第二十七条第一款规定："权利人依据企业破产法第三十八条的规定向管理人主张取回相关财产，管理人不予认可，权利人以债务人为被告向人民法院提起诉讼请求行使取回权的，人民法院应予受理。"《中华人民共和国企业破产法》第三十八条规定："人民法院受理破产申请后，债务人占有的不属于债务人的财产，该财产的权利人可以通过管理人取回。但是，本法另有规定的除外。"本案中，出租人在一审法院受理大机床数控公司、大机床公司重整之后，向一审法院提起本案诉讼，又于一个月后向管理人申报

债权。庭审中，出租人认为案涉租赁物仍保管于大机床数控公司处，但大机床数控公司管理人答辩称对租赁物的盘点工作尚未结束，未明确表明对出租人主张取回案涉租赁物是否认可，故依据上述法律规定，只有在管理人不予认可出租人取回租赁物的情况下，出租人行使取回权法院才能受理。在管理人未明确租赁物状况的情况下，对出租人该项诉请不予受理。

实务总结：承租人破产，出租人欲意取回租赁物所有权的，应当事先向破产管理人主张；在管理人不予认可出租人取回租赁物的情况下，出租人行使取回权法院才能受理。

6. 承租人破产后，出租人能否向破产企业要求支付占用费

裁判规则：承租人破产后，租赁物存放于管理人处是为了方便实现抵押权，占用费不再支持

法院案号：（2018）粤民终1427号

法院认为：关于租赁物的返还及占有使用费如何判断问题。本案中，涉案《买卖合同》《租赁合同》合法有效，融资租赁关系成立，出租人是涉案机器设备所有人。广大电缆公司进入破产程序后，涉案机器设备不属于破产企业财产，出租人可以行使取回权，但中信银行佛山分行对涉案机器设备享有合法设立的抵押权，应优先于出租人的所有权实现，故据便宜原则，也可仍将涉案设备存放于管理人处。广大电缆公司机器设备及物业等被整体拍卖后，出租人对其中涉案设备拍卖变现价款享有所有权，中信银行佛山分行在涉案机器设备上设立的抵押权实现后，如有剩余款项，管理人应将余款返还给出租人，实现所有权。关于占有使用费问题，涉案设备存放于管理人处系为便于实现抵押权，且现在涉案设备已被拍卖，出租人上诉请求的占有使用费已没有依据，本院不予支持。

实务总结：承租人破产后，租赁物存放于管理人处系为便于实现抵押权，且现在租赁物已被拍卖，出租人上诉请求的占有使用费已没有依据。

7. 承租人破产后，出租人可否继续要求担保人承担担保责任

裁判规则：出租人对承租人申报债权不影响向担保人追究担保责任

法院案号：（2018）最高法民终 619 号

法院认为：关于如何确定汇宇公司的责任问题。既然保证合同有效，汇宇公司自然应当承担保证责任。但本案中，主债务人华通公司已经破产。从《最高人民法院关于适用〈中华人民共和国担保法〉若干问题的解释》第四十四条到第四十六条的规定来看，在主债务人破产的情况下，债权人实现债权的方式有两种：要么在破产程序中申报债权，就破产程序中未受偿的部分，在破产程序终结后六个月内再请求保证人承担责任；要么不申报债权，直接向保证人主张权利。在后一情形下，债权人应当通知保证人，由保证人去申报债权，预先行使追偿权。债权人既未申报债权，又未通知保证人，导致保证人不能预先行使追偿权的，保证人在该债权在破产程序中可能受偿的范围内免除该保证责任。本案中，出租人已经在破产程序中申报了债权，只能就破产程序中未受清偿的部分请求保证人承担保证责任。一审判决未考虑主债务人华通公司已经进入破产程序这一事实，判令保证人承担全部保证责任，适用法律不当，本院予以纠正。

实务总结：在主债务人破产的情况下，债权人实现债权的方式有两种：一种是在破产程序中申报债权，就破产程序中未受偿的部分，在破产程序终结后六个月内再请求保证人承担责任；第二种是不申报债权，直接向保证人主张权利。在后一情形下，债权人应当通知保证人，由保证人去申报债权，预先行使追偿权。债权人既未申报债权，又未通知保证人，导致保证人不能预先行使追偿权的，保证人在该债权在破产程序中可能受偿的范围内免除该保证责任。

8. 律师费支付是否构成个别清偿

裁判规则：律师费给付构成个别清偿

法院案号：（2019）辽民终83号

法院认为：《最高人民法院关于适用〈中华人民共和国企业破产法若干问题的规定（二）〉》第二十一条第一款规定：“破产申请受理前，债权人就债务人财产提起下列诉讼，破产申请受理时案件尚未审结的，人民法院应当中止审理：……（四）其他就债务人财产提起的个别清偿诉讼。”第二十三条第一款规定：“破产申请受理后，债权人就债务人财产向人民法院提起本规定第二十一条第一款所列诉讼的，人民法院不予受理。”本案中，出租人要求大机床数控公司给付其损失及律师费，但未确定损失数额，其该项诉讼请求并不明确，同时该损失及律师费的给付须以大机床数控公司现有财产予以清偿，构成个别清偿，故依据上述司法解释的规定，对出租人该项诉请不应予以受理。

《最高人民法院关于适用〈中华人民共和国担保法〉若干问题的解释》第四十四条第二款规定："债权人申报债权后在破产程序中未受清偿的部分，保证人仍应当承担保证责任。债权人要求保证人承担保证责任的，应当在破产程序终结后六个月内提出。"本案中，大机床数控公司破产程序并未终结，尚无法确定出租人在破产程序中未受清偿部分的债权数额，故出租人可另行主张权利。

实务总结：破产程序中，如果律师费的给付需要以破产企业现有财产进行清偿，则构成个别清偿，法院就此不予受理。

（十）租赁物相关问题

1. 租赁物善意取得

（1）在中国人民银行征信中心动产融资统一登记公示平台（也称"中登网"）上登记，可以善意取得租赁物所有权。

法院案号：（2018）津02民初213号

法院认为：关于重合的租赁物部分，第三人主张在案涉《融资租赁合同》签订之前，其已经与承租人签订了《融资租赁合同（回租）》并取得租赁物的所有权，故承租人无权将该部分租赁物再出售给出租人，出租人未取得该部分租赁物所有权。本案中，第三人在与承租人签订《融资租赁合同（回租）》后，未在租赁物上设置标识，亦未在相应登记机关办理交易登记和权力登记，出租人在与承租人签订案涉《融资租赁合同》时无法知晓第三人对该部分租赁物所享有的权利。同时出租人对租赁物进行了实地核实，并就案涉融资租赁业务及租赁财产在中国人民银行征信中心进行了动产权属统一登记－初始登记，尽到了审慎的审查义务，故出租人对该部分租赁物的所有权构成善意取得。

相似案例：（2018）浙01民初342号。

实务要点：《中华人民共和国物权法》第一百零六条第一款规定，受让人在满足善意、合理价格转让，依法登记或交付的，可以善意取得该不动产或者动产的所有权。《最高人民法院关于审理融资租赁合同纠纷案件适用法律问题的解释》第九条亦规定，出租人在满足已在租赁物显著位置作出标识，或进行租赁物自物抵押登记，或第三人未进行融资租赁交易查询等能够足以让第三人知晓交易标的为租赁物的情形时，可以对抗第三人的善意取得。同时，天津和上海均出台相关规定，要求融资租赁业务必须在中登网上登记，且天津高院更是在2011年就出台了《关于审理融资租赁物权属争议案件的指导意见（试行）的通知》，明确出租人如果未在中登网上进行登记，不得对抗善意第三人。综合上述相关规定及司法实践，出租人在开展融资租赁业务时，首先需要在中登网上查询该租赁物是否已与其他租赁公司开展融资租赁交易。

（2）承租人将属于业主共有的布线设备、配电设备、安防设备等开展回租业务，因其不享有独立所有权，因而无效，出租人亦不能善意取得所有权和抵押权。

法院案号：（2019）新民初 17 号

法院认为：承租人以商务中心的中央空调设备等动产抵押给出租人，并办理了动产抵押登记。上述合同依法成立。共有人主张承租人将动产抵押明细中的消防设备、电梯等十二项设备、设施（以下简称“争议标的物”）转让、抵押给出租人的行为无效，出租人亦不享有抵押权。《最高人民法院关于审理建筑物区分所有权纠纷案件具体应用法律若干问题的解释》第三条规定，除法律、行政法规规定的共有部分外，建筑区划内的以下部分，也应当认定为物权法第六章所称的共有部分：建筑物的基础、承重结构、外墙、屋顶等基本结构部分，通道、楼梯、大堂等公共通行部分，消防、公共照明等附属设施、设备，避难层、设备层或者设备间等结构部分。依据该规定，共有人所主张的设备、设施均是实现建筑物的基础公共功能的设备、设施，与建筑物共有权人的生产、生活密切相关，因此属于业主共有。共有人依据另案裁定书取得商务中心 41 套房的所有权，成为业主。2013年 7 月 22 日，承租人与出租人订立《回租买卖合同》前案涉抵押动产所位于的建筑物已经办理房屋产权登记，故应属于已有业主的建筑物。据此，承租人2013年将案涉动产出卖给出租人并设置抵押时，其仅是争议标的物的共有业主，承租人无权单独处分共有财产，同理，承租人亦无权在争议标的物上设置抵押权。《最高人民法院关于审理建筑物区分所有权纠纷案件具体应用法律若干问题的解释》第十四条规定，建设单位或者其他行为人擅自占用、处分业主共有部分、改变其使用功能或者进行经营性活动，权利人请求排除妨害、恢复原状、确认处分行为无效或者赔偿损失的，人民法院应予支持。出租人作为专业从事融资租赁的公司，对于所要购买的融资租赁物能否合法交易应有充分的认识，本案中出租人购买并非属于承租人专有的争议标的物不符合善意取得，同理，对争议标的物亦不符合善意取得抵押权，共有人有权追回。因此，对于共有人的诉讼请求，本院予以支持，承租人将争议标的物设置抵押并转让给出租人的行为无效。

相似案例：（2016）浙民终9号。

实务要点：《物权法》第七十条规定，业主对建筑物内的住宅、经营性用房等专有部分享有所有权，对专有部分以外的共有部分享有共有和共同管理的权利。在售后回租中，存在承租人将与其他共有人的共有物作为租赁物开展融资租赁的情形，承租人未征得其他共有人的同意，在产生争议时，其他共有人以承租人系无权处分而主张合同无效时，人民法院倾向于支持共有人的主张，进而认定出租人不能善意取得租赁物所有权。此种裁判规则目前在司法实践中较为统一，因此，出租人在开展与不动产相关的融资租赁业务时，应当在前期尽调中特别注意查询租赁物共有人的情况，避免因违反《最高人民法院关于审理建筑物区分所有权纠纷案件具体应用法律若干问题的解释》的相关规定而造成无法取得租赁物的风险。

2. 租赁物取回相关问题

出租人强行取回租赁物侵犯承租人合法使用租赁物的权利，承租人可提起侵权之诉并请求返还。

法院案号：（2019）晋民申2548号

法院认为：出租人可以基于合同向承租人提出解除合同和收回设备的要求，但在合同没有解除的情况下，其强行收回设备并随即处分设备的行为侵犯了承租人基于合同产生的合法占有使用权，承租人有权提起侵权之诉并请求返还。故原审法院认定侵权事实成立，符合法律规定。

实务要点：使用权和所有权分离是融资租赁业务的特点之一。融资租赁业务中，出租人应当履行的义务主要为支付租赁物购买价款以及保证承租人的平静占有。承租人对租赁物的平静占有以其支付相应的租金而换取，因此，在承租人正常支付租金的情况下，出租人应当保障承租人的平静占有权。但是如果承租人不能按时支付租金，而《融资租赁合同》中约定了出租人可在承租人违约时取回租赁物，实践中亦有很多法院认为出租人取回租赁物时即以行动表明解除了融资租赁合同。出租人在今后开展业务时，如遇到此种情形，应及时对承租人出具催告租金及解除合同的函件，再通过自力取回的方式取回租赁物，以免被法院认定为侵权。

3. 出租人擅自取回租赁物，应当赔偿承租人取回之日至合同到期之日的损失

（1）出租人处置租赁物应当以善意、诚信、合理的方式，否则应自行承担不利后果。

法院案号：（2018）新01 民终4107号

法院认为：根据出租人与承租人签订的《融资租赁合同》，承租人应当按约定分30个月向出租人支付相应租金，现承租人仅支付了14期租金，剩余租金未按期支付，其行为已构成违约。按《融资租赁合同》的约定，如承租人未能支付任何到期款项，则出租人有权收回和处置租赁物，并将拍卖或变卖租赁物所得价款用于冲抵承租人应付款项。本案中，承租人延期支付租金后，出租人有权收回租赁物并进行处置。出租人称其已收回租赁物并以5万元的价格进行了处置。对于出租人的收回及处置行为，首先，出租人对于收回挖掘机的时间未提交证据予以证实，不能证实其收回挖掘机的具体时间；其次，出租人未提交对挖掘机进行评估、鉴定的相关证据，其提供的案外人出具的对账函不能作为认定挖掘机残值的依据；再次，按日常交易法则，使用两年左右的价值30余万元的挖掘机以5万元的价格进行处置，该5万元的处置价格不能视为合理价格；最后，虽然出租人与承租人在合同中约定了收回及处

置的条款，但出租人处置挖掘机的行为应当以善意、诚信、合理的方式进行，其在处置时未通知承租人，也未进行评估鉴定，其处置行为违反了诚实信用原则。故综合上述四点理由，出租人所述的挖掘机的收回时间及处置价格缺乏事实依据，本院不予采信。庭审中出租人陈述承租人融资租赁的挖掘机已不能提供，故本案现无法通过相应的评估程序对挖掘机的残值进行定价。在承租人融资租赁的挖掘机残值无法确定的情况下，出租人主张的租金、违约金及代理费是否能用挖掘机残值予以冲抵且冲抵后是否有余额现均不能确定，故出租人现向承租人主张的租金、违约金、律师代理费缺乏事实依据，本院不予支持。

（2）出租人私自处置租赁物，不能证明租赁物处置价款的，对其向承租人追偿的款项不予支持。

法院案号：（2019）豫01民终4042号

法院认为：出租人主张案涉挖掘机评估后已按照评估价出售给案外人，但出租人仅向法院提交转卖合同及收款收据复印件，未能提供案外人已实际支付对价的相关凭证，以及案涉挖掘机交付案外人的证据，故本案无法认定案涉挖掘机是否已真实转出，也无法认定出租人转卖该挖掘机的真实价款。出租人在一审中提交的评估结论书，为出租人单方委托进行评估，承租人对该评估结论不予认可，该评估结论书确定的价格不能证明案涉挖掘机的真实价值。结合出租人一审、二审提交的证据，本案案涉挖掘机的价格尚不明确，出租人应向承租人追偿的款项数额不明确，故一审法院判决驳回出租人一审的诉讼请求，并无不当。

（3）出租人不及时处置租赁物，导致损失扩大，应自行承担损失扩大的责任。

法院案号：（2019）豫01民终11345号

法院认为：涉案《汽车租赁合同》合法有效，双方应按合同履行各自义务。承租人逾期未支付租金，系根本违约行为，出租人有权解除合同并要求承租人支付租金与违约金。合同解除后，未履行部分不再履行，一审法院判决租金支付期限截止到合同解除前并无不当，且支持违约金的主张。后出租人作为车主，不积极行使权利，在解除合同后未将车辆及时收回，对损失扩大部分应自行承担。后出租人的上诉理由不成立，本院不予采信。

实务总结：在租赁物为动产且较易取回的情况下，出租人自力取回租赁物方便高效，有利于及时止损。出租人自力取回租赁物的，需要注意租赁物取回权的条件是否成就，自力取回是否会造成承租人及第三人的损害，自力取回租赁物时租赁物的价款是否可以确定等方面问题。如果上述任何一方面存在问题，出租人均会面临不会被法院支持的风险。因此，出租人在开展融资租赁业务时，应该在合同中明确出租人的取回权，在承租人违约时，严格按照合同约定行使取回权，事先向承租人催告租金或发函解除合同，保留取回时的证据，并采用评估或其他法律认可的方式确定取回时租赁物的价值，按照法律允许的方式处置租赁物，最大限度防范日后可能产生的法律风险。

（十一）关于案件程序

1. 法院目前对刑民交叉案件，裁判规则不一

（1）公安机关做出立案告知书，案件可由公安机关先行处理。

法院案号：（2019）沪 74 民终 595 号

法院认为：根据本案当事人陈述及提供证据，本案涉嫌刑事犯罪，滦南县中医院现已向公安机关报案且滦南县公安局业已就此做出立案告知书，故本案可由公安机关先行处理。待该刑事案件终结后，吉融通合公司亦可继续主张权利。一审法院裁定驳回吉融通合公司的起诉并无不当，应予维持。吉融通合公司的上诉请求缺乏事实和法律依据，本院不予支持。

相似案例：（2019）浙民申1954号、（2019）黔民终 513 号。

（2）立案侦查的刑事案件与在审案件属于同一事实，应当移送公安机关管辖。

法院案号：（2019）津民终 48 号

法院认为：本案的争议焦点为本案是否属于经济纠纷、是否有经济犯罪嫌疑。第一，虽然邹平医院与出租人签订了《融资租赁合同》，但根据合同约定的租赁物状况、购买价款，以及合同履行中涉及租赁物交付、租金支付等事实，出租人提交的证据不足以证明其与邹平医院之间构成融资租赁法律关系。因远程金卫公司未到庭陈述相关事实，依据现有证据不足以对各方当事

人的法律关系性质做出认定。第二，邹平医院对出租人在本案中主张的事实不予认可，抗辩称案涉《融资租赁合同》系受远程金卫公司及出租人诈骗而签订，邹平医院就其在本案中抗辩的事实向公安机关进行了报案，邹平县公安局已于2018年8月25日予以立案。故公安机关根据邹平医院报案的相关事实而立案侦查的刑事案件与本案属于同一事实。第三，全国多地医院与北京远程视界科技集团有限公司（以下简称“北京远程公司”）及包括远程金卫公司在内的关联公司开展融资租赁业务合作，因北京远程公司未能按约垫付租金，导致产生大量纠纷。公安机关已对相关线索开展核查工作。据此，一审法院认定本案不属于经济纠纷，有经济犯罪嫌疑，并依据《最高人民法院关于在审理经济纠纷案件中涉及经济犯罪嫌疑若干问题的规定》第十一条规定，裁定驳回出租人的起诉，有事实依据且适用法律并无不当。

相似案例：津02民终5397号、（2019）津02民终4416号。

（3）未提供充分证据证明当事人在订立履行合同时涉嫌犯罪的，仅有公安机关立案侦查出卖人涉嫌合同诈骗，不移送公安机关。

法院案号：（2019）沪民终265号

法院认为：本案是出租人因其与各被上诉人之间的民事纠纷而提起的诉讼，没有证据证明出租人参与了伪造公章或虚假诉讼等刑事犯罪行为，且公安机关也未对诺华公司所主张的犯罪行为进行刑事立案。诺华公司关于本案应当先经过刑事程序查明相关事实后再进行审理的上诉理由缺乏依据，本院亦不予支持。

相似案例：（2019）豫01民终5507号、（2019）豫01民终5524号、（2019）豫14民终3978号。

实务总结：承租人提出案件涉嫌刑事犯罪应当移送时，出租人要提出刑事事实与案涉事实并非同一事实，不应当移送。若法院裁定将案件移送至公安机关，出租人应当持续跟进刑事案件的进展情况，在案件开庭审理时，主动要求旁听案件，掌握案件事实的细节，特别关注法院对刑事案件的犯罪主体、犯罪事实、受害人的认定。待刑事案件审结后，再行提起民事诉讼。案件进入刑事程序后，公安机关会对案件进行详细的调查，可能会要求公司负责人员、业务人员等相关人员至公安机关制作询问笔录，对合同签订前的尽调、合同如何签订、合同签订后如何履行等各方面的细节都会一一核实。因此，公司内部应当详尽梳理业务情况，以便向公安机关详细说明案件情况。

2. 租赁物为不动产的，不属于不动产专属管辖的范畴

法院案号：（2019）最高法民辖终464号

法院认为：出租人诉被告天津市市政建设开发有限责任公司、天津市政建设集团有限公司融资租赁合同纠纷案中，租赁物为房屋，法院对“应否按照不动产纠纷确定管辖”的争议点，审查认为：根据《中华人民共和国民事诉讼法》第三十三条、《民诉司法解释》第二十八条规定，列举了按照不动产纠纷确定管辖的合同，除前述规定列举的合同以外，其他合同，仍应按照合同纠纷案件来确定管辖。融资租赁合同法律关系，基本特征在于“融资”“融物”，租金包括了购买租赁物的成本以及出租人的合理利润，虽然案涉的租赁物为房屋，但显著区别于普通的房屋租赁合同，因此本案不属于《民诉司法解释》第二十八条规定的不动产专属管辖的范畴，不应按照不动产纠纷确定管辖。根据《中华人民共和国民事诉讼法》第三十四条的规定，案涉《回租租赁合同》第20－1条约定“任何一方均应向本合同签订地有管辖权的人民法院提起诉讼”，故本案应按《回租租赁合同》的约定确定管辖。

实务总结：关于不动产专属管辖的问题，融资租赁合同项下即使租赁物为不动产，如因承租人未按时足额偿付租金等债务违约引发的诉讼案件原则上并不是物权纠纷，不应按照不动产纠纷确定管辖。至于涉及海事法院、金融法院等专门法院的管辖，则应由专门法院管辖，除专门法院受理的专属管辖规定的案件外，当事人可以协议管辖。

管辖权异议是诉讼当事人的程序性权利，虽然协议管辖并不能当然排除对方提出管辖权异议，但是协议管辖一般是当事人契约精神的体现，且从出租人角度而言，作为原告诉讼时更为便捷，如对方未提出管辖异议，并应诉答辩的，只要不违反级别管辖和专属管辖规定，视为受诉人民法院有管辖权，因此建议合同条款明确约定争议解决的管辖法院。特别建议，在涉及专门法院管辖时，协议管辖应兼顾特别程序法的规定。

（十二）其他问题

裁判规则：融资租赁合同虽系格式合同，但格式条款仅在具有合同法列明的无效情形以及免除提供格式条款一方责任、加重对方责任、排除对方权利时，才属无效。

法院案号：（2019）沪民申505号

法院认为：系争合同虽系格式合同，但格式条款仅具有合同法列明的无效情形以及免除提供格式条款一方责任、加重对方责任、排除对方权利时，才属无效。系争合同第一条第二项系赋予陕西天玉实业有限公司选择租赁物卖方的权利，符合《合同法》第二百三十七条有关融资租赁合同的定义，故属有效。该合同第五条第三项是违约金条款，第十八条第二项是合同解除后的责任，均系违约责任条款，是以出现违约情形为前提的，要求违约方承担责任的条款，显不属于单方加重责任的情形，故属有效。该合同第七条第一项是关于租赁物交付方式采用指示交付方式完成的规定。《物权法》规定，交付可以采取简易交付、指示交付、占有改定等多种方式。具体采用何种方式交付，可以由当事人根据合同性质和交易便利进行约定。在融资租赁合同业务中，出卖人将租赁物依据出租人指示直接交付承租人，缩短了交付流程，减少了物流费用，显不属于加重责任条款。该合同第七条第四项是不交付货物的责任，第八条第二项、第四项是租赁物出现瑕疵时承租人的责任，上述约定符合《合同法》第二百四十四条的规定。原审判决对此已做了分析，本院均表认同，不再赘述。

实务总结：为了避免融资租赁合同条款被认定为格式条款，出租人在与承租人签订合同时，应当保证合同条款约定的内容明确，不存在不同的解读方式。在签订合同时应当由承租人确认其仔细阅读了本合同的所有条款，已充分理解各条款含义，签订本合同系自身真实意思的表示。承租人认可本合同中免除或限制出租人责任的条款，出租人已采取了合理方式提请其注意并对该条款进行了说明。同时，对于合同中免除或限制出租人责任的条款，要以加粗或划线等方式标示。

3.3.3 《全国法院民商事审判工作会议纪要》对融资租赁行业的影响①

2019年11月8日，最高人民法院发布《全国法院民商事审判工作会议纪要》（《九民纪要》），针对民商事审判中的前沿疑难争议问题做出规定，对统一司法裁判思路、规范融资租赁行业发展意义重大。《九民纪要》共分12部分、130条，我们对其中对融资租赁行业影响重大的条款进行解读，并给出应对建议。

一、融资租赁法律关系及业务合同之问题

（一）金融监管规则影响合同效力

1. 什么是公序良俗

《九民纪要》第三十一条规定，违反规章一般情况下不影响合同效力，但该规章的内容涉及金融安全、市场秩序、国家宏观政策等公序良俗的，应当认定合同无效。人民法院在认定规章是否涉及公序良俗时，要在考察规范对象基础上，兼顾监管强度、交易安全保护以及社会影响等方面进行慎重考量，并在裁判文书中进行充分说理。

该条规定中的公序，指公共秩序，是指国家社会的存在及其发展所必需的一般秩序；良俗，指善良风俗，是指国家社会的存在及其发展所必需的一般道德。公序良俗指民事主体的行为应当遵守公共秩序，符合善良风俗，不得违反国家的公共秩序和社会的一般道德。

2. 金融安全、市场秩序、国家宏观政策如何界定

金融安全：指货币资金融通的安全和整个金融体系的稳定。

市场秩序：狭义的是指市场生产经营主体合法交易行为与违法交易行为及其客观后果的总和。市场秩序的好与坏，均以法律和有关政策性规定为准绳，而不可以任意主观确定之。

国家宏观政策：指政府有意识、有计划地运用一定的政策工具，调节控制国家政治、经济等的运行，以达到一定的政策目标。

---

① 本部分作者为北京市圣大律师事务所主任匡双礼，律师国倩鑫、孙春佳。

在福建伟杰投资有限公司、福州天策实业有限公司营业信托纠纷［(2017)最高法民终529号］一案中，最高人民法院认为：《信托持股协议》无效，裁判理由如下：

（1）尽管《保险公司股权管理办法》在法律规范的效力位阶上属于部门规章，并非法律、行政法规，但该办法是依据《中华人民共和国保险法》第一百三十四条明确授权制定的，立法目的一致。

（2）《保险公司股权管理办法》禁止代持保险公司股权规定的内容，不与更高层级的相关法律、行政法规的规定相抵触，也未与具有同层级效力的其他规范相冲突，同时其制定和发布亦未违反法定程序，具有实质的正当性和合法性。

（3）由于保险行业涉及众多不特定被保险人的切身利益，允许隐名持有保险公司股权，会直接损害社会公共利益。

综上，最高法认为违规相当于违法，而且损害了公共利益，即满足了合同无效的第四种和第五种情形，该《信托持股协议》当然无效。

3. 融资租赁公司的应对策略

（1）将规章的审查纳入业务合规审查中；

（2）完善合同条款，将规章的内容纳入合同约定；

（3）对无法确定事项可与监管部门、律师事务所及时沟通；

（4）定期开展学习培训，掌握最新动态，提升业务能力。

（二）继续强调金融服务实体

1. 高利转贷行为无效

《九民纪要》第五十二条规定，民间借贷中，出借人的资金必须是自有资金。出借人套取金融机构信贷资金又高利转贷给借款人的民间借贷行为，既增加了融资成本，又扰乱了信贷秩序，根据《最高人民法院关于审理民间借贷案件适用法律若干问题的规定》第十四条第一项的规定，应当认定此类民间借贷行为无效。

转贷行为无效之法律后果主要有：

（1）转贷人与借款人之间签订的转贷合同无效。

（2）转贷合同中约定的利率条款当然无效，转贷人请求借款人按照合同约定的利率支付利息的，人民法院不应予以支持，但转贷人请求借款人按照银行贷款利率支付资金占用费的，人民法院应予支持。

（3）不导致银行与转贷人之间的金融借款合同无效，转贷人仍然要履行其与银行之间签订的金融借款合同。

2. 职业放贷人

《九民纪要》第五十三条规定，未依法取得放贷资格的以民间借贷为业的法人，以及以民间借贷为业的非法人组织或者自然人从事的民间借贷行为，应当依法认定无效。同一出借人在一定期间内多次反复从事有偿民间借贷行为的，一般可以认定为是职业放贷人。民间借贷比较活跃的地方的高级人民法院或者经其授权的中级人民法院，可以根据本地区的实际情况制定具体的认定标准。

《关于办理非法放贷刑事案件若干问题的意见》明确规定，“经常性地向社会不特定对象发放贷款”，是指 2 年内向不特定多人（包括单位和个人）以借款或其他名义出借资金 10 次以上。根据本条规定，民间借贷比较活跃的地方的高级人民法院或者经其授权的中级人民法院，可以根据本地区的实际情况制定具体的认定标准。

职业放贷行为无效之法律后果：

【民事】法院认定职业放贷人签订的民间借贷合同无效后，依据《民法总则》第一百五十七条、《合同法》第一百五十八条的规定，双方对于取得的财产应予返还。借款人应当返还借款，同时应当支付资金占用期间的利息损失。

【涉刑】人民法院在审理民间借贷合同纠纷案件中如果发现涉嫌刑事犯罪，还应按照规定移送有关部门处理。

3. 融资租赁公司的应对策略

针对高利转贷，融资租赁公司应该拓宽融资渠道，合理调配资金，注重银行贷款的清偿；针对职业放贷人，融资租赁公司应该增强法律风险防范意识，遵循融资租赁“融物”“融资”的属性，实际履行融资租赁合同，注意留存购买合同、租赁物发票、资产评估报告、保险等凭证，避免融资租赁合同被认定为民间借贷合同，企业被纳入“职业放贷人名录”等。

（三）公司担保之效力判定

1. 越权担保及合同效力

《九民纪要》第十七条规定，为防止法定代表人随意代表公司为他人提供担保给公司造成损失，损害中小股东利益，《公司法》第十六条对法定代表人的代表权进行了限制。根据该条规定，担保行为不是法定代表人所能单独决定的事项，而必须以公司股东（大）会、董事会等公司机关的决议作为授权的基础和来源。法定代表人未经授权擅自为他人提供担保的，构成越权代表，人民法院应当根据《合同法》第五十条关于法定代表人越权代表的规定，区分订立合同时债权人是否善意分别认定合同效力：债权人善意的，合同有效；反之，合同无效。

最高法认为：在公司为他人提供担保这一可能影响股东利益的场合，立法规定了公司机关决议前置程序以限制法定代表人的代表权限。在公司内部，为他人提供担保的事项并非法定代表人所能单独决定，其决定权限交由公司章程自治：要么是由公司股东决定，要么是遵循商业判断原则由董事会集体讨论决定；在为公司股东或实际控制人提供担保的场合，则必须交由公司其他股东决定。这种以决议前置的方式限制法定代表人担保权限的立法安排，其规范意旨在于确保该担保行为符合公司的意思，不损害公司、股东的利益。对法定代表人超越法律、章程规定实施的越权担保行为，只有在相对人善意无过失的情况下，该担保合同的效果才归属于公司。

2. 善意的认定

《九民纪要》第十八条规定，前条所称的善意，是指债权人不知道或者不应当知道法定代表人超越权限订立担保合同。

对法定代表人代表权限的限制应关注以下几点：

（1）公司法定代表人未经授权擅自以公司的名义为他人提供担保的，构成越权担保。合同效力视债权人善意与否而确定。

（2）提供关联担保的，债权人善意标准更高，需审查公司股东（大）会决议。

（3）提供非关联担保的，除非公司能够证明债权人明知公司章程对决议机关有明确规定的，否则债权人审查股东（大）会决议或董事会决议即可。

（4）债务加入适用前述担保规则。

3. 融资租赁公司在接受公司提供担保时合规审查的“最高标准”

（1）审查决议的出具机构

最高法认为，若同意担保的决议是由公司无权决议机构做出，视为债权人未尽审查义务。对债权人而言，其具体审查义务为：

a. 若担保方提供的公司章程未规定公司对外担保的决议机构，则债权人可接受担保方股东（大）会或董事会出具的决议。

b. 若担保方提供的公司章程已规定公司对外担保的决议机构，则债权人只能接受担保方章程所规定的决议机构出具的决议。

c. 法律已经确定决策机构的，接受按照法律规定出具的决议。例如《公司法》第一百二十一条规定，上市公司在一年内担保金额超过公司资产总额百分之三十的，应当由股东大会做出决议。在该情况下，债权人只能接受股东大会做出的决议。

（2）审查决议的表决程序

最高法认为，若担保决议不符合法律规定或章程规定的多数通过，视为债权人未尽审查义务。对债权人而言，在满足上述第一项标准后，需进一步调查并审查：

a. 核实该决策机构的组成人员。如以董事会决议形式，应通过企业信息公示系统核实决议签署方是否为公司董事；如以股东（大）会决议形式，则应结合公司章程及企业信息公示系统核实公司股东及其持股比例。

b. 核实决议通过机制。公司章程是公司内部治理的最高权力文件，有权对公司通过决议的方式做特别约定，债权人具体关注点至少包括：决议的赞成票是否符合章程及法定要求；公司章程是否有特别规定（如一票否决权）；是否满足法律规定的底线。

（3）审查标准为形式审查

即使按照上述要求充分审查了相关文件，仍然存在担保方伪造决议文件签署、决议形成程序违法之可能。对此，最高法明确，债权人在已对相关文件进行审查的前提下，担保方以前述理由提出抗辩，法院不予支持。

4. 融资租赁公司的应对办法

（1）调查担保方公司的决策机制。通过调取担保方工商档案或要求担保方提供盖章的最新章程、董事名单、股东名单的方式，了解担保方的内部决策机制。

（2）要求担保方出具决议正本，并与担保方决策机制核对，确保担保方已就担保事项通过有效决议并授权。

（3）在主合同及担保合同中设置陈述与保证条款，要求债务人及担保方承诺已就担保行为通过有效决议。

（4）要求担保方公司高管一并签约，保留追责机会。

二、承租人、保证人及租赁物尽调要点

（一）公司股东出资期限利益与公司债权人利益竞合

《九民纪要》第六条规定，在注册资本认缴制下，股东依法享有期限利益。债权人以公司不能清偿到期债务为由，请求未届出资期限的股东在未出资范围内对公司不能清偿的债务承担补充赔偿责任的，人民法院不予支持。但是，下列情形除外：

（1）公司作为被执行人的案件，人民法院穷尽执行措施无财产可供执行，已具备破产原因，但不申请破产的。

（2）在公司债务产生后，公司股东（大）会决议或以其他方式延长股东出资期限的。

本条纪要确认，如无特殊情形，股东对于其认缴出资享有期限利益。认缴制下，除非穷尽公司财产且已具备破产原因，但不申请破产的或债务发生后延期缴纳，否则无法要求股东出资加速到期。无疑，这将在较大程度上影响承租人清偿能力，拉长诉讼过程。

针对本条纪要，融资租赁公司应注意：

（1）对融资租赁交易相对方（例如承租人、保证人）注册资本实缴情况的查询。

（2）若交易相对方股东存在出资期限未到期，即认缴资本未全部实缴的情况，建议融资租赁公司与相关股东签署相关协议，要求股东在认缴的出资额范围内承担清偿或代偿责任。

（二）承租人/担保人未实缴部分之表决权判定

《九民纪要》第七条规定，股东认缴的出资未届履行期限，对未缴纳部分的出资是否享有以及如何行使表决权等问题，应当根据公司章程来确定。公司章程没有规定的，应当按照认缴出资的比例确定。如果股东（大）会做出不按认缴出资比例而按实际出资比例或者其他标准确定表决权的决议，股东请求确认决议无效的，人民法院应当审查该决议是否符合修改公司章程所要求的表决程序，即必须经代表三分之二以上表决权的股东通过。符合的，人民法院不予支持；反之，则依法予以支持。

据此，融资租赁公司在审查承租人/担保人股东（大）会决议时，请关注公司章程中对于股东的表决权有无特殊限制，如有，按照章程约定确定有效决议比例。

（三）承租人/保证人丧失人格独立性之判定

1. 人格混同

《九民纪要》第十条规定：认定公司人格与股东人格是否存在混同，最根本的判断标准是公司是否具有独立意思和独立财产，最主要的表现是公司的财产与股东的财产是否混同且无法区分。在认定是否构成人格混同时，应当综合考虑以下因素：

（1）股东无偿使用公司资金或者财产，不做财务记载的。

（2）股东用公司的资金偿还股东的债务，或者将公司的资金供关联公司无偿使用，不做财务记载的。

（3）公司账簿与股东账簿不分，致使公司财产与股东财产无法区分的。

（4）股东自身收益与公司盈利不加区分，致使双方利益不清的。

（5）公司的财产记载于股东名下，由股东占有、使用的。

（6）人格混同的其他情形。

在出现人格混同的情况下，往往同时出现以下混同：公司业务和股东业务混同；公司员工与股东员工混同，特别是财务人员混同；公司住所与股东住所混同。人民法院在审理案件时，关键要审查是否构成人格混同，而不要求同时具备其他方面的混同，其他方面的混同往往只是人格混同的补强。

公司的独立人格和股东的有限责任是现代公司法人制度的两大基石，公司和股东财产分离、独立是公司取得法人独立资格的前提，也是股东有限责任原则的基础。但实践中公司与股东的资本或者其他财产混同、业务混同从而造成人格混同的这一现象比较严重，公司虽在形式上具有独立的人格，但实际已丧失独立意志，完全被股东操控，这种情形下公司财产极易被股东非法转移、私吞，影响公司对外承担责任的物质基础，极端情形下公司甚至被股东用作逃避法律义务、谋取非法利益的工具。

认定人格混同，主要表现是财产混同，可以从财务记载、财产权利、会计账簿、发票结算、税款缴纳、社保缴纳、利润分配、债务关系等资金财产流动使用的实质上进行举证。

2. 过度支配与控制

《九民纪要》第十一条规定，公司控制股东对公司过度支配与控制，操纵公司的决策过程，使公司完全丧失独立性，沦为控制股东的工具或躯壳，严重损害公司债权人利益，应当否认公司人格，由滥用控制权的股东对公司债务承担连带责任。实践中常见的情形包括：

（1）母子公司之间或者子公司之间进行利益输送的。

（2）母子公司或者子公司之间进行交易，收益归一方，损失却由另一方承担的。

（3）先从原公司抽走资金，然后再成立经营目的相同或者类似的公司，逃避原公司债务的。

（4）先解散公司，再以原公司场所、设备、人员及相同或者相似的经营目的另设公司，逃避原公司债务的。

（5）过度支配与控制的其他情形。

控制股东或实际控制人控制多个子公司或者关联公司，滥用控制权使多个子公司或者关联公司财产边界不清、财务混同，利益相互输送，丧失人格独立性，沦为控制股东逃避债务、非法经营，甚至违法犯罪工具的，可以综合案件事实，否认子公司或者关联公司法人人格，判令承担连带责任。

过度支配与控制的提法，来源于《公司法》第二十条第三款“股东禁止行为”的规定（公司股东滥用公司法人独立地位和股东有限责任，逃避债务，严重损害公司债权人利益的，应当对公司债务承担连带责任）。

（1）只有在股东实施了滥用公司法人独立地位及股东有限责任的行为，且该行为严重损害了公司债权人利益的情况下，才能适用。损害债权人利益，主要是指股东滥用权利使公司财产不足以清偿公司债权人的债权。

（2）只有实施了滥用法人独立地位和股东有限责任行为的股东才对公司债务承担连带清偿责任，而其他股东不应承担此责任。

（3）公司人格否认不是全面、彻底、永久地否定公司的法人资格，而只是在具体案件中依据特定的法律事实、法律关系，突破股东对公司债务不承担责任的一般规则，例外地判令其承担连带责任。人民法院在个案中否认公司人格的判决的既判力仅仅约束该诉讼的各方当事人，不当然适用于涉及该公司的其他诉讼，不影响公司独立法人资格的存续。如果其他债权人提起公司人格否认诉讼，已生效判决认定的事实可以作为证据使用。

3. 资本显著不足

《九民纪要》第十二条规定，资本显著不足指的是，公司设立后在经营过程中，股东实际投入公司的资本数额与公司经营所隐含的风险相比明显不匹配。股东利用较少资本从事力所不及的经营，表明其没有从事公司经营的诚意，实质是恶意利用公司独立人格和股东有限责任把投资风险转嫁给债权人。由于资本显著不足的判断标准有很大的模糊性，特别是要与公司采取“以小博大”的正常经营方式相区分，因此在适用时要十分谨慎，应当与其他因素结合起来综合判断。

4. 融资租赁公司应对办法

对于承租人/保证人丧失人格独立性之判定，融资租赁公司应关注：

（1）注意对融资租赁交易相对方（例如承租人、担保人）人格独立方面的尽调。

（2）若交易相对方与股东存在人格混同、被控制股东过度支配与控制、资本显著不足的情形，股东或控制股东需要对其债务承担连带责任的，建议直接在交易结构上要求股东承担保证责任。

（3）若将股东设置为保证人存在较大障碍，应保留尽职调查时搜集的证明其子公司作为承租人丧失独立性的材料，并在租后随时关注。

（4）若交易相对方为控制股东或实际控制人控制的多个子公司或关联公司之一，被控制股东或实际控制人滥用控制权，最终导致交易相对方被否认法人人格，需对其他子公司或关联方的债务承担连带责任的，建议不要与有前述情形的交易相对方开展业务。

三、融资租赁公司多元化融资

（一）融资租赁公司提供金融产品或服务应履行的义务及责任承担

《九民纪要》第七十五条规定，卖方机构不能提供其已经建立了金融产品（或者服务）的风险评估及相应管理制度、对金融消费者的风险认知、风险偏好和风险承受能力进行了测试、向金融消费者告知产品（或者服务）的收益和主要风险因素等相关证据的，应当承担举证不能的法律后果。

《九民纪要》出台后，融资租赁公司应建立健全金融消费者适当性制度，将合适的金融产品和服务推介给适当的消费者；若违反适当性制度，可能导致融资租赁公司在金融消费者权益保护纠纷案件中败诉，承担赔偿责任。

融资租赁公司在履行说明告知义务时，应当以通俗易懂的语言、文字或者图表，真实、准确、完整地向消费者提供信息、提示风险，不得有虚假记载和误导性陈述。

（二）融资租赁公司自持劣后级产品的责任承担

《九民纪要》第九十条规定，信托文件及相关合同将受益人区分为优先级受益人和劣后级受益人等不同类别，约定优先级受益人以其财产认购信托计划份额，在信托到期后，劣后级受益人负有对优先级受益人从信托财产获得利益与其投资本金及约定收益之间的差额承担补足义务，优先级受益人请求劣后级受益人按照约定承担责任的，人民法院依法予以支持。

（三）增信措施的合规及风险控制

《九民纪要》第九十一条规定，信托合同之外的当事人提供第三方差额补足、代为履行到期回购义务、流动性支持等类似承诺文件作为增信措施，其内容符合法律关于保证的规定的，人民法院应当认定当事人之间成立保证合同关系。其内容不符合法律关于保证的规定的，依据承诺文件的具体内容确定相应的权利义务关系，并根据案件事实情况确定相应的民事责任。

因此，《九民纪要》出台后，增信措施法律关系的认定主要有保证关系和其他法律关系。融资租赁公司应考虑到第三方提供增信可能涉及担保法律关系，除非增信方符合《九民纪要》第十九条“无须机关决议的例外情况”，否则应当要求增信方提供公司章程、相应的董事会或股东（大）会决议。

3.3.4 2019年融资租赁行业全国性法律法规政策重点内容解读——解析《外商投资法》对外商投资融资租赁公司的影响①

2017年7月17日，中共中央总书记、国家主席习近平主持召开了中央财经领导小组第十六次会议，会上习近平强调，要加快统一内外资法律法规，制定新的外资基础性法律。外资企业准入后应按照《中华人民共和国公司法》依法经营，要做到法律上平等、政策上一致，实行国民待遇。

2019年3月15日，第十三届全国人民代表大会第二次会议表决通过了《中华人民共和国外商投资法》（以下简称《外商投资法》）。2019年12月12日国务院第74次常务会议通过了《中华人民共和国外商投资法实施条例》（以下简称《外商投资法实施条例》）。《外商投资法》与《外商投资法实施条例》自2020年1月1日开始施行。

作为管理外商投资企业的基础性法律，《外商投资法》的颁布使《中外合资经营企业法》《中外合作经营企业法》《外资企业法》（以下简称“外资三法”）三部外资基础性法律废止，改变了我国长期以来的外商投资管理体系，为我国进一步营造稳定、透明、可预期、公平的投资环境打下了基础。

本部分将从负面清单管理模式、审批与备案制、外商投资企业类型、配套措施四个方面解读《外商投资法》，并分析其对外商投资融资租赁公司的影响。

① 本部分作者为北京市圣大律师事务所主任匡双礼、律师国倩鑫、杨莲莲。

一、负面清单管理模式

《外商投资法》第四条规定，国家对外商投资实行准入前国民待遇加负面清单管理制度。所谓准入前国民待遇，是指在投资准入阶段给予外国投资者及其投资不低于本国投资者及其投资的待遇。所谓负面清单，是指国家规定在特定领域对外商投资实施的准入特别管理措施。

2019 年下半年施行的负面清单是《外商投资准入特别管理措施（负面清单）（2019年版）》（以下简称《负面清单（2019年版）》）。我国将负面清单管理模式引入到外资市场准入领域，是对外商市场准入制度的一项重大突破。

在负面清单中，商务部以列举的方式规定了禁止外商投资的领域和需要外资准入许可的非禁止领域，除了负面清单之外的领域，按照内外资一致原则实施管理。负面清单中与融资租赁相关的是金融业和租赁业，《负面清单（2019年版）》仅限制了外商在证券、期货、寿险公司中的投资比例，并未禁止外商投资建立融资租赁公司或从事与融资租赁相关的业务。

因此，《外商投资法》并未对外商投资融资租赁公司做出限制性规定。

二、审批制与备案制

在《外商投资法》生效之前，外商融资租赁公司的设立及变更应遵循《外商投资企业设立及变更备案管理暂行办法》（已失效）（以下简称《外商投资企业管理办法》）的规定。依照《外商投资企业管理办法》，外商投资融资租赁公司的设立应当经过审批。然而《外商投资企业管理办法》自2020年 1 月 1 日失效后，除部分地区颁布了融资租赁公司监督管理指引外①，目前尚无全国统一适用的管理办法明确规定外商融资租赁公司的设立应当经过审批，这是否意味着在无具体规定地区设立外商融资租赁公司只需要经过备案即可呢?

笔者认为答案是否定的。《外商投资法》第四十一条规定，对外国投资者

① 例如，北京市地方金融监督管理局于2020年 4 月 7 日颁布了《关于印发〈北京市融资租赁公司监督管理指引（试行）〉的通知》，天津市地方金融监督管理局于2019年 7 月 22 日印发了《关于加强我市融资租赁公司监督管理工作的指导意见》。

在中国境内投资银行业、证券业、保险业等金融行业，或者在证券市场、外汇市场等金融市场进行投资的管理，国家另有规定的，依照其规定。《负面清单（2019年版）》说明部分第六条规定，《外商投资准入负面清单》中未列出的文化、金融等领域与行政审批、资质条件、国家安全等相关措施，按照现行规定执行。由于金融租赁公司的设立需遵循《金融租赁公司管理办法》的规定，由银保监会批准，因此外商投资融资租赁公司的设立需要经过审批。

此外，根据《外商投资信息报告办法》的规定，外国投资者在中国境内设立外商融资租赁公司，应于办理外商融资租赁公司设立登记时通过企业登记系统提交初始报告，初始报告中应当包含企业基本信息、投资者及其实际控制人信息、投资交易信息等。

三、统一企业类型并取消投资比例限制

《外商投资法》正式实施之前，依据外资三法的规定，外商投资融资租赁公司分为中外合资、中外合作和外商独资融资租赁公司三种。《外商投资法》实施后，外商投资融资租赁公司将不再按照上述方式区分公司类型，而是统一适用《公司法》的规定，将企业类型区分为有限责任公司和股份有限公司。

为保障顺利过渡，《外商投资法》规定，《外商投资法》施行前依照外资三法设立的外商投资企业，在《外商投资法》施行后五年内可以继续保留原企业组织形式等。在五年期限内，外商投资融资租赁公司（中外合作经营企业、中外合资经营企业）应当将最高权力机构由董事会改为股东（大）会；董事长及副董事长的产生由合营一方担任董事长、他方担任副董事长变更为由有限公司章程规定、股份公司董事长由董事会以全体董事的过半数选举产生；董事任期由四年改为不超过三年；对于重大事项的决策变更为出席会议的股东所持表决权的2/3 以上通过；设立监事（会）并修改章程等。在对前述内容进行修改时，外商投资融资租赁公司的中外各方可能会面临新一轮的谈判，股东（大）会与董事会职权如何划分等关键事项，将成为谈判重点。在此过程中，外商投资融资租赁公司对于治理结构和公司章程的调整既应遵循《公司法》的相关规定，亦应考虑到公司架构调整前的惯常做法。

由于《外商投资融资租赁公司准入审批指引》自2020年1月1日起废止，

因此外国投资者在公司中的投资比例不再受到25%[①]的限制。但在外商投资融资租赁公司借用外债时，外国投资者的投资比例仍应遵循相应的规定。具体而言，外商投资融资租赁公司借用外债时具有天然优势，根据《外债登记管理办法》附件《外债登记管理操作指引》的规定，外商投资租赁公司对外借款的最高限额为净资产的10倍减去上年度末风险资产总额。为充分利用这一天然优势，外商投资融资租赁公司需根据《非银行债务人办理外债签约登记》的规定，保证其出资比例不得低于25%，否则将不得再适用10倍净资产外债额度的规定。

四、亟待配套措施的出台

《外商投资法》第十八条规定，县级以上地方人民政府可以根据法律、行政法规、地方性法规，在法定权限内制定外商投资促进和便利化政策措施。此外，《外商投资法》明确鼓励和引导外国投资者在特定行业、领域、地区投资，并可依照法律法规的规定享受优惠待遇。但以上只是原则性规定，如地方政府为加大招商引资力度，超越上位法权限给予外商投资融资租赁公司优惠政策，或是不予执行已经承诺的优惠政策，则难以以《外商投资法》的原则性规定使地方政府受到行政处罚。因此，需要尽快出台相关配套政策，以进一步保护外商投资融资租赁公司的利益。

综上，《外商投资法》作为我国外商投资领域的重要法律，其颁布实施为外商投资融资租赁公司营造了更加便利、透明的投资、运营环境。同时，由于《外商投资法》实施的时间不长，许多配套的措施仍亟须出台，以便进一步优化我国投资环境，为外商投资融资租赁公司提供更多的法律保障。

3.3.5 《关于开展“巩固治乱象成果　促进合规建设”工作的通知》（银保监发〔2019〕23号）重点内容解读[②]

2019年5月8日，《银保监会关于开展“巩固治乱象成果　促进合规建

① 《外商投资融资租赁公司准入审批指引》（自2020年1月1日起废止）第三条第五款规定：“外商投资比例不得低于25%。”

② 本部分作者为北京市圣大律师事务所主任匡双礼，律师国倩鑫。

设”工作的通知》（银保监发〔2019〕23 号）（以下简称“23 号文”）发布。在 23 号文附件里提及的八类会管机构里，有五类机构的重点领域提及了房地产和地方政府/地方政府融资平台；同时，在在建工程、租赁资产的整体性转让等合规性问题上，均有许多问题需要厘清。我们将从在建工程、房产租赁、平台类项目、租赁资产转让四个方面进行重点解读。

一、金租公司能否以在建工程作为租赁物

23 号文附件 2 中，明确金租公司不得“违规以公益性资产、在建工程、未取得所有权或者所有权存在瑕疵的财产作为租赁物”。该文发出后，网络上出现了一些过度解读，认为监管将对在建工程“一刀切”。对此，我们认为，房地产在建工程将成为监管机关重点审查的对象，非房地产在建工程应有一定的操作空间。下面将从在建工程的含义、对在建工程禁令的解读、操作建议三个方面论述在建工程作为租赁物的适格性。

（一）在建工程的定义

1. 字面含义

根据《辞海》的释义，在建工程的含义为正在建设尚未竣工投入使用的建设项目，包含企业固定资产的新建、改建、扩建，或技术改造、设备更新和大修理工程等尚未完工的工程。在建工程通常有“自营”和“出包”两种方式。自营在建工程指企业自行购买工程用料、自行施工并进行管理的工程；出包在建工程是指企业通过签订合同，由其他工程队或单位承包建造的工程。

已经开始建设但尚未封闭式验收并投入使用的房地产，是房地产开发建设过程中的一种中间状态，也是最常见的一种在建工程。对于码头、水电站、大坝等非房地产工程，如处于正在建设、尚未竣工的状态，应同样归类为在建工程。

2. 法律角度

《物权法》第一次以法律的形式明确规定正在建造的建筑物可以抵押，从而弥补了在建工程抵押只有司法解释以及部门规章等较低效力的规章制度进行规范的缺陷，但《物权法》并没有进一步明确什么是正在建造的建筑物。实践中，“正在建造的建筑物”按照建设工程施工惯例被称为“在建工程”。

《中华人民共和国城市房地产管理法》第三十九条对在出让土地上建造的在建工程转让做了规定。虽然“完成开发投资总额的百分之二十五以上”直接指向在建工程，但仍然没有对“在建工程”给予一个准确的定义。

《城市房地产抵押管理办法》第三条第五款规定，本办法所称在建工程抵押，是指抵押人为取得在建工程继续建造资金的贷款，以其合法方式取得的土地使用权连同在建工程的投入资产，以不转移占有的方式抵押给贷款银行作为偿还贷款履行担保的行为。此处的在建工程虽然没有明确定义，但因为其还需要继续建造的资金，可见其处于尚未完工的状态。

当租赁物为在建工程时，需要进一步关注《物权法》第三十条①和第三十一条②的规定。对于以事实行为设立的租赁物物权，需要同时考虑土地的性质和物权变动是否有权属登记机关，问题变得异常复杂，本节下面部分将略有提及。

3. 会计学角度

从会计学来讲，根据大多数会计学者的解释，在建工程是指企业资产的新建、改建、扩建，或技术改造、设备更新和大修理工程等尚未完工的工程支出。因此，在建工程是一个归集类科目，与此相关的工程支出均可以计入该科目。在核算企业基建、技改等在建工程的价值时，本科目应当按照“建筑工程”“安装工程”“在安装设备”“待摊支出”“单项工程”进行明细核算。

4. 监管角度

在监管的语境下，与在建工程对应的是固定资产。从固定资产的概念出发，可以一定程度上推导出在建工程作为租赁物的适格性。

根据《金融租赁公司管理办法》第四条的规定，适用于融资租赁交易的租赁物为固定资产，银监会另有规定的除外。关于固定资产的定义，目前还没有相关官方解释，其到底是一个法律概念还是会计概念，众说纷纭。

---

① 《物权法》第三十条规定，因合法建造、拆除房屋等事实行为设立或者消灭物权的，自事实行为成就时发生效力。

② 《物权法》第三十一条规定，依照本法第二十八条至第三十条规定享有不动产物权的，处分该物权时，依照法律规定需要办理登记的，未经登记，不发生物权效力。

从会计角度而言，根据《企业会计准则第 4 号——固定资产》第三条的规定，固定资产，是指同时具有下列特征的有形资产：（一）为生产商品、提供劳务、出租或经营管理而持有的；（二）使用寿命超过一个会计年度。固定资产应作为生产或加工的工具，其持有的目的在于使用而不是出售或投资。固定资产是企业的劳动工具或手段，而不能是劳动对象，其价值通过分期转化到劳动产品当中。根据《企业会计准则第 4 号——固定资产》应用指南第一条第二款的规定，已达到预定可使用状态但尚未办理竣工决算的固定资产，应当按照估计价值确定其成本，并计提折旧；待办理竣工决算后，再按实际成本调整原来的暂估价值，但不需要调整原已计提的折旧额。

此外，《固定资产分类与代码》中列示了固定资产的具体范围。

我们认为，如将固定资产理解为《固定资产分类与代码》中所列的资产，租赁物的范围难免太宽泛，不太妥当；如将固定资产理解为固定资产科目项下的资产，也太狭义。我们通常理解的在建工程，在其达到预定可使用状态后，在会计上即可认定为固定资产并计提折旧，由此真实反映企业资产价值的变动情况。在没有更清晰标准的情形下，我们姑且依赖会计上关于固定资产的标准来开展业务。

我们理解，《金融租赁公司管理办法》之所以明确“固定资产”的属性，可能考虑到租赁物应具备两个重要特征：一是使用价值，承租人通过融资租赁交易需要直接获得租赁物的使用价值。若租赁物始终是在建工程、不满足使用功能，因此无法实现其“融物”的功能。二是担保价值，出租人需要保留租赁物的所有权以担保其对承租人租金债权的实现。但是，当租赁物为在建工程时，由于其是否最终建成具有不确定性，担保功能难以保证。

（二）对23号文中在建工程禁令的简易解读

在23号文附件2中，明确金租公司不得“违规以公益性资产、在建工程、未取得所有权或者所有权存在瑕疵的财产作为租赁物”。对于在建工程作为租赁物的适格性，我们认为：

1. 在建工程须建成后才能成为适格租赁物并起租

如上文所述，由于在建工程作为租赁物的“使用价值”和“担保价值”

的缺失和缺位，导致在建工程被误认为不能成为适格的租赁物。其实，可以用承租人支付租前息的方式解决这一问题。所谓租前息，即从出租人提供资金之日起，到租赁物交付给承租人之日止的融资成本。在此期间，出租人只提供资金，不拥有在建工程的所有权，承租人仅支付租前息；但在工程建成后，出租人取得工程的所有权，租赁期便从此时开始计算。此种交易安排不但解决了在建工程在达到预期可使用状态前无法作为租赁物的问题，且同时保证了承租人融资的及时性。因此，在租赁物清单里，从来都不应存在尚未建成的在建工程，而应为预定的建成后租赁物。

可见，如将建成后的工程作为租赁物，并未违反法律上对于租赁物担保功能的要求，亦未违反银保监会维护市场纪律、促进合规建设的精神。

2. 房地产在建工程为监管重点审查的对象

由于房地产发展对金融政策的依赖，为了支持我国经济调整结构实现高质量发展，坚持“房住不炒”等政策，23 号文再次在其附件 1 里强调了房地产行业政策的五个方面，即表内外资金直接或变相用于土地出让金融资；未严格审查房地产开发企业资质，违规向“四证”不全的房地产开发项目提供融资；……资金通过影子银行渠道违规流入房地产市场；……经仔细分析，上述几个方面可能存在以房地产在建工程开展融资租赁业务的情形。除 23 号文以外，相关监管部门对房地产项目融资出台了大量限制性规定。因此，房地产在建工程被监管机关列为重点审查的对象，其亦难以成为适格的租赁物。

在此，尤其要重点关注的是，在建工程建成后处于待售状态的房产不属于适格租赁物。当然，对于建成后自持或者自营的，该等房产作为租赁物在不违反相关监管规则的情况下作为租赁物具有合理性和可行性。

3. 由于在建工程的多样性，非房地产在建工程应有一定的生存空间

《不动产登记条例》的实施让不动产登记有了新的突破，特别是2016年 5 月 30 日生效的《国土资源部关于印发〈不动产登记操作规范（试行）〉的通知》（国土资规〔2016〕6 号）中的具体操作指引 1. 3. 1 条明确提到，码头、油库、隧道、桥梁等构筑物以不动产单元进行不动产登记。然而，在不动产（之前是在建工程）登记实践中，仍存在着登记不畅的情形。根据在建工程与

其定着于的土地的情形，可以分为三类：

第一类，以码头在建工程为主要代表，即码头权属变更登记目前在某些区域操作不畅，但其附着的土地、海域使用权则有此等权属登记机关。

第二类，以农用设施在建工程为主要代表，即农用设施权属变更登记目前在某些区域操作不畅，其附着的农村土地使用权虽有此等权属登记机关，但农业设施的物权人不是农村土地使用权人，只是一个租赁关系。

第三类，以管网、隧道在建工程为主要代表，即管网、隧道权属变更登记目前在某些区域操作不畅，且附着的土地使用权亦没有此等权属登记机关。

对于非房地产在建工程（大部分属于基础设施），有不少的政策给予了明确且有力的金融支持。比如，国务院办公厅于2018年10月11日发布的《国务院办公厅关于保持基础设施领域补短板力度的指导意见》（以下简称《指导意见》）。《指导意见》指出，优化基础设施投资，是加强我国供给侧结构性改革的重要方面。《指导意见》提出了10项配套政策措施，其中第三项是保障在建项目顺利实施，避免形成“半拉子”工程。坚决打好防范化解重大风险攻坚战，对确有必要、关系国计民生的在建项目，统筹采取有效措施保障合理融资需求。第五项是加大对在建项目和补短板重大项目的金融支持力度。第七项是充分调动民间投资积极性。尽快在交通、油气、电信等领域推介一批投资回报机制明确、商业潜力大的项目。引导社会力量增加学前教育、健康、养老等服务供给，积极依法合规参与扶贫、污染防治等领域基础设施建设。

因此，对于非房地产在建工程，由于其符合金融服务实体经济的根本要求，符合我国转型升级调结构的内在需求，可以通过增加对基础设施的投入实现稳增长，在满足其他条件的情况下，不宜一概予以封杀。

4. 在建工程作为租赁物的两类情形

通过上述分析可见，在建工程的宜租物主要有两类：

第一类，严格按照企业会计准则的要求，确定已达到预定可使用状态的在建工程。该类工程虽然没有竣工验收，由于其投资建设已经完成，达到了预定可使用状态，在行业中目前业务开展得比较多。为了审慎开展业务，有些出租人要求承租人在开展业务过程中及时在会计科目里转为固定资产。

第二类，正在建造中，尚未达到预定可使用状态，但以建成后的物体作为租赁物。该类租赁物在实践中也不少存在，但由于离转为固定资产尚有一段时间，所以并未普遍开展。我们理解，此类租赁物应与待造及在造的飞机和船舶租赁业务一样开展，不应以其形态为不动产基础设施而设定更多的限制，该等限制不论从政策、法律还是其他方面，均没有充分的合理性。但尽管如此，由于23号文发布时间不长，建议金租公司在开展此类业务时要更加审慎。

我们认为，考虑到我国在发展中对于基础设施的迫切需求，银保监会不宜一律封杀金租公司对于在建工程的融资，对于建成后有优质稳定现金流的在建工程，应持鼓励态度，以促进我国基础设施的建设、促进我国经济的发展。

具体而言，从承租人的角度讲，一些无国有经济背景的中小企业（如水务企业），由于其工程规模小、地处偏僻等自身原因，尽管建成后有可观的稳定现金流收入，但仍然面临着融资难、融资贵的问题。2018年11月，习近平总书记在民营企业座谈会上针对企业发展提出了六个方面的政策举措，其中之一就是要解决好民营企业和小微企业融资难、融资贵的问题，该举措旨在不断为民营经济营造更好的发展环境。此外，总书记还强调要结合实际抓好政策举措落实，同时在政策落实过程中，还要考虑实际执行同政策初衷的差别，考虑同其他政策是不是有叠加效应。因此，金租公司若以资产质量、建成后的现金流作为风险控制手段，对于前述承租人的融资租赁业务，理应得到国家及监管层面的支持。

从产融结合的角度分析，党的十九大报告提到，增强消费对经济发展的基础性作用。中国的消费潜力巨大，在未来几年内一定会成为世界上最大的消费市场，但在现阶段，中国的消费产业发展还没得到金融行业的足够重视和支持。以民营企业投资的旅游景区在建工程为例，由于旅游产业的空间受限、地处偏僻，无论其资源有多么丰富、多么具有可开发性，该景区的建设一般不会受到资本的追逐，即使融资成功，民企要以和国企一样的成本从银行获得贷款也很难。因此，需要通过产融结合的方式，结合产业与金融业，实现多样化融资。将旅游景点建设好了、旅游业发展起来，当地经济自然会从中受惠。因此，支持旅游景点的在建工程融资，就是支持地方杠杆行业，亦是支持我国经济的建设。

进而言之，在满足项目建批及项目资本金等要求的前提下，重大基础设施尤其是涉及民生的项目，如果金租公司所属或者与其有协同效应的工程设计、建设方为业主提供一揽子工程设计、建设、融资方案，不但提高了项目效率和工程质量，还降低了业主的综合财务成本，应该得到相应的支持。此时，监管可以适当淡化对在建工程属性的关注，而应更多遵循市场竞争法则，关注整个项目的社会效率和效益。

（三）金租公司操作建议

1. 准确理解放款日和起租日

由于融资租赁“融物”的属性，有些金租公司放款即起租，导致在建工程租赁物被挡在了适格租赁物的门外。起租日，即租赁物状态完整并交付给承租人、承租人可以使用该租赁物的时点。如果租赁物为在建工程，自然无法满足该等条件。因此，如果采用由承租人支付租前息的方式解决在建工程不得作为租赁物的问题，就必须改变金租公司放款即起租的惯常操作。

2. 严格审查行业政策界限

对于待建工程和在建工程，须关注该行业特殊情况，严格审查是否违反我国的宏观经济政策、金融监管政策及行业政策，仔细考量其对实体经济的内在贡献。

3. 严格按照《物权法》的规定获得清洁完整的所有权

如上文所述，从在建工程与其附着于的土地、海域关系角度分析有若干种情形。无论属于哪种情形，都必须严格按照《物权法》的规定由金租公司获得清洁完整的所有权。无论是从实践案例还是各审理融资租赁案件区域法院发布的相关裁判指引来看，对于没有过户、无法过户等所有权瑕疵情形，均有可能被认定为借贷关系。为此，23 号文也再次予以重申。

同时，需要重点关注在建工程与其附着的土地、海域是否存在抵押、查封的情况；是否获得该在建工程的相关债权人的同意。只有充分注意上述事项，对在建工程进行更全面的尽职调查，方能保障金租公司最终能合法合规开展业务。

二、对金租公司开展房产租赁业务的影响

根据23号文附件2的规定，金租公司被禁止违规开展房地产业务。也就是说，在合法合规的前提下，金租公司可以开展房产租赁业务。那么，何为违规？这里的“规”具体有哪些？结合金租公司的业务特征，具体分析如下：

（一）以房产作为租赁物

1. 以房产作为租赁物不违反法律法规和部门规章的规定

此处的房产包括商业地产（如酒店、写字楼、商铺等）、住宅（非待售、承租人自持或出租，但不包括保障性住房，如公租房、廉租房、经济适用住房、限价商品住房等）。

从法律、司法解释角度而言，房产属于不动产。我国现行法律和司法解释并没有对租赁物的范围和种类做出规定。《合同法》《最高人民法院关于审理融资租赁合同纠纷案件适用法律问题的解释》主要围绕融资租赁合同本身以及合同当事人的权利义务关系做出了相关规定，而没有对融资租赁物的范围和种类做出要求[①]。因此，现行法律、司法解释并未将不动产（包含房产）排除在租赁物范围之外，法律意义上的动产和不动产均可作为租赁物。国外立法及国际公约也有将房产作为租赁物[②]的范例。

需要注意的是，融资租赁具有“融资”和“融物”的特征，租赁物应具备使用价值和担保价值。根据上述特征，应当区分判断：

（1）在建房产，不满足租赁物的融物特征，承租人并非使用租赁物，而是以房地产项目获得融资，非适格租赁物[③]。

---

① 《最高人民法院关于审理融资租赁合同纠纷案件适用法律问题的解释》第一条规定，人民法院应当根据合同法第二百三十七条的规定，结合标的物的性质、价值、租金的构成以及当事人的合同权利和义务，对是否构成融资租赁法律关系作出认定。

② 《俄罗斯融资租赁法》第三条规定，租赁物为任何可用于经营活动的非消耗物，包括公司和其他资产、建筑物、在建物、设备、交通工具和其他不动产和动产。国际统一私法协议《租赁示范法》第二条规定，赁物是成品、厂房和役畜。

③ 最高人民法院民事审判第二庭．最高人民法院关于融资租赁合同司法解释理解与适用［M］．北京：人民法院出版社，2016：48．《天津法院融资租赁合同纠纷案件审理标准（试行）》第4.1.2.2条规定：以在建商品房项目、保障房项目为租赁物并以房地产开发商作为承租人的售后回租，不认定为融资租赁合同关系。

（2）对于已经建成的房产：a. 关于商业地产：商业地产主要用于商业用途，以经营为主要目的，满足融资和融物的特征，属于适格租赁物。b. 关于住宅：处于待售状态的住宅，则以出售为主要目的，不满足融物的特征，非适格租赁物；承租人自持或出租的住宅满足融物的特征，属于适格租赁物。

从部门规章角度而言，《金融租赁公司管理办法》第四条规定，适用于融资租赁交易的租赁物为固定资产，银监会另有规定的除外。关于固定资产，我们理解，在没有更清晰标准的情形下，我们姑且依赖会计上关于固定资产的标准来开展业务。因此，若房产满足会计上固定资产的实质特征，即满足《金租公司管理办法》的规定。

2. 以房产作为租赁物已得到有关政府部门的认可

《财政部、国家税务总局关于房产税城镇土地使用税有关问题的通知》（财税〔2009〕128 号）第三条规定，融资租赁的房产，由承租人自融资租赁合同约定开始日的次月起依照房产余值缴纳房产税。合同未约定开始日的，由承租人自合同签订的次月起依照房产余值缴纳房产税。

《财政部、国家税务总局关于企业以售后回租方式进行融资等有关契税政策的通知》（财税〔2012〕82 号）第一条规定，对金融租赁公司开展售后回租业务，承受承租人房屋、土地权属的，照章征税。对售后回租合同期满，承租人回购原房屋、土地权属的，免征契税。

3. 以房产作为租赁物的所有权转移

23 号文附件 2 规定，“租赁物属于国家法律法规规定的所有权转移必须到登记部门进行登记的，未办理相关转移手续”属于租赁公司被禁止的行为。《金融租赁公司管理办法》第三十二条和第三十三条也有类似规定[①]。

在回租模式下，所有权的转移是从承租人到金租公司，这个所有权转移的前提是承租人享有租赁物的所有权。

---

① 《金融租赁公司管理办法》第三十二条规定，金融租赁公司应当合法取得租赁物的所有权。《金租公司管理办法》第三十三条规定，租赁物属于国家法律法规规定所有权转移必须到登记部门进行登记的财产类别，金融租赁公司应当进行相关登记。租赁物不属于需要登记的财产类别，金融租赁公司应当采取有效措施保障对租赁物的合法权益。

（1）承租人对租赁物权属确认的方式

房产在法律上属于不动产。《物权法》第九条规定：不动产物权的设立、变更、转让和消灭，经依法登记，发生效力；未经登记，不发生效力，但法律另有规定的除外。

根据上述规定，除法律另有规定外，不动产物权的设立需经依法登记。《物权法》第二十八条[①]、第二十九条[②]、第三十条[③]和第一百四十二条[④]对不动产物权的设立做出例外规定，即不动产除了登记外，法律文书、遗嘱、事实建造等行为（以下简称“特殊行为”）也可以在法律上确认权属。

因此，承租人对租赁物所有权的确认有以下两种方式：权属登记与特殊行为。

（2）所有权从承租人转移至出租人的方式

在承租人对租赁物的权属通过前述两种方式确定的情况下，融资租赁业务项下，租赁物的所有权需由承租人转移至金租公司。

根据《物权法》第九条、《金融租赁公司管理办法》第三十三条的规定，不动产的所有权转移需要到登记部门进行登记。

《物权法》第三十一条规定，依照本法第二十八条至第三十条规定享有不动产物权的，处分该物权时，依照法律规定需要办理登记的，未经登记，不发生物权效力。

因此，无论承租人是基于登记取得所有权，或通过特殊行为取得租赁物所有权，在将所有权转移给金租公司时，均需完成登记，方能发生物权效力，金租公司方能取得租赁物所有权，除非该等租赁物没有法定权属登记机关（如上所述农用设施、地下空间等）。

---

① 《物权法》第二十八条规定，因人民法院、仲裁委员会的法律文书或者人民政府的征收决定等，导致物权设立、变更、转让或者消灭的，自法律文书或者人民政府的征收决定等生效时发生效力。

② 《物权法》第二十九条规定，因继承或者受遗赠取得物权的，自继承或者受遗赠开始时发生效力。

③ 《物权法》第三十条规定，因合法建造、拆除房屋等事实行为设立或者消灭物权的，自事实行为成就时发生效力。

④ 《物权法》第一百四十二条规定，建设用地使用权人建造的建筑物、构筑物及其附属设施的所有权属于建设用地使用权人，但有相反证据证明的除外。

（3）所有权未转移的风险提示

法律风险：融资租赁法律关系被否定。《最高人民法院关于融资租赁合同司法解释理解与适用》一书中指出，“有的租赁公司为了避免交纳房地产过户的大量税费，而采取了不过户的操作方式，对未过户的，因与出租人对租赁物享有所有权的法律关系不符，我们倾向于明确认定此类房地产融资租赁不构成融资租赁合同关系”。实践中亦有大量案例①。

监管风险：在承租人是特殊行为获取租赁物权属的情况下，如实践中发生情况较多的事实建造行为，在此情况下，承租人需办理完产权证方可实现向金租公司的转移登记。在承租人未办理完毕产权证的情况下，当时不存在办理转移登记的客观条件，但办理转移登记具有可预测性。因此，此种情况下，我们认为，在合同约定承租人在合理期间内（不宜过长）办理过户的情况下，存在可操作空间。但鉴于23号文的发布，建议金租公司谨慎开展此类业务。若承租人是通过登记确定租赁物权属，此时，出租人明知道承租人有产权证，但未明确办理过户登记，此种情况监管可能认定金租公司作为持牌金融机构并未尽到审慎经营的义务。因此，此类业务不建议金租公司开展。

（二）以房地产商作为承租人

以房地产商作为承租人，涉及为房地产企业提供融资。前文已述，23号文禁止金租公司违规开展房地产业务。那么，金租公司如何合法合规、在国

① 案例1：最高人民法院（2014）民二终字第109号判决：“融资租赁交易具有融资和融物的双重属性，缺一不可。如无实际租赁物或者租赁物所有权未从出卖人处转移至出租人或者租赁物的价值明显偏低无法起到对租赁债权的担保，应认定该类融资租赁合同没有融物属性，仅有资金空转，系以融资租赁之名行借贷之实，应属借款合同。”案例2：天津市高级人民法院（2015）津高民二初字第0040号判决：……但是由于合同项下的房产已经设定了抵押，在抵押撤销之前北车公司是无法办理所有权转移登记手续并取得相应房产的所有权的，北车公司对此应为明知。因此北车公司签订《工业厂房办公楼买卖合同》《融资租赁合同》，并非以买卖方式取得所有权后又通过向华通公司出租租赁物来实现合同目的，而是通过另行签订《抵押担保合同》，以抵押权作为债权保障完成资金融通。这与融资租赁法律关系中，出租人对租赁物享有所有权的法律关系特征不符，故本案不构成融资租赁法律关系，而应按照借款关系处理。案例3：北京市第一中级人民法院（2013）一中民初字第5657号判决：中国外贸金融租赁有限公司根本无法取得租赁标的物的所有权，无法做到回租式融资租赁既“融资”又“融物”的要求，故本案法律关系上，并不能认定为回租式融资租赁。故应认定名为融资租赁，实为企业借贷纠纷。本案案由亦应定为企业借贷纠纷。

家对房地产调控政策范围内，更好以金融资本服务实体经济？金租公司可能涉及的房地产政策如表3－4所示。

表3-4 金租公司可能涉及的房地产政策汇总（按发文时间顺序）

序号	具体内容	文号
1	商业银行对未取得国有土地使用证、建设用地规划许可证、建设工程规划许可证、建筑工程施工许可证的项目不得发放任何形式的贷款	银监发〔2004〕57号
2	商业银行对申请贷款的房地产开发企业，应要求其开发项目资本金比例不低于35%	银监发〔2004〕57号
3	商业银行在办理房地产开发贷款时，应建立严格的贷款项目审批机制，对该贷款项目进行尽职调查，以确保该项目符合国家房地产发展总体方向，有效满足当地城市规划和房地产市场的需求，确认该项目的合法性、合规性、可行性	银监发〔2004〕57号
4	商业银行应对申请贷款的房地产开发企业进行深入调查审核：包括企业的性质、股东构成、资质信用等级等基本背景，近三年的经营管理和财务状况，以往的开发经验和开发项目情况，与关联企业的业务往来等。对资质较差或以往开发经验较差的房地产开发企业，贷款应审慎发放；对经营管理存在问题、不具备相应资金实力或有不良经营记录的，贷款发放应严格限制。对于依据项目而成立的房地产开发项目公司，应根据其自身特点对其业务范围、经营管理和财务状况，以及股东及关联公司的上述情况以及彼此间的法律关系等进行深入调查审核	银监发〔2004〕57号
5	商业银行应密切关注建筑工程款优于抵押权受偿等潜在的法律风险	银监发〔2004〕57号
6	商业银行应严格落实房地产开发企业贷款的担保，确保担保真实、合法、有效	银监发〔2004〕57号
7	商业银行应密切关注国家政策及市场的变化对房地产开发项目的影响，利用市场风险预警预报机制、区域市场分类的指标体系，建立针对市场风险程度和风险类型的阶段监测方案，并积极采取措施化解因此产生的各种风险	银监发〔2004〕57号
8	对项目资本金（所有者权益）比例达不到35%或未取得土地使用权证书、建设用地规划许可证、建设工程规划许可证和施工许可证的项目，商业银行不得发放任何形式的贷款	银发〔2007〕359号
9	对经国土资源部门、建设主管部门查实具有囤积土地、囤积房源行为的房地产开发企业，商业银行不得对其发放贷款	银发〔2007〕359号
10	对空置3年以上的商品房，商业银行不得接受其作为贷款的抵押物	银发〔2007〕359号
11	商业银行不得向房地产开发企业发放专门用于缴交土地出让金的贷款	银发〔2007〕359号
12	各商业银行应密切监测房地产开发商的资信和财务状况，加大对开发商资信和财务状况的监控	银监发〔2008〕42号
13	加强对房地产抵押物的管理，定期对房地产抵押物进行价值重估和动态监测，对抵押物价值不足以抵补贷款风险的应采取追加押品或压缩贷款等措施	银监发〔2008〕42号

（续表）

序号	具体内容	文号
14	银行业金融机构要将目标客户的第一还款来源是否充足作为发放贷款的基本前提条件，从严审核其基本信息、财务状况、信用程度、诚信状况。抵押物等第二还款来源只能作为第一还款来源的补充和风险缓释因素，避免简单依据第二还款来源选择目标客户	银监办发〔2010〕55号
15	严格抵押物准入制度，确保第二还款来源的充足、安全、合法、有效。银行业金融机构应加强对拟抵押房屋的审查和评估，根据其价值、使用年限、变现能力等，审慎选择抵押物并合理确定抵押期限和抵押率。严禁接受无合法有效房屋产权证、房屋权属存在纠纷或产权不清晰的房屋作为抵押物	银监办发〔2010〕55号
16	落实抵押物持续管理制度，强化对抵押物的动态监控。银行业金融机构应完善抵押物管理办法，针对各类抵押物的性质、特点等，合理设定不同抵押物的监控方式、内容和频率。对于房屋类抵押物，应按照双人实地原则，至少按季对其实物状态、价值变动、权属变化情况进行现场核查和持续跟踪。如遇特殊情况，应当进一步加大现场核查频率，并针对存在的风险漏洞，提出有效的控制措施	银监办发〔2010〕55号
17	通过关联企业统一贷款后再周转用于房产项目，规避“商业银行不得向房地产企业发放用于缴交土地出让金贷款”的规定	银监办便函〔2010〕84号
18	对于存在高价购地、跨业经营、过度扩张、负债率偏高等问题的高风险房地产开发企业，应密切关注其经营状况，一旦资金回笼出现紧张，应及时采取保全措施	银监发〔2010〕98号
19	对有土地闲置、改变土地用途和性质、拖延开竣工时间、捂盘惜售等违法违规记录的房地产开发企业，应停止对其发放新开发贷款和贷款展期	银监发〔2010〕98号
20	对于大型房企集团，要以集团为单位，以名单为基础，实行集团并表授信管理，集团及各成员企业贷款总额不得超过在建工程的五成。大额集中度风险评估应涵盖银行持有的房地产公司短期、中期票据以及其他形式的各类授信。同时，对集团内部关联交易要进行跟踪监测，严密审查集团企业内部与关联企业之间，尤其是母子公司之间的关联交易，严防信贷资金转移或挪用。要核实项目资本金的真实来源，防止企业通过关联交易抽逃资本或以债务性资金充当资本金。严格控制贷款关联担保，禁止互保	银监发〔2010〕98号
21	对有重大违规行为的不得发放新贷款，原有贷款到期收回。要认真做好“名单式”管理，对住建部、国土资源部等相关部门认定有重大违法违规行为，以及因法人代表的违法违纪行为，致使企业不能持续经营的房地产开发企业，银行业金融机构要按出现重大违约事项的贷款合同约定，采取加速还款等保全措施。要密切关注存在高价购地、跨业经营、过度扩张、负债率偏高的高风险房地产企业风险暴露。要加强对开发贷款的全流程监控，严禁信贷资金用于购地，严防集团公司通过母子公司借款和其他各种关联交易将信贷资金违规流入房地产市场	银监发〔2011〕14号

（续表）

序号	具体内容	文号
22	要按照更严格和更审慎的标准，建立房地产客户的内部评级体系，开发针对房地产企业集团整体的风险计量和评估方法	银监发〔2011〕14号
23	强化房地产风险管控。银行业金融机构要建立全口径房地产风险监测机制……加强房地产业务合规性管理，严禁资金违规流入房地产领域	银监发〔2017〕6号
24	直接或变相为房地产企业支付土地购置费用提供各类表内外融资，或以自身信用提供支持或通道	银监发〔2018〕4号
25	向“四证”不全、资本金未足额到位的商业性房地产开发项目提供融资	银监发〔2018〕4号
26	表内外资金直接或变相用于土地出让金融资	银保监发〔2019〕23号
27	未严格审查房地产开发企业资质，违规向“四证”不全的房地产开发项目提供融资	银保监发〔2019〕23号
28	违规开展固定收益类证券投资以外的投资业务，如购买信托计划、资管计划	银保监发〔2019〕23号

国家运用多种手段对房地产进行调控，其核心目的是遏制房价非正常快速增长，实现“居者有其屋”，维护房地产市场的平稳有序发展。而金融机构在房地产市场资金链中发挥着举足轻重的作用，也直接或间接地承受了房地产市场运行中市场风险和信用风险。金融政策系国家对房地产宏观调控的手段之一，理所应当与房地产宏观调整政策保持高度的一致与统一。

因此，金租公司在开展房产业务，不仅应当符合国家宏观政策，也应当满足金融监管机构的要求。具体而言，房地产企业作为承租人时，金租公司还应当严格审核以下事项：

（1）房地产企业还款来源应当充足、资质和以往开发经验较好，经营管理不得存在问题，不得有不良经营记录。

（2）房地产企业不得有囤积土地、囤积房源行为，土地闲置、改变土地用途和性质、拖延开竣工时间、捂盘惜售等违法违规记录。

（3）核查租赁物应当具有国有土地使用证、建设用地规划许可证、建设工程规划许可证、建筑工程施工许可证、所有权证（如有）。

（4）放款资金不得用于缴交土地出让金，核查是否通过关联企业统一贷款后再周转用于房产项目缴纳土地出让金、项目公司资本金。

（5）核查房地产企业资质、资本金真实性、资信和财务状况等，若承租人为房地产开发项目公司，还应核查股东及关联公司的上述情况以及彼此间的法律关系。

（6）核查建筑工程款优于抵押权受偿等潜在的法律风险。

（7）房地产企业作为承租人第一还款来源必须充足，不得简单依据第二还款来源选择客户。

（8）融资资金不得通过同业、资管计划等各类通道进入房地产领域。

（9）尽量避免存在高价购地、跨业经营、过度扩张、负债率偏高等问题的高风险房地产开发企业，应密切关注其经营状况，一旦资金回笼出现紧张，应及时采取保全措施。

（10）大型房企集团，要以集团为单位，实行集团并表授信管理。同时，对集团内部关联交易要进行跟踪监测，严密审查集团企业内部与关联企业之间，尤其是母子公司之间的关联交易，严防融资转移或挪用。防止企业通过关联交易抽逃资本或以债务性资金充当资本金。严格控制贷款关联担保，禁止互保。

（11）房地产企业法人代表出现违法违纪行为，致使企业不能持续经营的，金租公司要按出现重大违约事项的约定，采取加速还款等保全措施。

（12）金租公司建立房地产客户的内部评级体系，开发针对房地产企业集团整体的风险计量和评估方法。

（13）核查放款资金是否涉及为房地产企业支付土地购置费用提供各类表内外融资，是否为上述事项以自身信用提供支持或通道。

（14）核查抵押物不得为空置 3 年以上的商品房。

（15）定期对房地产抵押物进行价值重估和动态监测，对抵押物价值不足以抵补贷款风险的应采取追加押品等措施。

（16）严格抵押物准入制度，确保第二还款来源的充足、安全、合法、有效。

（17）不得接受无合法有效房屋产权证、房屋权属存在纠纷或产权不清晰的房屋作为抵押物。

（18）符合国家房地产发展总体方向，有效满足当地城市规划和房地产市场的需求，确认该项目的合法性、合规性、可行性。

三、对金租公司开展平台类项目的影响

根据23号文附件2的规定，金租公司被禁止违规向地方政府及融资平台提供融资。也就是说，在合法合规的前提下，金租公司可以开展平台类业务。那么，何为违规？这里的“规”具体有哪些？结合金租公司的业务特征，具体分析如下：

（一）关于整治和规范“向地方政府及融资平台提供融资”的规范性文件

1.《中国银监会办公厅关于印发地方政府融资平台贷款监管有关问题说明的通知》（银监办发〔2011〕191号）

各银行对平台贷款要按照“保在建、压重建、禁新建”的总体思路，将有限的信贷资源着重用于生产经营性项目建成实工和投产上，严格按照政策要求管控新增平台贷款，以实现全年“降旧控新”的总体目标，明确可放贷的四个条件：一是符合《中华人民共和国公路法》；二是符合《国务院关于加强国有土地资产管理的通知》（国发〔2001〕15号），含有偿还能力的公租房、廉租房、棚户区改造项目；三是国务院审批或核准的重大项目；四是对于符合国家宏观调控政策、发展规划、行业规划、产业政策、行业准入标准、土地利用总体规划以及信贷审慎管理规定等要求的融资平台在建项目贷款，其现金流能够达到全覆盖要求，资产负债率不高于80%，且存量贷款已在抵押担保、贷款期限、还款方式、合同补正等方面整改合格。

明确不可贷的四个规定：一是不得向银行“名单制”管理系统以外的融资平台发放贷款；二是不得再接受地方政府以直接或间接形式提供的任何担保和承诺；三是不得再接受以学校、医院、公园等公益性资产作为抵质押品；四是不得再接受以无合法土地使用权证的土地预期出让收入承诺作为抵质押。

2.《国务院关于加强地方政府性债务管理的意见》（国发〔2014〕43号）

赋予地方政府依法适度举债权限。地方政府融资采取政府债券方式和推广使用政府与社会资本合作模式。明确划清政府与企业界限，政府债务只能通过政府及其部门举借，不得通过企事业单位等举借。剥离融资平台公司政府融资职能，融资平台公司不得新增政府债务。

3.《国务院办公厅转发财政部人民银行银监会关于妥善解决地方政府融资平台公司在建项目后续融资问题意见的通知》（国办发〔2015〕40号）

地方各级政府和银行业金融机构要按照总量控制、区别对待的原则，支持融资平台公司在建项目的存量融资需求，确保在建项目有序推进。银行业金融机构要认真审查贷款投向，重点支持农田水利设施、保障性安居工程、城市轨道交通等领域的融资平台公司在建项目，确保贷款符合产业发展需要和产业园区发展规划。

4.《中华人民共和国预算法》（以下简称《预算法》）第三十五条之规定

《预算法》第三十五条规定，地方各级预算按照量入为出、收支平衡的原则编制，除本法另有规定外，不列赤字。

经国务院批准的省、自治区、直辖市的预算中必需的建设投资的部分资金，可以在国务院确定的限额内，通过发行地方政府债券举借债务的方式筹措。举借债务的规模，由国务院报全国人民代表大会或者全国人民代表大会常务委员会批准。省、自治区、直辖市依照国务院下达的限额举借的债务，列入本级预算调整方案，报本级人民代表大会常务委员会批准。举借的债务应当有偿还计划和稳定的偿还资金来源，只能用于公益性资本支出，不得用于经常性支出。

除前款规定外，地方政府及其所属部门不得以任何方式举借债务。

5.《关于进一步规范地方政府举债融资行为的通知》（财预〔2017〕50号）

进一步规范融资平台公司融资行为管理，推动融资平台公司尽快转型为市场化运营的国有企业、依法合规开展市场化融资，地方政府及其所属部门不得干预融资平台公司日常运营和市场化融资。地方政府不得将公益性资产、储备土地注入融资平台公司，不得承诺将储备土地预期出让收入作为融资平台公司偿债资金来源，不得利用政府性资源干预金融机构正常经营行为。

6.《地方政府土地储备专项债券管理办法（试行）》（财预〔2017〕62号）

地方各级政府不得以土地储备名义为非土地储备机构举借政府债务，不得通过地方政府债券以外的任何方式举借土地储备债务，不得以储备土地为任何单位和个人的债务以任何方式提供担保。土地储备项目取得的土地出让收入，应当按照该项目对应的土地储备专项债券余额统筹安排资金，专门用于偿还到期债券本金，不得通过其他项目对应的土地出让收入偿还到期债券本金。

7.《关于坚决制止地方以政府购买服务名义违法违规融资的通知》（财预〔2017〕87号）

不得将原材料、燃料、设备、产品等货物，以及建筑物和构筑物的新建、改建、扩建及其相关的装修、拆除、修缮等建设工程作为政府购买服务项目。严禁将铁路、公路、机场、通讯、水电煤气，以及教育、科技、医疗卫生、文化、体育等领域的基础设施建设，储备土地前期开发，农田水利等建设工程作为政府购买服务项目。严禁将建设工程与服务打包作为政府购买服务项目。严禁将金融机构、融资租赁公司等非金融机构提供的融资行为纳入政府购买服务范围。

综上，23号文是基于以往发布的法律及规范文件基础上，对违反上述文件而向地方政府及融资平台提供融资的现象进行整治，同时在巩固成果层面提出“回头看”，以实现防风险、治乱象和稳增长、调结构的有机统一。违法违规举债、变相举债所形成的，而又没有纳入政府债务限额管理的地方政府债务，为地方政府隐性债务。违规向地方政府及融资平台提供融资，直接后果即是导致地方政府隐性债务增加，融资平台充当政府融资的工具，属重点整治的乱象，但对于依法合规开展的向政府和融资平台开展市场化融资，则不属于整治范畴。

（二）“地方政府隐性债务”与“融资平台”

1.“地方政府隐性债务”的定义

所谓地方政府隐性债务，目前没有统一的定义，部分地方政府在其发布的地方通知文件里给出了相关定义，主要如下：

湖南省湘西自治州人民政府办公室颁布的《湘西自治州政府性债务风险应急预案》（州政办发〔2018〕41号）规定，地方政府隐性债务是指地方政府在法定政府债务限额之外直接或者承诺以财政资金偿还以及违法提供担保等方式举借的债务，主要包括地方国有企事业单位等替政府举借，由政府提供担保或财政资金支持偿还的债务；地方政府在设立政府投资基金、开展政府和社会资本合作（PPP）、政府购买服务等过程中，通过约定回购投资本金、承诺保底收益等形成的政府中长期支出事项债务。

广西壮族自治区桂林市永福县人民政府办公室颁布的《永福县政府隐性债务清查统计工作方案》（永政办发〔2018〕37号）规定，政府隐性债务是指政府在法定政府债务限额之外直接或者承诺以财政资金偿还以及违法提供担保等方式举借的债务，主要包括国有企事业单位等替政府举借，由政府提供担保或财政资金支持偿还的债务；政府在设立政府投资基金、开展政府和社会资本合作、政府购买服务等过程中，通过约定回购投资本金、承诺保底收益等形成的政府中长期支出事项债务。

陕西省旬阳县人民政府办公室颁布的《旬阳县政府隐性债务风险应急处置预案》（旬政办发〔2019〕7号）规定，地方政府隐性债务，是指地方政府在法定政府债务限额之外直接或者承诺以财政资金偿还以及违法提供担保等方式举借的债务。包括：地方政府（含政府部门和机构）、国有企事业单位等举借、约定由财政资金偿还的债务；地方国有企事业单位等举借，由政府提供担保的债务；地方政府在设立政府投资基金、开展政府和社会资本合作、政府购买服务等过程中，通过约定回购本金、承诺保底收益等形成的政府中长期支出事项债务；由企业垫资代建和拖欠工程款。

2018年浙江某县财政局将地方政府隐性债务定义为：各级政府及其部门、融资平台公司、国有企业、事业单位等以非政府债券方式举借（包括各种融资方式）的，用于公益性项目的、最终需由财政性资金偿还的债务，以及签订协议约定未来财政支出责任事项的金额。

但根据2018年12月审计署官网公布《2018年第三季度国家重大政策措施落实情况跟踪审计结果》（2018年第49号）（以下简称“审计署49号公告”），及之前公布的第48号审计公告《2018年第二季度国家重大政策措施落实情况跟踪审计结果》（2018年第48号）（以下简称“审计署48号公告”）可以看出，地方政府隐性债务的资金用途不仅仅用于公益性项目，还存在“发放该县2016年度目标奖及离退休人员专项慰问金”“用于借新还旧”等。

基于上述，我们认为应将“地方政府隐性债务”定义为：各级政府及其部门、融资平台公司、国有企业、事业单位等以非政府债券方式举借的，最终须由财政性资金偿还且未列入财政预算、在法定政府债务限额之外的债务，主要包括地方政府（含政府部门和机构）举借、约定由财政资金偿还的债务；地方国有企事业单位等替政府举借，由政府提供担保或财政资金支持偿还的债务；地方政府在设立政府投资基金、开展政府和社会资本合作、政府购买服务等过程中，通过约定回购投资本金、承诺保底收益等形成的政府中长期支出事项债务等。

2. “融资平台”的定义

根据《中国银监会关于加强2013年地方政府融资平台贷款风险监管的指导意见》（银监发〔2013〕10号），地方政府融资平台是指由地方政府出资设立并承担连带还款责任的机关、事业、企业三类法人，具体见银保监会定期发布的地方政府融资平台全口径融资统计季报表中列示的名单（以下简称“名单内平台”）。银保监会对地方政府融资平台贷款的偿还程度采用现金流覆盖率的“四分法”，将平台风险定性划分为全覆盖、基本覆盖、半覆盖和无覆盖四类。

对于达到银保监会规定的条件后，严格按照相应退出程序确认后，在地方银保监局报备并标注于季度报表中。对满足全覆盖条件的退出类平台，监管部门实施动态监测，对于退出类平台相关指标低于监管要求和违背退出承诺的，要重新纳入平台管理。因此，一旦企业被银保监会纳入该统计表，则将持续处于监控范围内，因此，平台公司既包括“仍按平台管理类”，也包括“退出为一般公司类”。

综上，通过对“地方政府隐性债务”和“融资平台”的定义，结合金租公司业务发展模式，金租公司在进行具体项目投放时可以基于下列三个维度综合考量是否踩了“违规”的红线，即承租人主体的适格性；资金用途监控；租金偿还来源。

（三）如何判定是否属于“违规向地方政府及融资平台提供融资”

1. 承租人主体适格方面

（1）对于各级政府及其部门

2014年修订的《预算法》（2015年1月1日实施）第三十五条规定，“经国务院批准的省、自治区、直辖市的预算中必需的建设投资的部分资金，可以在国务院确定的限额内，通过发行地方政府债券举借债务的方式筹措……除前款规定外，地方政府及其所属部门不得以任何方式举借债务”。2018年修订的《预算法》（现行有效）保留了上述规定。

2018年3月28日财政部颁布的《关于规范金融企业对地方政府和国有企业投融资行为有关问题的通知》（财金〔2018〕23号）明确要求除购买地方政府债券外，不得直接或通过地方国有企事业单位等间接渠道为地方政府及其部门提供任何形式的融资。

金租公司属于非银行性金融机构，应受上述规定的约束。因此，对于各级政府及其部门则不属于适格承租人。

（2）对于融资平台公司

根据《中国银监会关于加强2013年地方政府融资平台贷款风险监管的指导意见》（银监发〔2013〕10号）的规定，融资平台分为“仍按平台管理类”和“退出类”。

a. “退出类”平台作为承租人

根据上述分析可知，“退出类”平台是具备商业化贷款条件，具有稳定经营性现金流，能够全额偿还贷款本息的企业。但根据我们对审计署48号公告和审计署49号公告统计的地方隐性债务融资人查询，大部分融资人均属于“退出类”平台，但最终依然造成地方政府隐性债务的增加。因此，对于此类承租人可以参考以下几方面来判断其是否还承担政府融资职能：

一是该公司人员构成、人事任命的特点，是否和政府部门或平台公司合署办公；二是该公司业务类型：是否主要承担政府公益项目建设；三是财务状况：收入来源是否主要依靠政府补贴，企业对现金流是否敏感，负债结构是否合理，是否债务主要靠借新还旧；四是资本公积是否巨大，主要以土地等公益性资产为主。

若其基本符合上述条件，其虽然退出了平台，可能仍然承担政府融资功能，在与其开展融资租赁交易时需审慎处理，避免增加政府隐性债务；若其不存在上述情况，能够判断出其不承担政府融资功能，则需结合其他要素去综合判断。

值得注意的是，实践中存在一些企业，其自始至终未被列入平台名单，也不存在调出平台名单的情况，但其仍在承担地方政府融资职能。因此，对于该类企业也应按“退出类平台”作为承租人来判断其是否还承担政府融资职能，进而增加政府的隐性债务。

b. “仍按平台管理类”作为承租人

只有具备商业化贷款条件，具有稳定经营性现金流，能够全额偿还贷款本息的企业才能退出平台。换言之，平台名单内企业并不具备商业化贷款条件，不具有充足稳定经营性现金流，政府需对其债务承担连带责任。

银监发〔2013〕10 号文规定，满足如下六个前提条件的融资平台可新发放贷款：一是现金流全覆盖；二是抵押担保符合现行规定，不存在地方政府及所属事业单位、社会团体直接或间接担保，且存量贷款已在抵押担保、贷款期限、还款方式等方面整改合格；三是融资平台存量贷款中需要财政偿还的部分已纳入地方财政预算管理，并已落实预算资金来源；四是借款人为本地融资平台；五是资产负债率低于 80%；六是符合《关于制止地方政府违法违规融资行为的通知》（财预〔2012〕463 号）文件有关要求（该文件2016年8 月被废止，其规定：符合条件的融资平台公司因承担公共租赁住房、公路等公益性项目建设举借需要财政性资金偿还的债务，除法律和国务院另有规定外，不得向非金融机构和个人借款，不得通过金融机构中的财务公司、信托公司、基金公司、金融租赁公司、保险公司等直接或间接融资）。

此外，对于“仍按平台管理类”的承租人，新发放贷款的投向主要包括五个方面：一是符合《公路法》的收费公路项目；二是国务院审批或核准通过且资本金到位的重大项目；三是符合《关于加强土地储备与融资管理的通知》（国土资发〔2012〕162 号）要求，已列入国土资源部名录的土地储备机构的土地储备贷款；四是保障性安居工程建设项目；五是工程进度达到60%以上，且现金流测算达到全覆盖的在建项目。农业发展银行的平台贷款投向还包括符合中央政策的农田水利类项目。

但需注意的是，2018年10月11日，国务院办公厅印发《关于保持基础设施领域补短板力度的指导意见》，要求合理保障融资平台公司正常融资需求。且实践中根据各个监管机构的监管要求不一，有的监管局适度容忍平台名单内的企业开展融资租赁业务。

因此，如果名单内平台作为承租人，虽然有部分地区政策松动及其他监管局的宽容，但从防范地方政府隐性债务的角度，我们倾向认为平台名单内企业不属于适格承租人，对其的融资款项将成为政府隐性债务，可能会违反相关监管规定。

（3）对于国有企业及事业单位

财金〔2018〕23号文明确要求国有金融企业除购买地方政府债券外，不得直接或通过地方国有企事业单位等间接渠道为地方政府及其部门提供任何形式的融资。

根据审计署48号公告和审计署49号公告统计的地方隐性债务融资人信息，部分融资人属于国有企业及事业单位。

当此类主体作为承租人时，金租公司需结合租赁物适格性、资金用途、租金还款来源去综合判断，审慎投放。

（4）PPP项目主体

财金〔2018〕23号文明确规定，国有金融企业应以PPP项目规范运作为融资前提条件，对于未落实项目资本金来源、未按规定开展物有所值评价、财政承受能力论证的，物有所值评价、财政承受能力论证等相关信息没有充分披露的PPP项目，不得提供融资。

基于上述规定，如果PPP项目主体作为承租人，金租公司应确保PPP项目规范运作，重点关注项目资本金来源、是否开展物有所值评价、财政承受能力论证等相关信息是否充分披露。若存在瑕疵，则需谨慎对待，盲目投放存在违规提供融资、造成地方政府隐性债务增加的风险。

2. 资金用途监控

财金〔2018〕23号文明确要求国有金融企业应严格落实《预算法》和《国务院关于加强地方政府性债务管理的意见》（国发〔2014〕43号）等要求，不得提供债务性资金作为地方建设项目、政府投资基金或政府和社会资本合作项目资本金，且审计署48号公告和审计署49号公告也披露出存在许多融资资金最终流入基础设施建设项目、发放离退休人员专项慰问金、借新还旧等问题。

因此，金租公司在开展融资租赁业务时，需要加强对资金用途的监控：

（1）项目尽调之初就要明确资金用途，避免以“补充流动资金”一概通过，确保资金未用作地方建设项目、政府投资基金或政府和社会资本合作项目的资本金，未用作土地购置款，未用于政府债务借新还旧，等等。

（2）设置资金监管，确保资金用于约定用途，若无法设置资金监管，则放款前要求承租人就资金使用出具承诺函。

（3）项目合同中设置资金使用承诺违反的违约责任。

3. 租金偿还来源

财金〔2018〕23号文明确要求，国有金融企业参与地方建设融资，应审慎评估融资主体的还款能力和还款来源，确保其自有经营性现金流能够覆盖应还债务本息，不得要求或接受地方政府及其部门以任何方式提供担保、承诺回购投资本金、保本保收益等兜底安排，或以其他方式违规承担偿债责任。项目现金流涉及可行性缺口补助、政府付费、财政补贴等财政资金安排的，国有金融企业应严格核实地方政府履行相关程序的合规性和完备性。严禁国有金融企业向地方政府虚构或超越权限、财力签订的应付（收）账款协议提供融资。

尽管有上述明确规定，在审计署48号公告和49号公告披露的案例中，仍存在通过政府提供还款承诺、政府出具虚假规划证明等增加政府隐性债务的情况。因此，金租公司在开展融资租赁业务时，需要重点关注企业的财务状况，确保其自有经营性现金流能够覆盖应还债务本息。同时需注意以下几点：

（1）还款来源不应包括土储融资或以土地出让预期收入等非合规现金流。

（2）项目现金流若涉及可行性缺口补助、政府付费、财政补贴等财政资金安排的，应严格核实地方政府履行相关程序的合规性和完备性。

（3）严禁一切形式的政府还款承诺。

（4）严禁将储备土地、公益资产、政府购买服务协议等非合格押品作为担保措施。

四、对金租公司租赁资产转让的影响

租赁资产转让是金租公司比较常见的业务类型。租赁资产包括租赁物所有权、租金债权等租赁合同项下所有权利和附属担保权益。关于租赁物，金租公司享有所有权，可以对其进行处分。关于租赁债权等权利，根据《合同法》第七十九条[①]的规定，金租公司作为债权人可以将合同项下的全部或部分权利转让给受让人。关于附属担保权益等从权利，根据《合同法》第八十一条[②]的规定，除专属于转让人自身的专属权利外，主债权转让的，受让人可取得与债权有关的从权利。

23 号文附件 2 指出，金租公司禁止“未做到洁净转让或受让租赁资产，违规以带回购条款的租赁资产转让方式向同业融资，违规通过各类通道（包括券商、信托、资产公司、租赁公司等）实现不良资产非洁净出表或虚假出表，人为调节监管指标”。

根据金租公司在业务中遇到的重点和难点，以及 23 号文、监管机构关于租赁资产转让的相关规定，我们就租赁资产转让做如下解读：

（一）租赁资产转让应当真实、洁净转让

在 23 号文出台之前，银保监会就租赁资产转让已出台了相关规定，主要如下：

《银监会关于进一步规范银行业金融机构信贷资产转让业务的通知》（银监发〔2010〕102 号）（以下简称“102 号文”）第四条规定，银行业金融机

① 《合同法》第七十九条规定，债权人可以将合同的权利全部或者部分转让给第三人，但有下列情形之一的除外：（一）根据合同性质不得转让；（二）按照当事人约定不得转让；（三）依照法律规定不得转让。

② 《合同法》第八十一条规定，债权人转让权利的，受让人取得与债权有关的从权利，但该从权利专属于债权人自身的除外。

构转让信贷资产应当遵守真实性原则，禁止资产的非真实转移。转出方不得安排任何显性或隐性的回购条款；转让双方不得采取签订回购协议、即期买断加远期回购等方式规避监管。

《中国银监会关于进一步推进改革发展加强风险防范的通知》（银监发〔2011〕14号）规定，要审慎规范开展信贷资产转让业务。转让信贷资产必须严格遵守真实性、整体性和洁净转让的原则，坚持实质重于形式……防范“不当销售”、担保落空等合规与法律风险。

102号文第六条规定，银行业金融机构转让信贷资产应当遵守洁净转让原则，即实现资产的真实、完全转让，风险的真实、完全转移。

综上，可以看出，关于租赁资产转让的真实和洁净，应当符合以下要求：（1）租赁资产（包括附属担保权益等）真实存在、合法有效，租赁资产的转让系真实意思表示；（2）转出时，不得有任何回购（包括隐性）安排，包括签订回购协议、远期回购以及通过抽屉协议等形式做出回购安排；（3）风险需真实、完全转移至受让方。

关于租赁资产转让的真实性和洁净转让，实践中存在比较多的情形是：金租公司并非有租赁资产卖断的真实意思表示，而是暂时转出实现租赁资产阶段性出表，以实现减少计提准备和提升公司利润的目的。为实现上述目的，一般会通过协议中附带回购条款或抽屉协议来实现远期回购。这种模式明显违反监管规则，尽管之前部分地区监管有所放松，但在金融趋严，防范金融风险的大背景下，上述模式应当杜绝。

（二）关于租赁资产整体转让的分析

除23号文对租赁资产的整体性转让做出规定之外，102号文第五条规定，银行业金融机构转让信贷资产应当遵守整体性原则，即转让的信贷资产应当包括全部未偿还本金及应收利息，不得有下列情形：（1）将未偿还本金与应收利息分开；（2）按一定比例分割未偿还本金或应收利息；（3）将未偿还本金及应收利息整体按比例进行分割；（4）将未偿还本金或应收利息进行期限分割。据我们了解，个别金租公司由于部分转让收到了监管部门的监管函。

租赁资产转让业务中，是否必须整体转让？部分转让有无合理性和可解释空间？租赁资产和信贷资产是否适用完全一样、无任何差别的监管标准？我们认为，虽然《合同法》规定的“可以部分转让”和银监会监管规则规定的“应当整体性转让”不太一致，但这一点尚存在商榷空间，理由在于：

信贷和融资租赁有本质区别，售后回租非信贷，也非“类信贷”[①]。信贷是基于主体信用的贷款，而融资租赁是基于融物的融资。融资租赁业务中，金租公司的放款金额取决于租赁物的价值，该金额的本质不是贷款，而是租赁物购买价款，金租公司通过支付该购买价款获得租赁物的所有权。信贷项下的主体信用不可分割，信贷风险无法隔离，但租赁物可以分割，进而达到一定程度的风险隔离。若租赁物被分割转让（金租公司享有所有权，可自由处分），该转让部分对应的风险已经完全转移。从这个角度而言，金租公司享有租赁物所有权、有权处分，且租赁物可分割、分割转让后风险完全转移的情况下，我们可以考虑部分转让。

因此，就租赁资产部分转让的问题，我们始终认为在融资租赁业务中存在合理性，也存在解释和沟通的空间。当然，若监管机构坚持不认可部分转让，那么，我们建议采取如下操作方式：在租赁物具备独立性的前提下，可将租赁合同项下的租赁物进行分拆，分拆成若干个单独的合同，将每个单独合同项下的租赁物和租金债权整体转让。

（三）租赁资产转让履行的相关程序分析

关于租赁资产的转让，现行监管机构参照信贷资产转让的规则。

102 号文第二条规定，信贷资产的转出方应征得借款人同意方可进行信贷资产的转让，但原先签订的借款合同中另有约定的除外。

102 号文第六条规定，拟转让的信贷资产有保证人的，转出方在信贷资产转让前，应当征求保证人意见，保证人同意后，可进行转让；如保证人不同意，转出方应和借款人协商，更换保证人或提供新的抵质押物，以实现信贷资产的安全转让。

从 102 号文的规定来看，信贷资产的转让，除借款合同有约定的外，应当

---

① 吴海峰，杨博钦. 售后回租非“类信贷”［N］. 金融时报，2015－08－22.

征得借款人同意。从实际操作来看，融资租赁业务中均会在合同中做出相关约定，约定“出租人有权将租赁合同项下全部或部分权利和义务及租赁物的所有权转让给第三方，承租人在此明确，出租人行使上述权利已获得承租人的同意，承租人有义务并将积极配合出租人上述权利的行使”。

拟转让的租赁资产有保证人的，根据102号文的规定，需要征得保证人同意，若保证人不同意，需采取其他更换或替代措施。实践中，租赁资产转让时，出租人和承租人会向保证人发生租赁资产转让通知，多数情况下，能够获得保证人出具的同意回执。

值得讨论的是，如保证人不同意转让，承租人也无法或拒绝提供新的保证人或其他措施的，那么，该转让业务能否进行。

我们认为：上述情况下，出租人仍可以转让租赁资产，但需履行通知义务。理由在于：保证属于附属担保权益，是从属于主债权的从权利。主债权转让的，从权利随之转让。《合同法》第八十一条、《担保法》第二十二条①以及《最高人民法院关于适用〈中华人民共和国担保法〉若干问题的解释》第二十八条②均有相关规定。从法理角度分析，主债权的转让并不构成对保证人的利益损害，保证人承担的保证责任仍是原保证合同项下的保证范围，不会扩大和加重保证人责任。从这个角度而言，无须保证人同意即可转让存在合理性。但需要注意的是，虽然无须保证人同意，但应当将租赁资产转让的事实告知保证人，并要求保证人对通知出具回执，防止保证人以不知转让之事实对租赁资产受让人提出抗辩。

（四）租赁资产转让时是否需重新签订融资租赁合同的分析

租赁资产转让时，个别金租公司由于未重新签订融资租赁合同，监管对

---

① 《担保法》第二十二条规定，保证期间，债权人依法将主债权转让给第三人的，保证人在原保证担保的范围内继续承担保证责任。保证合同另有约定的，按照约定。

② 《最高人民法院关于适用〈中华人民共和国担保法〉若干问题的解释》第二十八条规定，保证期间，债权人依法将主债权转让给第三人的，保证债权同时转让，保证人在原保证担保的范围内对受让人承担保证责任。但是保证人与债权人事先约定仅对特定的债权人承担保证责任或者禁止债权转让的，保证人不再承担保证责任。

此提出异议，依据在于102号文第六条。该条规定，信贷资产转入方应当与信贷资产的借款方重新签订协议，确认变更后的债权债务关系。

我们认为，租赁资产转让时，受让方和承租人可以考虑不再重新签订融资租赁协议，理由在于：

第一，租赁资产转（受）让业务中，承租人不享有租赁物所有权，无法与资产受让方签订融资租赁合同。

在租赁资产转（受）让业务中，基于资产转让方与承租人签订的融资租赁合同，在租赁期内，资产转让方作为出租人享有租赁物的所有权，承租人仅享有占有、使用和收益的权利，承租人并不享有租赁物的处分权。租赁物非由承租人享有，承租人并不真实拥有租赁物、无权处分租赁物，无法将租赁物作为自有物件与资产受让方开展售后回租业务。

《金融租赁公司管理办法》第五条规定，本办法所称售后回租业务，是指承租人将自有物件出卖给出租人，同时与出租人签订融资租赁合同，再将该物件从出租人处租回的融资租赁形式。售后回租业务是承租人和供货人为同一人的融资租赁方式。

《金融租赁公司管理办法》第三十四条规定，售后回租业务的租赁物必须由承租人真实拥有并有权处分。金租公司不得接受已设置任何抵押、权属存在争议或已被司法机关查封、扣押的财产或所有权存在瑕疵的财产作为售后回租业务的租赁物。

因此，售后回租业务中，租赁物必须是承租人的自有物件，必须由承租人真实拥有且有权处分，租赁物所有权不得存在瑕疵。若承租人无租赁物所有权，无法开展售后回租业务。

第二，实践中，租赁资产转（受）让业务多数均未重新签订融资租赁合同。

实践操作中，金租公司租赁资产转（受）让业务并未见有重新签订融资租赁合同的案例。

第三，与租赁资产转（受）让业务合同签订模式有关。如前所述，在租赁资产转（受）让业务中，因承租人不享有租赁物所有权，无法与资产受让方签订融资租赁合同，但可以采取以下合同签订模式开展业务：

模式一：资产转让方、资产受让方、承租人三方签订《权利义务转让合同》或《租赁资产转让合同》，约定资产转让方将融资租赁合同项下的租赁资产转让给资产受让方，承租人确认并同意资产受让方作为新的出租人享有原融资租赁合同项下的权利，承租人向资产受让方履行原融资租赁合同项下的义务。三方签字盖章，合同生效。

模式二：资产转让方、资产受让方两方签订《权利义务转让合同》或《租赁资产转让合同》，约定资产转让方将融资租赁合同项下的租赁资产转让给资产受让方，双方签字盖章，合同生效。同时，资产转让方和资产受让方双方向承租人发出通知书，告知承租人租赁资产转让的事实、承租人向资产受让方履行相关权利义务，并要求承租人对该通知书的内容做出确认回执，该通知书和确认回执作为合同附件属于合同不可缺少的组成部分，与合同正文具有同等法律效力。

3.3.6 《天津市地方金融监督管理条例》及《关于加强我市融资租赁公司监督管理工作的指导意见》重点内容解析①

2019年5月30日，天津市第十七届人大常委会第十一次会议审议通过《天津市地方金融监督管理条例》（以下简称《天津金融监管条例》），自2019年7月1日起施行。

为进一步做好过渡期间天津市融资租赁行业监督管理工作，防范和化解金融风险，促进行业持续健康发展，2019年7月22日，天津市地方金融监督管理局根据《天津金融监管条例》等相关规定制定了《关于加强我市融资租赁公司监督管理工作的指导意见》（以下简称《天津融资租赁公司监管指导意见》）。

下面重点解读《天津金融监管条例》《天津融资租赁公司监管指导意见》中与融资租赁公司相关的监管规定。

---

① 本部分作者为北京市圣大律师事务所律师国倩鑫，律师助理景梦娇。

一、将融资租赁公司纳入地方金融监管范围，并对监管部门、具体监管方式与措施、风险防控、行政处罚等做出了具体规定

《天津金融监管条例》明确规定，融资租赁公司属于地方金融组织，将融资租赁公司纳入地方金融监管范围。

（一）监管部门

《天津金融监管条例》《天津融资租赁公司监管指导意见》明确规定：市政府、区政府加强对地方金融工作的组织领导；市地方金融监督管理部门负责实施监督管理，承担地方金融组织风险处置责任，负责防范和化解地方金融风险，其中市金融局负责本市行政区域内融资租赁公司的监督管理，组织做好相关工作，区金融工作部门承担日常监督管理责任；发展改革、公安、财政、商务、审计、市场监督管理、国有资产监督管理等有关部门按照各自职责做好相关工作；鼓励依法建立行业自律组织，发挥服务、协调和行业自律作用，引导融资租赁公司合法经营，公平竞争。

（二）监管方式与措施

《天津金融监管条例》《天津融资租赁公司监管指导意见》明确规定，监管方式与措施包括设立、变更、终止审批或备案，业务活动及其风险状况的现场检查与非现场监管，事中事后监管措施，等等。

1. 融资租赁公司设立

《天津融资租赁公司监管指导意见》明确规定，天津市融资租赁公司设立由属地区人民政府对是否存在非法金融活动等风险进行评估，作为设立重要参考依据；内资租赁公司从事融资租赁业务申报时，原市商务委职能由市地方金融监督管理局承接，且内资融资租赁公司应当实缴不少于17 000万元注册资本（2001年8月31日及其以前设立的内资租赁公司不少于4 000万元）；外资融资租赁公司应当根据业务发展状况确保注册资本及时实缴到位，具备与其业务规模相适应的资产规模和资金实力，以保障实质性开展融资租赁业务。

2. 现场检查与非现场监管

《融资租赁企业监督管理办法》（商流通发〔2013〕337 号）（以下简称《融资租赁企业监管办法》）并未规定融资租赁公司具体监管方式，《天津金融监管条例》《天津融资租赁公司监管指导意见》则明确对融资租赁公司业务活动及其风险状况可进行现场检查与非现场监管。

3. 事中事后监管措施

《融资租赁企业监管办法》并未对监管措施做出规定，《天津金融监管条例》《天津融资租赁公司监管指导意见》则明确对于在事中事后监管工作中发现的问题，监管部门可以采取下列监管措施：警示、开展监管谈话、风险提示、责令整改；降低监管评级；建立“黑名单”制度，将“黑名单”公司列为重点监管对象，加强日常监管及现场抽查、检查；通报国家金融监管部门派出机构及市场监管部门，按照规定将相关信用信息纳入市场主体信用信息公示系统和信用信息共享平台，将失信机构及相关人员信息纳入市场主体联合监管系统实施联合惩戒。

（三）风险防控

《融资租赁企业监管办法》规定，在日常监管中，省级商务主管部门应当重点对融资租赁企业是否存在吸收存款、发放贷款、超范围经营等违法行为进行严格监督管理。一旦发现应及时提报相关部门处理并将情况报告商务部。

《天津金融监管条例》《天津融资租赁公司监管指导意见》在上述规定的基础上，规定了具体、可操作的处置措施。对涉嫌从事非法金融活动的，应会同公安、市场监管等有关部门依法予以打击；对已立案或经会商研判确认从事非法集资的机构股东代表、实际控制人、董事、监事以及高级管理人员加强管理和控制，对上述“五类人”会同有关部门进行联合惩戒，对其开办企业的申请不得予以支持，对获取金融服务的要求增大摩擦系数，大幅提高其违法违规行为成本；构成犯罪的，向司法机关举报或者移送。

（四）行政处罚

《融资租赁企业监管办法》并未规定监管部门可以对融资租赁公司违法行为进行行政处罚，《天津金融监管条例》明确规定监管部门在融资租赁公司发生违法行为时可给予罚款、没收违法所得、责令限期改正、责令停业整顿、吊销经营许可等行政处罚，对负有直接责任的董事、监事、高级管理人员可给予警告、罚款处罚。

二、对融资租赁公司经营原则、业务规范与负面清单、内部治理、风险管理、信息报送与重大事项报告等做出了具体规定

（一）经营原则

《天津金融监管条例》《天津融资租赁公司监管指导意见》明确了融资租赁公司经营总体要求或原则，即开展经营活动应当遵守法律、法规、规章的规定，审慎经营，遵循诚实信用原则和公平原则，稳健经营，风险自担，不得损害国家利益、社会公共利益和他人合法权益，坚持融资与融物相结合，提高专业化水平，服务实体经济发展。

上述要求或原则基本沿袭了《融资租赁企业监管办法》相关规定。

（二）业务规范与负面清单

《天津金融监管条例》《天津融资租赁公司监管指导意见》明确了融资租赁公司业务规范与禁止行为负面清单。

在业务规范方面，主要包括租赁物适格要求（权属清晰、真实存在且能够产生收益权）、租赁物登记要求（权属登记、中登网登记）、主营业务和保理业务要求（应以融资租赁等租赁业务为主营业务，兼营的商业保理业务应与主营业务有关）、风险资产要求（不得超过净资产总额的10倍）。

在禁止行为方面，负面清单主要包括不得违规融入资金，不得从事吸收存款、发放贷款、受托发放贷款等金融业务，不得从事同业拆借业务，不得借融资租赁的名义开展非法集资活动以及从事违反国家规定的其他活动，不得超范围经营，不得抽逃或变相抽逃注册资金，不得在业务开展中采取非法手段进行暴力催收。

除了“兼营的商业保理业务应与主营业务有关，不得抽逃或变相抽逃注册资金，不得在业务开展中采取非法手段进行暴力催收”系新增外，上述业务规范与禁止行为负面清单与《融资租赁企业监管办法》相关规定基本一致。

此外，《天津金融监管条例》规定了融资租赁公司提供产品和服务的要求，即应当建立健全金融消费者和投资者适当性制度，将合适的金融产品和服务推介给适当的消费者和投资者，真实、准确、完整地向消费者或者投资者提供信息、提示风险，不得有虚假记载和误导性陈述。

（三）内部治理

1. 公司治理

《天津融资租赁公司监管指导意见》明确规定，融资租赁公司应当建立科学高效的公司治理结构，建立健全股东（大）会、董事会、监事会、管理层的组成、职责和议事规则等制度，确保相互独立和有效制衡，促进企业发展目标实现和加强风险防控。

《融资租赁企业监管办法》未对融资租赁公司的公司治理做出规定，上述规定参考了《金融租赁公司管理办法》相关规定。

2. 内部控制

《天津金融监管条例》沿袭了《融资租赁企业监管办法》关于内部风险控制体系的规定，要求融资租赁公司应当建立完善的内部风险控制体系，形成良好的风险资产分类管理、承租人信用评估、事后追偿和处置制度以及风险预警机制。

《天津融资租赁公司监管指导意见》明确了融资租赁公司内部控制要求，融资租赁公司应当遵循全面、重要、制衡、适应、成本效益原则，建立完善的内部控制制度，提高经营管理水平和风险防范能力，保障公司安全稳健运行，促进可持续发展。

3. 关联交易

《天津融资租赁公司监管指导意见》沿袭了《融资租赁企业监管办法》关于关联交易的规定，融资租赁公司应当建立关联交易管理制度，在对承租人为关联企业的交易进行表决或决策时，与该关联交易有关联关系的人员应当回避；在向关联生产企业采购设备时，有关设备的结算价格不得明显低于该生产企业向任何第三方销售的价格或同等批量设备的价格。

（四）风险管理

《天津金融监管条例》《天津融资租赁公司监管指导意见》基本沿袭了《融资租赁企业监管办法》关于项目调查、客户集中度管理、风险资产分类管理、风险应对的相关规定。

《天津融资租赁公司监管指导意见》新增了对接监管系统要求，融资租赁公司业务管理和财务管理等信息系统应接入市金融局建立的监督管理信息系统，保障市金融局对公司基本信息、财务信息、业务信息等数据的实时提取和监测，实现经营、财务、风险等信息的即时采集，以及业务、项目、资金等信息的逐笔报告和备查。

（五）信息报送与重大事项报告

《天津金融监管条例》《天津融资租赁公司监管指导意见》基本沿袭了《融资租赁企业监管办法》关于信息报送和重大事项事先通报的规定，如通过全国融资租赁企业管理信息系统进行信息报送、发生重大事项（如变更名称或住所、增减注册资本金、变更组织形式、调整股权结构等）事先通报监管部门。

《天津融资租赁公司监管指导意见》新增了重大事项实时报告规定，即融资租赁公司发生以下重大事项，应实时报告区金融工作部门，区金融工作部门收到报告后实时报告市金融局：被行政处罚、公示经营异常信息、法律诉讼；发生重大金融风险、群体性事件、重大安全风险突发事件、重大负面舆情；股权或主要资产被质押、查封、冻结、扣押；主要或全部业务陷入停顿；公司或其法定代表人因涉嫌违法违规被行政机关、司法机关立案调查；公司或其主要法人股东依法解散、申请破产或被责令关闭、吊销营业执照。

三、待完善之处

《天津金融监管条例》《天津融资租赁公司监管指导意见》仍存在部分业务规范不明确的问题。比如，《天津融资租赁公司监管指导意见》规定，融资租赁公司应当以融资租赁等租赁业务为主营业务，兼营的商业保理业务应与主营业务有关，但未明确规定融资租赁和其他租赁资产与总资产的比重最低要求，未明确与主营业务相关的商业保理业务定义。

四、对融资租赁公司的影响

在天津注册的融资租赁公司应严格遵守《天津金融监管条例》《天津融资租赁公司监管指导意见》相关规定，保持与监管部门密切沟通，以免因业务不合规受到相应行政处罚。

3.3.7 《天津市高级人民法院关于审理融资租赁合同纠纷案件若干问题的审判委员会纪要（一）》要点解读[①]

2019年12月30日，天津市高级人民法院发布了由天津市高级人民法院审判委员会于第33次会议2019年12月13日审议通过的《天津市高级人民法院关于审理融资租赁合同纠纷案件若干问题的审判委员会纪要（一）》（津高法〔2019〕335号，以下简称《天津审委会纪要》）。

《天津审委会纪要》的发布对于融资租赁行业今后的发展具有重要意义，我们对该纪要进行了要点解读。

一、《天津审委会纪要》的重要指导意义

《最高人民法院、最高人民检察院关于地方人民法院、人民检察院不得制定司法解释性质文件的通知》规定，地方人民法院、人民检察院一律不得制定在本辖区普遍适用的、涉及具体应用法律问题的“指导意见”“规定”等司法解释性质文件，制定的其他规范性文件不得在法律文书中援引。

根据上述规定，《天津审委会纪要》不能作为裁判依据进行援引，但是该纪要是天津高院审判委员会根据融资租赁相关法律法规，结合审判工作实际，就融资租赁合同纠纷案件的若干问题形成的“基本共识”。因此，该纪要对今后天津市法院审理融资租赁案件具有重要的指导意义。

建议：融资租赁企业应当认真学习《天津审委会纪要》，增强业务可预见性，从源头上防范法律风险。

二、重视多元化解纠纷

《天津审委会纪要》对委派调解和委托调解的时限、调解协议的效力、在线调解的建立等方面进行了明确规定。

委派调解，即“诉前委托调解”，法院仅需要征得原告同意，即可在案件立案前委派特邀调解组织或特邀调解员进行调解，向被告发送调解通知。委托调解是在登记立案后进行的，是在诉讼中将案件交由合议庭之外的调解组

① 本部分作者为北京市圣大律师事务所主任匡双礼，律师何矗。

织或调解人员调解。

根据人民法院在线调解平台的数据，截至2020年1月，天津法院已全部开通在线调解平台，累计调解案件已达17 887件，调解平台上特邀调解员342名，特邀调解组织135个，其中人民调解组织居多，有70个，行业调解组织有18个。根据查询在线调解平台的数据，天津法院在线调解平台的行业调解组织中尚未有融资租赁相关行业的调解组织。

对于承租人有支付意愿但出现短期流动性问题的，通过调解解决双方矛盾具有十分重要的现实意义，有利于融资租赁行业整体环境的良性健康发展。

建议：融资租赁企业在合同展期时可以通过多元调解方式进行，一旦承租人仍不履行展期后的合同，可以直接向法院申请强制执行。但融资租赁企业应当注意与天津法院合作的调解组织须经司法当局认可，未经认可的调解组织调解形成的协议，无法取得天津法院的司法确认，没有强制执行效力。

三、放宽诉讼保全担保形式

根据《最高人民法院关于人民法院办理财产保全案件若干问题的规定》（法释〔2016〕22号）第八条“金融监管部门批准设立的金融机构以独立保函形式为财产保全提供担保的，人民法院应当依法准许”之规定，金融租赁企业在申请财产保全时，可以自己出具独立保函作为担保。

《天津审委会纪要》结合融资租赁行业的情况，进一步规定金租公司以及满足一定条件的商租公司在诉讼中申请财产保全时，可以不提供担保。不提供担保的规定应当只限于诉讼中，这一规定符合《民事诉讼法》第一百条关于诉讼中财产保全的相关规定。

建议：《天津审委会纪要》彰显了天津高院对融资租赁行业的理解与支持，有助于营造良好的营商环境。对于商租公司满足什么条件可以不提供担保，《天津审委会纪要》中没有明确规定，我们建议天津高院对该条件出具统一的规定或者建立白名单，以便各法院受理财产保全申请时进行统一适用。

确认司法送达条款效力：《天津审委会纪要》对司法送达条款的法律效力进行了确认，同时对变更地址的通知义务及未通知的默示法律效力也进行了确认。《天津审委会纪要》的这一规定可以大大节约司法资源，提高审判效率。

建议：融资租赁企业应当在合同文本中约定司法送达条款，以免诉讼中无法送达时，还需要对开庭传票、判决书、上诉状等法律文书进行公告送达，造成讼累。

四、明确租赁物及权属的审查六要素

对于租赁物是否真实存在及权属是否清晰，《天津审委会纪要》通过不完全列举 + 否定式规定进行明确，纪要首先提出从以下六个方面进行综合审查：采购合同；支付凭据；发票；租赁物保险材料；租赁物抵押登记材料；央行征信中心融资租赁登记公示系统记载的租赁物权属状况。同时，纪要规定了不能仅凭发票、交接书和有关租赁物的说明予以认定。

《天津审委会纪要》的这一规定再次强调了融资租赁的“融物”本质，同时也是对融资租赁企业开展业务所需的谨慎审查义务提出的要求。

建议：今后天津法院在审理租赁物真实性及权属时，可能会扩大审查范围。融资租赁企业开展业务时要更加重视对租赁物的审查，在项目评审投放时应当对上述要素进行清单要素式审查。

五、明确融资租赁合同性质及效力认定的综合考虑因素

《天津审委会纪要》指出对于判断融资租赁法律关系成立至少需要考虑四个方面的因素：一是租赁物的真实性与特定化；二是租赁物与合同约定的一致性；三是租赁物价值与租金构成的一致性；四是所有权转移手续的办理。

对于法律关系认定为民间借贷的，《天津审委会纪要》指出应当注意区分其效力：为生产、经营需要订立的民间借贷合同，应当认定为有效；套取资金而后转贷且借款人明知的、为犯罪活动提供资金的、违反公序良俗的应当认定为无效。同时，根据《九民纪要》第五十三条的规定，对于职业放贷的，也应当认定为无效。

《天津审委会纪要》还特别提到违反金融安全、市场秩序、国家宏观政策等强制性规定的，合同无效。根据《九民纪要》第三十条“强制性规定涉及金融安全、市场秩序、国家宏观政策等公序良俗的”及第三十一条“但该规章的内容涉及金融安全、市场秩序、国家宏观政策等公序良俗的，应当认定合同无效”之规定，金融安全、市场秩序、国家宏观政策的违反，属于违反公序良俗，应当认定合同无效。

建议：融资租赁企业应当重点关注上述四个要素并严格审查是否违反涉及金融安全、市场秩序、国家宏观政策等违反公序良俗的效力性强制性规定。

六、明确出租人选择权情形及法律后果

《天津审委会纪要》对《合同法》第二百四十八条规定的出租人选择权、《最高人民法院关于审理融资租赁合同纠纷案件适用法律问题的解释》第二十一条规定的法官释明义务进行了更为清晰的界定。

对于出租人既主张解除合同又主张履行合同的，《天津审委会纪要》明确了法院会裁定驳回起诉，同时也明确出租人重新确定诉讼请求的，再次起诉的可以受理。对于出租人主张解除合同的同时要求支付已到期未付租金的，不属于《合同法》第二百四十八条规定的行使选择权的情形。

然而，需要特别注意的是，对于约定租赁期间届满租赁物归承租人所有的，若收回的租赁物的价值超过承租人欠付的租金及其他费用时，出租人主张已到期未付租金的，法院不一定支持。

建议：为提高诉讼质效，融资租赁企业在起诉时应当按照《合同法》第二百四十八条的规定进行选择。同时，审慎评估在解除合同取回租赁物同时主张已到期未付租金的相关风险。

七、根据租赁物权属约定区分是否返还租赁物的超值部分

《天津审委会纪要》准确把握了融资租赁业务中租赁物物权担保的功能。对于租赁期末所有权约定归承租人的，承租人可以主张返还超出部分的价值；对于租赁期末所有权约定归出租人的，承租人不能主张返还超出部分的价值。

建议：《天津审委会纪要》没有明确计算租赁物残值的时间点，我们认为，以评估拍卖的时点或双方认可的其他时点计算租赁物残值的时间更为公允且易于执行。

八、适当限制加速到期

根据《最高人民法院关于审理融资租赁合同纠纷案件适用法律问题的解

释》第十二条第三款“合同对于欠付租金解除合同的情形没有明确约定，但承租人欠付租金达到两期以上，或者数额达到全部租金百分之十五以上，经出租人催告后在合理期限内仍不支付的”之规定，出租人可以请求解除融资租赁合同。《天津审委会纪要》规定出现该种情形时，出租人可以宣布租金提前到期，即将出租人合同解除权的条件适用于宣布租金提前到期。

同时，《天津审委会纪要》适当限定了出租人可以宣布租金提前到期的适用条件，对于逾期一期租金、违反非租金义务的情形，不支持全部租金到期。

建议：融资租赁企业应当注意对于合同中约定的交叉违约、股东或实际控制人或担保人出现经营不良情形等非租金义务情形，出租人有权宣布租金提前到期的，天津法院可能不会支持。但是对于承租人或者担保人出现经营状况急剧恶化等重大不利情形的，我们认为出租人应有权宣布租金提前到期，无须静待满足前述定量或定性标准。

九、明确租金提前到期日

对于宣布提前到期日的确定，司法实践中有催告函发出之日、催告函载明的履行期限届满日、案件受理日、起诉状送达之日、首次开庭日、裁判文书做出之日等各种观点。《天津审委会纪要》选择了两个时间点：一是催告函中载明的履行期限届满日；二是首次开庭日。这一规定既遵循了诚实信用原则；对于出租人积极催告的，尊重出租人的意思表示，又遵循了公平原则，对于未催告或催告不明的，选择了首次开庭日这一居中的时间节点。

建议：对于承租人逾期达到可宣布租金提前到期条件的，我们建议融资租赁企业选择先行催告，并在催告函中载明履行期限届满日。

十、明确提前到期违约责任的起算日

《天津审委会纪要》对提前到期日次日至实际给付之日的逾期利息或违约金予以支持，但是纪要没有明确计算逾期利息或违约金的基数。

建议：融资租赁企业可以在合同中约定加速到期时计算逾期利息或违约金的起算日期及计算的基数。需要注意的是，该等规定与《九民纪要》第五十五条的精神是否一致需要继续观察。

十一、明确加速到期时应抵扣租赁保证金

实践中对于保证金的抵扣时间，各法院有不同的判法。对于合同中约定“出租人有权抵扣保证金的”，有的法院认为出租人有权选择抵扣的时间，按照出租人选择的时间点进行保证金的抵扣。有的法院认为在承租人逾期时即进行保证金的抵扣，对承租人是较为公平的。

《天津审委会纪要》对于宣布租金提前到期的，规定出租人“应当”对保证金进行抵扣。换言之，在加速到期情形下，出租人对于保证金的抵扣时间没有了选择权，抵扣保证金变成了出租人的义务。纪要的这一规定平衡了出租人与承租人双方的利益，符合公平原则的要求。同时，《天津审委会纪要》对于抵扣顺序在当事人没有明确约定时规定了按照实现债权的费用、逾期利息、违约金、损害赔偿金、租金的顺序进行抵扣。

建议：《天津审委会纪要》没有规定解除合同时如何进行保证金的抵扣，融资租赁企业可以在合同中就此予以明确。

十二、明确律师费用支持规则

《天津审委会纪要》明确了守约方主张律师费需要满足以下三个条件：一是合同明确约定了律师费用的负担；二是实际发生；三是提交委托代理合同、律师费用支付凭证、发票。同时，纪要明确了违约方主张律师费用过高需要向法庭提供初步证据予以证明。但是纪要并没有明确如果违约方不主张律师费用过高，是否会支持守约方主张的全部律师费用。因此，综合纪要的规定，律师费用最终支持的范围属于法官自由裁量的内容。

建议：为了避免有些法院认定违约金本身包含了违约发生时守约方可能发生的律师费，因此如果支持了违约金，则不再重复支持该等律师费。实践中，融资租赁企业应当在合同中将律师费与逾期利息并列，而非将违约金和律师费并列。

综上，天津高院发布的《天津审委会纪要》结合了近几年的审判实践与天津市融资租赁行业发展的特点，针对常见的突出问题进行了审判经验的总结，对从源头上防范矛盾纠纷的出现和扩大、营造法治化营商环境、促进天津融资租赁行业良性发展具有非常重要的现实作用。《天津审委会纪要》的发布，对天津进一步加强融资租赁产业的综合竞争优势将起到保驾护航的作用。

3.4 会计

3.4.1 融资租赁行业会计制度历史沿革

会计准则的完善程度标志着我国会计体系发展的成熟度，也决定着我国市场经济是否能够有效运行。改革开放之后，人们认识到“经济越发展，会计越重要”，随着国民经济的全面恢复，会计制度逐步建立和完善起来。从1978年到1992年企业会计准则公布以前，我国的会计准则处在一个探索阶段。1979年财政部恢复了会计司，由其负责制定我国的会计准则。1985年我国发布了《中华人民共和国会计法》（1999年进行了第二次修订）。

在新一轮改革开放浪潮中，会计制度与会计准则相继颁布。股份制改革和股权结构变化相适应，1992年5月发布了《股份制试点企业会计制度》。在借鉴国际经验的基础上，1992年11月财政部发布了《企业会计准则——基本准则》和《企业财务通则》。1997年琼民源案件直接推动了第一个具体会计准则的发布——关联方关系及其交易的披露，至2001年已制定并发布了16个具体准则。财政部2000年发布了《企业会计制度》，2001年发布了《金融企业会计制度》。

随着经济全球化的发展，越来越多的企业走出国门。在这样的形势下，财政部从2004年下半年开始着手建立与国际趋同的会计准则体系。在借鉴国际惯例的基础上，2006年2月15日，财政部发布了《企业会计准则》，该准则体系在2014年进行了修订，并发布了新的具体准则。2017年7月5日，财政部发布了修订后的《企业会计准则第14号——收入》。

我国租赁会计准则制定较晚。1996年1月，财政部发布了《企业会计准则——租赁（征求意见稿）》，标志着我国有关租赁业务的处理逐步趋于规范化，并在很大程度上参考了租赁国际会计准则及其他国际会计准则的一些做法，体现了与国际会计惯例的接轨。

2001年1月，《企业会计准则——租赁》正式在所有企业中实施。2006

年，作为租赁会计准则的《企业会计准则第 21 号——租赁》与其他 38 个准则一起发布。在2001年和2006年的租赁准则中，都将租赁划分为融资租赁和经营租赁。我国的租赁准则借鉴了《国际会计准则第 17 号——租赁》（IAS 17）和美国《财务会计准则第 13 号——租赁会计》（SFAS 13），对融资租赁和经营租赁的划分，既在会计准则中采用原则导向规定了“大部分”“几乎相当于”的要求，又在会计准则指南中采用规则导向规定了“75%”和“90%”的要求。

在国际会计准则理事会2016年 1 月发布《国际财务报告准则第 16 号——租赁》（IFRS 16）后，我国也开始起草与国际准则趋同的新的租赁准则。

2018年 1 月 8 日，财政部办公厅公布《企业会计准则第 21 号——租赁（修订）（征求意见稿）》，一为解决现行租赁会计准则实施中存在的问题，二为实现与 IFRS 16 趋同。该征求意见稿从五个方面进行了修订：（1）完善租赁的识别、分拆及合并等相关原则；（2）承租人会计处理由双重模型修改为单一模型，同时进一步完善了可变租赁付款额、租赁发生变更等情形的会计处理；（3）改进出租人的租赁分类原则及相关会计处理；（4）调整售后租回交易会计处理并与收入准则衔接；（5）完善与租赁有关的列示和信息披露要求。

2018年 12 月 7 日，财政部下发《关于修订印发〈企业会计准则第 21 号——租赁〉的通知》，新租赁会计准则正式出台，并在实施范围和实施时间上采取分步到位的办法。

根据通知规定，在境内外同时上市的企业以及在境外上市并采用国际财务报告准则或企业会计准则编制财务报表的企业，自2019年 1 月 1 日起施行；其他执行企业会计准则的企业自2021年 1 月 1 日起施行。母公司或子公司在境外上市且按照国际财务报告准则或企业会计准则编制其境外财务报表的企业，可以提前执行本准则，但不应早于其同时执行财政部2017年 3 月 31 日印发的《企业会计准则第 22 号——金融工具确认和计量》和2017年 7 月 5 日印发的《企业会计准则第 14 号——收入》的日期。

3.4.2 金融租赁公司贷款损失准备金企业所得税税前扣除政策明确

2019年 8 月 23 日发布的《关于金融企业贷款损失准备金企业所得税税前

扣除有关政策的公告》（财政部、税务总局公告2019年第86号），明确了政策性银行、商业银行、财务公司、城乡信用社和金融租赁公司等金融企业提取的贷款损失准备金企业所得税税前扣除有关政策，包括准予税前提取贷款损失准备金的贷款资产范围、金融企业准予当年税前扣除的贷款损失准备金计算公式等。

准予税前提取贷款损失准备金的贷款资产范围包括：贷款（含抵押、质押、保证、信用等贷款）；银行卡透支、贴现、信用垫款（含银行承兑汇票垫款、信用证垫款、担保垫款等）、进出口押汇、同业拆出、应收融资租赁款等具有贷款特征的风险资产；由金融企业转贷并承担对外还款责任的国外贷款，包括国际金融组织贷款、外国买方信贷、外国政府贷款、日本国际协力银行不附条件贷款和外国政府混合贷款等资产。

财政部、税务总局公告自2019年1月1日起执行至2023年12月31日。

3.4.3 新会计准则下融资租赁公司六大战略准备①

2018年底，财政部颁布了修订后的租赁会计准则，在境内外同时上市的企业以及在境外上市并采用国际财务报告准则或企业会计准则编制财务报表的企业，已于2019年1月1日起施行；其他执行企业会计准则的企业自2021年1月1日起施行。

全球金融危机爆发后，为了进一步提高会计信息的质量，国际会计准则理事会和美国财务会计准则委员会便将修改相关会计准则提上日程，关于租赁会计准则的修改更是引起全球融资租赁行业的高度重视。

在2010年前后，世界主要国家和地区的租赁行业协会召开了多次电话会议，形成了较为统一的意见和建议，并要求各方积极向所在国家/地区的财政部门及国际会计准则理事会反映行业诉求。时任中国外商投资企业协会租赁业工作委员会会长的李思明先生、常务副会长屈延凯先生及汇融律师事务所张稚萍律师全程参与了相关的沟通和协调工作，为争取行业利益做出了重要

① 本部分作者为中国外资租赁委员会专职副会长兼秘书长刘开利。

贡献。

租赁会计准则的修改，出租人的会计处理变化相对较小，而承租人的会计处理变化较大，对融资租赁行业的竞争力有较大影响。新租赁会计准则的全面施行将要到来，国内融资租赁企业应当从以下六个方面做好准备。

一、战略重视

会计是融资租赁的四大支柱之一，会计准则的修改对行业发展和公司业务的影响将是全方位的。管理层不能认为会计准则修改只是财务部门的事，实际上这将会涉及公司的所有部门。融资租赁公司应当在战略层面高度重视会计准则变化可能产生的影响，甚至需要成立专门的工作小组负责跨部门的交流与协作，在全面施行之前做好充分的准备与应对。

二、财税准备

财务部门应当全面学习、深刻领会新会计准则，包括出租人和承租人相关会计处理的变化，并加强与公司相关部门的及时沟通。会计准则的变化也会影响公司的税务处理，税务部门应当全面评估新的会计准则对税务处理的影响，并提前准备应对方案。本次租赁会计准则的修订对出租人财务报表的影响较小，但也要评估对融资租赁公司主要财务指标的影响，并及时与资金管理部门沟通相关情况。

三、客户教育

由于本次租赁会计准则的修改，承租人的会计处理变化比较大，融资租赁公司应当全面了解新准则对客户财务指标的影响，同时做好客户的指导和沟通工作。特别是对于表外融资的交易，新会计准则的施行将要对存量业务进行追溯调整，可能造成承租人财务指标的大幅变动，进而影响承租人的存量融资和未来融资，以及可能存在的限制性承诺。

四、销售策略

满足客户的财税需求是融资租赁发展的三大动因之一，本次租赁会计准则修改主要是堵塞了承租人的表外融资，但融资租赁仍然有优化现金流量等很多财税方面的优势。如之前所述，会计准则修改在一定程度上削弱了融资租赁业务的竞争力，好在我国的融资租赁行业做的表外融资业务并不多（除飞机、船舶等领域），财税因素也不是业务拓展的主要动因，但仍需要销售部门加强学习，并及时更新营销策略。

五、产品研发

会计准则以及财税政策是融资租赁行业产品研发的重要基础，租赁会计准则的变化对业务模式、交易结构和服务领域等都具有重要影响。产品研发部门应当全面评估会计准则变化对公司存量产品和服务的影响，并根据新的会计准则调整产品研发思路，开发更好的产品和更专业的服务，更好地满足客户的需求，不断提升融资租赁服务实体企业的能力。

六、科技投资

新租赁会计准则的全面施行，需要及时更新融资租赁公司的财务系统和业务系统。融资租赁在我国还是一个相对比较小众的行业，信息系统的更新不仅仅是供应商的工作，融资租赁公司需要提前与供应商沟通，并做好应对方案和定时评估。信息化的发展如火如荼，融资租赁企业需要尽早、主动地加大在信息科技方面的投入。

3.4.4 对新租赁准则相关问题的探讨①

2018年12月，财政部修订印发了《企业会计准则第21号——租赁》（以下简称“新准则”），并于2019年1月1日生效。此次修订是国际财务报告准则在中国的趋同：2016年1月，国际会计准则委员会发布了IFRS 16，以替换此前的IAS 17。

新准则最大的变化是要求经营租赁承租人入表，租赁在会计核算方面的表外融资优势丧失，但租赁公司的某些业务虽名为租赁，却并不适用租赁准则，而适用《企业会计准则第14号——收入》，在会计上不是租赁而是服务，承租人仍可直接确认损益。因此，对租赁公司而言，识别、界定租赁与服务尤为重要。

① 本部分作者为兴业金融租赁营销管理部胡永强，对外经济贸易大学博士生导师史燕平。

一、融资租赁及经营租赁的承租人均须在表内核算使用权资产和负债

第一，新准则与旧准则最大的不同，是新准则要求承租人将经营租赁入表。新准则第十四条“在租赁期开始日，承租人应当对租赁确认使用权资产和租赁负债”，这是准则修订的精髓所在。旧准则第二十二条“对于经营租赁的租金，承租人应当在租赁期内各个期间按照直线法计入相关资产成本或当期损益”，即旧准则下，经营租赁影响利润表但不影响资产负债表。

第二，承租人入表体现在确认使用权资产和负债。承租人在未来具有对出租人的现实支付义务，构成一项负债。资产与负债匹配，对应负债，承租人须确认“使用权资产”。在会计学科发展历程中，资产主要分为固定资产和无形资产，“使用权资产”可以说是一项重要的会计创新。“使用权资产”目前仅针对租赁业务，其逻辑在于承租人租入租赁物，对于租赁物有使用权，且该等使用权将会带来经济利益，成本也能可靠计量，符合资产的内涵，该使用权应确认为一项资产。固定资产、无形资产的入账价值一般是购入价值，较为直观，但使用权资产不然，使用权资产的初始计量是以租赁负债为主，在其基础上调整。

第三，不管是经营租赁还是融资租赁，出租人的会计处理并无差异。对于承租人而言，新准则不再区分融资租赁和经营租赁。在融资租赁业务中，承租人在旧准则下核算为固定资产或无形资产，现在须核算为使用权资产，但新的使用权资产大致等同于旧的固定资产，因此其资产负债状况大致不变。对于出租人而言，新准则要求仍分类为融资租赁和经营租赁，会计处理基本不变。

第四，对于大多数租赁公司而言，短期租赁和低价值租赁难以应用。针对承租人入表的要求，新准则给出了两项豁免：一是租赁期短于 12 个月的租赁业务，二是单项租赁资产为全新资产时价值较低的租赁。对于短期租赁和低价值资产租赁，可以选择不确认使用权资产和租赁负债，承租人将租赁付款额计入相关资产成本或当期损益，与旧准则下经营租赁核算方式一致。但上述两项豁免均难以应用，原因在于：一是大部分融资租赁公司的租赁业务期限为 3 ~ 5 年，远长于 12 个月的要求；二是新准则虽未界定低价值的具体标准，但 IFRS 16 认为该标准一般为5 000美元。

二、租赁作为“表外融资”的优势丧失

首先，租赁在会计核算层面的优势不再新准则第二十一条、第二十三条分别规定“承租人应当参照《企业会计准则第 4 号——固定资产》有关折旧规定，对使用权资产计提折旧”，“承租人应当按照固定的周期性利率计算租赁负债在租赁期内各期间的利息费用，并计入当期损益”。可见，使用权资产和租赁负债的后续计量基本等同于固定资产和借款。单独从会计核算的角度讲，无论是融资租赁还是经营租赁，企业通过租赁的形式租入租赁物基本等同于借款买入固定资产。当然，经营租赁意味着承租人购入租赁期内的使用权，其购买比例相当于租赁期与设备使用寿命的比率，相对于借款购买 100% 资产，承租人租赁负债的金额远小于借款负债金额。

其次，经营租赁承租人财务报表多项指标受到一定影响。长期以来，经营租赁业务的一大优势即为“表外融资、优化报表”，新准则使经营租赁相对于银行信贷、融资租赁在会计上的优势受到影响。承租人不得不面对由此带来的一系列问题。其一，承租人的偿债指标受到影响，资产、负债双升导致资产负债率提高；确认负债导致应付利息增加，进而导致利息保障倍数下降，即便由于折旧和利息增加，息税折旧摊销前利润指标提升。其二，运营指标受到影响，确认使用权资产使总资产变大，进而导致资产周转率下降。其三，在租赁初期，净资产及每股收益也受到影响，主要原因是使用权资产计提折旧一般使用直线法，但常见的等额租金模式下，租赁初期负债本金偿还较少，而利息支出较多，资产的减少高于负债的减少，租赁初期将导致净资产下降，利息支出冲减利润，将导致每股收益下降。

三、租赁公司部分租赁业务不适用租赁新准则

对于承租人而言，一旦业务认定为租赁准则中的租赁业务，则须确认资产和负债。然而，如果业务认定为一项服务而非租赁，则不受租赁新准则约束，其会计处理不在资产负债表上体现，仅在损益表上确认服务费用支出，与旧准则下经营租赁承租人的会计处理异曲同工。

《企业会计准则第 14 号——收入》第三条规定，“本准则适用于所有与客户之间的合同”，“本准则所称客户，是指与企业订立合同以向该企业购买其日常活动产出的商品或服务（以下简称‘商品’）并支付对价的一方”。第二十七条则规定，“企业应当在下列支出发生时，将其计入当期损益：（一）管理费用……”。租赁业务如认定为会计上的服务，对于购买方即承租人而言，仍然直接计入损益，无须入表。

新准则明确了租赁和服务的边界。两者的边界体现于是否控制已识别资产使用的权利。租赁新准则第二章第一节“租赁的识别”界定了什么是会计上的租赁。认定租赁的关键条款是承租人“在一定期间内控制一项或多项已识别资产使用的权利”。其中，控制主要表现为“有权在该使用期间主导已识别资产的使用”，比如：“客户有权在整个使用期间主导已识别资产的使用目的和使用方式”；对于“已识别资产”的定义，“如果资产的供应方在整个使用期间拥有对该资产的实质性替换权，则该资产不属于已识别资产”。

例1：A航空公司以租赁的形式购买飞机，承租飞机后自行运营，租赁期末飞机归承租人所有。

例2：B航空公司租入飞机，租期7年，飞机折旧年限一般为25年，租赁期末退还租赁公司。

例3：C建筑公司租入高空作业车100台，租期两年，租赁期末退还租赁公司，租赁期间内租赁公司有权替换高空作业车，保证车辆台数与规格符合要求即可，且租赁公司替换作业车成本较低。

例4：D公司为世界500强公司，与车辆租赁公司签订租车协议，租期3年，租用10台大巴车，车辆固定，路线固定，每日早晚各1班，用于接送员工，车辆租赁公司提供司机。

在以上例子中：A航空公司为融资租赁承租人，B航空公司为经营租赁承租人，两个例子均构成租赁，且A、B两公司应确认所有权资产和负债。C建筑公司租入高空作业车并非租赁业务，原因在于租赁公司拥有对高空作业车的实质性替换权，C建筑公司租入的高空作业车并非可识别资产。D公司租入车辆并非租赁业务，虽然车辆固定，租车公司拥有对车辆的实质性替换权，车辆满足可识别资产的条件，但车辆使用的线路固定，D公司不能主导已识别资产使用目的，车辆的司机属于租车公司，D公司不能主导已识别资产使用方式。

再以大型融资租赁公司特别是金融租赁公司日常业务范畴内的船舶租赁业务为例：光租业务属于租赁，根据租赁条款的不同可能是经营租赁，也可能是融资租赁；期租业务则不属于租赁，因为期租配备了船长、船员，承租人不能主导已识别资产的使用方式。

四、由租赁向服务升级是租赁公司继续取得会计优势的要求

可以说，在认定一项业务是否属于租赁准则中的“租赁”业务时，对上述控制、主导权、可识别资产、替换权等因素的判断起着重要作用。租赁公司在业务结构和合同条款设计上，充分考虑上述因素，对于业务被认定为服务而非租赁进而获得会计上的优势有重要意义。

长期来看，租赁公司应提高专业化水平，推动业务自然由租赁向服务升级。在很多情况下，租赁公司向客户销售的业务本身就是租赁和服务的综合体。对于业务中的服务部分，承租人可继续在表外核算。因此，租赁公司可根据自身的特色和资源，由融资工具向产业服务转移和渗透。同时，服务的客户将不限于承租人，可能也包括租赁同业，如飞机租赁中的代管飞机服务。向服务升级将是一个长期过程，需要租赁公司从战略、文化、机构、人员等多方面转变。

短期来看，在特定领域，租赁公司可尝试通过产品结构的设计实现由租赁向服务转化。例如，租赁公司A与航运公司B签订服务合同，A公司向B公司提供期租服务，不仅提供船舶，还负责船舶操作、船舶维护，则A公司向B公司销售的业务整体被认定为服务而非租赁。租赁公司A提供船舶操作等服务可采取外包的形式，可向第三方船舶管理公司采购，也可尝试由B公司成立一个子公司C，专门负责船舶操作、船舶维护等服务，由A公司向C公司采购即可。

4　全国租赁业聚集高地：东疆

4.1　概况

天津东疆保税港区，成立于2006年，是经国务院批准成立的迄今为止面积最大、条件最好、政策最优、效率最高、通关最便捷、环境最宽松的保税港区。东疆保税港区集保税区、出口加工区、保税物流园区功能于一体，在拥有开发区、保税区、高新技术产业园区等区域的全部政策的同时，充分享受国家批准的涉及税收、口岸监管、外汇管理等方面的众多优惠政策。与此同时，东疆保税港区也是京津冀海上门户，是新亚欧大陆桥的重要起点和海陆丝路战略支点。

4.1.1　区位概况

东疆港区位于天津港东北部，北临永定新河口，南临天津港主航道，西临规划反“F”航道，东临渤海湾海域，为浅海滩涂人工造陆形成的三面环海半岛式港区。港区南北长约10公里，东西宽3公里，总面积约30平方公里。

东疆保税港区位于东疆港区内，总面积10平方公里，由5.6平方公里的码头作业区和4.4平方公里的物流加工区组成，是国务院批准设立的功能最全、政策最优惠、开放度最高的保税港区。

按照规划，东疆港区分为码头作业区、物流加工区、综合配套服务区“三大区域”。

码头作业区：已建成6个10万吨级保税集装箱泊位，2个10万吨级、2

个4万吨级的散货泊位、4个客轮泊位，集装箱中心站（海铁换装中心）正在建设中。

物流加工区：建成79.9万平方米的标准厂库房、9万平方米的低温冷库、7万平方米的恒温恒湿库。

综合配套服务区：建成国际邮轮母港、游艇码头、国际商品展销中心、国家4A级的东疆湾沙滩景区及一批写字楼和住宅。

4.1.2 租赁产业概况

截至2019年底，在天津东疆累计注册的包括SPV（特殊目的公司）在内的融资租赁公司已经达到3 334家，注册资本5 677亿元人民币，形成了租赁总资产过万亿元，奠定了航空、航运、海工三大优势的租赁板块。天津东疆保税港区已经成长为华北乃至全国融资租赁产业发展的“桥头堡”和“集聚地”，其飞机、国际航运船舶、海工平台等跨境租赁业务占据全国总量的80%。

2019年，中车金融租赁有限公司、远东宏信普惠融资租赁（天津）有限公司等融资租赁企业相继落户天津东疆，嘉易融（天津）租赁有限责任公司成为监管转隶后国内首家获批内资试点企业。天津东疆内资租赁试点企业已形成了品牌示范效应，许多央企、国企以及行业龙头企业纷纷落户东疆并申报内资融资租赁试点资质。

与此同时，除了诸如船舶、设备、轨道交通等传统租赁业务之外，天津东疆保税港区内融资租赁企业还拓展了新能源汽车、医疗健康设备、基础设施等新兴业务领域，实现了板块多元化和业务模式创新。

在飞机租赁领域，2019年，天津东疆全年共完成178架飞机租赁业务，新增飞机租赁资产约88.81亿美元。截至2019年底，东疆累计完成1 595架飞机租赁业务，其中民航运输飞机数量1 285架。工银租赁、国银租赁、建信租赁、中航租赁、交银租赁等持续扩大东疆飞机资产规模。宜通通航租赁、嘉信海粤租赁、贵州多彩航空、西藏民航发展投资、中州航空、Castlelake Aviation等首次通过东疆项目公司开展飞机租赁业务。

东疆保税港区已经成为继爱尔兰之后，拥有飞机资产最多的世界第二大飞机租赁聚集地，全国民航机队中每3架飞机就有一架来自东疆。

4.2 东疆租赁业特色

4.2.1 产业发展历程

东疆租赁业的起步，源于市场对国内飞机租赁模式的迫切需求，得益于推进滨海新区开发开放的历史机遇。

2009年5月，空客（天津）总装厂首架飞机交付，该次交易各方均为境内企业或具有中资背景企业，飞机的总装、购买和使用均在国内，唯有租赁环节通过境外租赁平台完成。由于国内开展飞机租赁业务的环境尚不成熟，国内航空公司以租赁方式引进的飞机，基本全部通过爱尔兰、新加坡等国的飞机租赁公司，国内航空租赁市场被境外租赁公司垄断，引进飞机成本居高不下，这一事件使东疆发现了开拓飞机租赁市场的潜在机遇。借助滨海新区开发开放和发展的契机，东疆管委会与工银金融租赁等机构积极走访国家发改委、商务部、海关总署、国家税务总局、国家外汇管理局等部门，共同探索可行的国内飞机租赁模式。

2009年12月，利用东疆保税港区特有的保税功能，工银租赁和南方航空合作完成了2架飞机融资租赁交易，实现了中国首单保税进口飞机租赁业务，在全球范围内开创了飞机保税租赁这一“东疆模式”，填补了中国本土飞机租赁业的空白，具有里程碑式意义，拉开了东疆租赁创新发展的序幕。

自2009年底“东疆模式”诞生起，东疆租赁产业发展经历了先行先试、国家创新试点和国家租赁创新示范区建设三个阶段。

（一）推动租赁业务先行先试（2009.12—2011.5）

《国务院关于推进天津滨海新区开发开放有关问题的意见》（国发〔2006〕20号）鼓励天津滨海新区进行金融改革和创新，并指出在金融企业、金融业务、金融市场和金融开放等方面的重大改革，原则上可安排在天津滨海新区先行先试。东疆自完成第一单保税进口租赁飞机开始，积极争取海关、外汇、发改、税务等监管和职能部门支持，在业务操作上先行先试，先后完成了50余架飞机的租赁业务，吸引了多个企业和金融租赁公司在东疆设立租赁公司和项目子公司，初步形成了飞机租赁业务的聚集效应。

（二）推进租赁制度创新试点（2011.5—2015.4）

东疆飞机租赁聚集效应虽已初步形成，但其面临的业务发展难题带来了进一步的制度创新需求。2011年5月，国务院印发《关于天津北方国际航运中心核心功能区建设方案的批复》（国函〔2011〕51号），要求以东疆保税港区为核心载体，开展租赁业务创新试点等四项试点政策。此后，国家发改委、财政部、海关总署、国家税务总局、国家外汇管理局等有关部委和天津市有关部门也相继出台了专项配套文件和实施细则，支持上述试点政策加快落地。至此，东疆初步建立起有助于租赁业发展的创新机制和制度体系。

在制度创新的带动下，东疆租赁产业规模迅速壮大，飞机租赁业务增长迅猛，年均增长率超100%，船舶、海工租赁业务起步，逐步形成交通运输、轨道机车、电力设备、新能源、医疗器械等多个租赁板块。由此，东疆形成了一批可复制推广的租赁业创新试点经验，并在其相关区域推广实施，助推了全国租赁业的发展壮大，融资租赁服务实体经济、拓宽中小企业融资渠道、促进经济稳定增长和转型升级的积极作用日益显现。

（三）建设国家租赁创新示范区（2015.4—至今）

2015年4月，国务院印发《中国（天津）自由贸易试验区总体方案》（国发〔2015〕19号），要求天津自贸试验区“率先推进租赁业政策创新，形成与国际接轨的租赁发展环境，加快建设国家租赁创新示范区”。中国人民银行同年出台支持天津自贸试验区建设的“金改30条”意见。以此为标志，东疆租赁业迈入以金融配套政策创新促进融资租赁业发展的新阶段。十多年来，东疆深入研究租赁产业在监管、融资、司法等方面需求，分析行业风险和发展瓶颈，推动政策创新和业务创新，得到了国家相关部委和国务院领导的大力支持，推动了一系列租赁政策、制度创新的落地，成为租赁行业政策创新的策源地和试验田，形成了数十种新的业务模式，发挥了国家租赁创新示范区的引领和示范作用。

在政府服务和行业生态建设方面，东疆在国内首创“专家＋管家＋保姆”式服务理念，搭建了以监管职能部门联动支持、专业服务平台有效支撑、专业化团队贴心服务为特点的、涵盖业务全流程的服务体系，建成了租赁上下游企业集聚的国家租赁和新金融产业园，成为天津自贸试验区“加快建设国家租赁创新示范区”的重要载体。

4.2.2　租赁产业特色

依托于租赁政策功能创新以及完善的基础设施服务等发展优势，东疆保持了租赁业快速发展态势，产业“质”“量”持续领跑，已初步建成全国领先的租赁产业聚集地。

（一）租赁资产规模持续壮大

截至2019年底，东疆租赁资产总额超10 000亿元人民币，奠定了航空、航运、海工三大租赁优势板块，累计完成1 595架飞机、174 艘国际航运船舶和21 座海上石油钻井平台的租赁业务，飞机、船舶、海工设备租赁资产累计总额约930 亿美元，国内市场占有率达 80% 以上，形成了中国飞机租赁中心、船舶海工和大型设备租赁基地。东疆已成为全国租赁资产最集中的区域，在全国享有“东疆租赁模式”美誉。

（二）租赁企业加速聚集

截至2019年 12 月底，东疆共注册租赁公司3 334家，其中，金融租赁公司3 家，融资租赁公司1 186家，SPV 2 145家，累计注册资本金达5 677亿元人民币。各大央企集团、境内外上市公司、各省大型国企纷纷在东疆设立租赁公司，持续推动了中车金租、远东普惠租赁、嘉易融租赁、沙钢租赁、川酒租赁、前途租赁、威马租赁等一批行业龙头项目落户，东疆已经成为国内优质租赁企业的最大集聚地。

（三）租赁品种不断丰富

目前，东疆租赁企业业务已基本覆盖飞机、船舶、海工设备、电力设备、轨道交通、医疗器械、新能源汽车等多个领域，形成了以工银、中航、中飞租等为代表的飞机租赁板块，以民生、交银、中远海等为代表的船舶海工租赁板块，以中铁、大唐、国电等为代表的装备设备租赁板块，以中车、中铁建等为代表的轨道交通租赁板块，以中水电、中节能为代表的新能源租赁板块，以远东、平安、复星等为代表的医疗器械租赁板块，以国机、一汽、易鑫等为代表的汽车租赁板块等。

4.3 发展环境持续优化

在东疆保税港区良好的政策环境及服务、配套设施等功能优势助推下，2019年多家租赁公司各项特色、创新案例不断涌现，实现多个“全国首单”。

4.3.1 2019年东疆租赁政策创新

（一）全国首个保税租赁海关监管政策出台

2019年2月，全国首个针对保税租赁的海关监管操作规程《天津海关2019年第1号公告》（以下简称“1号公告”）出台，有效解决了飞机资产交易、二手飞机处置、大型租赁设备异地监管等问题，是支持实现飞机资产自由流转的重要政策文件之一。在短短半年时间内，多个首单业务在东疆落地：1号公告颁布后，全国第一单飞机资产交易业务（由国银租赁向中航租赁出售2架空客A320-200飞机交付长龙航空），全国第一单大中型直升机租赁海关异地委托监管（由中建投租赁交付1架米171直升机至飞龙通航），全国第一单保税飞机退租再租赁（由光大金租将1架波音737-800飞机退租后交付新承租人昆明航空）。

（二）飞机船舶离岸融资租赁业务对外债权登记政策落地

2019年1月，在国家外汇管理局和天津市外管局的支持下，飞机离岸融资租赁业务对外债权登记政策落地，天津自贸区成为全国首个获批该政策的区域。随后，国家外汇管理局也同意东疆租赁企业开展离岸融资租赁业务办理对外债权登记，说明该业务取得了重大政策突破。2019年12月，民生金融租赁通过设立在天津东疆保税港区的SPV成功开展了4艘64 000载重吨大灵便型干散货船的离岸融资租赁业务，完成了天津自贸试验区首单船舶离岸融资租赁对外债权登记业务。2020年3月，在新政策支持下，新丝路租赁通过东疆SPV与巴基斯坦宁静航空完成一架二手737-800飞机融资租赁的合作。

（三）完成全国首单跨境飞机资产交易

2019年10月，在东疆海关和滨海外管局支持下，亚太融资租赁（天津）有限公司从新加坡中银航空租赁有限公司购入一架飞机资产，标的飞机是桂林航空于2017年以经营性租赁方式从中银租赁引进的一架空客A320飞机。飞机资产将由亚太租赁东疆SPV月季三号持有，并继续执行与桂林航空的经营性租赁业务。该笔业务是全国首单跨境飞机资产交易业务，弥补了市场上相关业务的空白。该业务是东疆在全国率先落实《海关总署关于综合保税区内开展保税货物租赁和期货保税交割业务的公告》（2019年158号公告）关于"租赁企业发生租赁资产交易且承租企业不发生变化的，承租企业应当凭租赁变更合同等相关资料向海关办理合同备案变更、担保变更等相关手续"的重要创新实践。

4.3.2　2019年东疆租赁配套服务创新

（一）发布中国（东疆）融资租赁行业发展指数

2019年11月7日，受天津东疆保税港区管委会委托，天津大学以其下属中国社会计算研究中心名义发布"中国（东疆）融资租赁行业发展指数"。"中国（东疆）融资租赁行业发展指数"具有数据维度广、样本数量多、行业代表性强等优势，每月发布一次，不仅能有效预测融资租赁行业的发展动向，挖掘行业的发展潜力，并进行及时的风险预警，还可以为产业政策制定者制定调控政策提供科学依据，为投资人、承租人提供决策参考，未来将吸纳更多的样本企业，融入更多维度的动态数据，推动指数的精准化和标准化，并进一步开发指数相关衍生产品。

（二）推动加强租赁资产流转

东疆保税港区积极研究和推动飞机交易，优化交易流程，打造良好的飞机资产流转环境。2019年4月，天津东疆飞机资产交易信息发布平台正式上线，为广大飞机租赁企业提供资产处置和交易信息发布渠道。未来，平台将进一步升级为“天津东疆飞机资产交易综合服务平台”，可通过线上平台提供涵盖资产管理、项目公司管理、航权变更、海关登记变更在内的一站式交易服务。截至2019年底，东疆已累计完成百余单租赁飞机资产交易和退租业务。

（三）设立东疆租赁创新产业基金

东疆租赁创新产业基金由东疆控股联合华鑫证券和中国融资租赁三十人论坛发起设立，基金总规模拟定30亿元，分期发行，专注投资于租赁企业ABS（资产支持证券）夹层份额，并为企业ABS产品增信，缓解租赁企业发行ABS过程中的痛点。2019年2月，天津东疆基金管理有限公司在中国证券投资基金业协会成功取得私募证券投资基金管理人资格，而后分别于2019年4月、11月、12月设立并成功备案了东疆华鑫1、2、3号私募证券投资基金产品。截至2019年末，东疆基金管理基金规模达5 065万元，成功完成三期产品的备案和顺利投放工作，结合远东两期资管计划及基金产品直接投资，累计共撬动租赁ABS资产规模104.33亿元。

（四）搭建东疆银企对接平台

为解决东疆注册企业的融资困难问题，天津东疆保税港区管委会搭建了银企对接平台，邀请天津各大金融机构与有融资需求的各类企业登录平台，为区内企业拓展融资渠道。自上线至2019年末，平台累计上线195家企业，64家银行（分行加支行），26家服务机构（证券、基金、信托、评级机构、资产管理公司、会计师事务所及律师事务所、咨询公司、科技公司、行业协会等），实现银企对接195对。

产业市场篇

5 航空租赁

航空租赁板块是租赁行业最大的子板块之一，历来被视为租赁业“皇冠上的明珠”，是租赁企业扩大经营规模和效益、创造市场影响力和品牌的成功路径。纵观全球领先的数十家租赁企业，基本都在航空租赁板块重仓。十多年前，中国的飞机租赁公司还仰视着当时的飞机租赁巨头 ILFC（国际租赁金融公司）、GECAS① 等公司。随着中国租赁业的复兴和崛起，国内有实力的金融租赁企业、融资租赁企业，依托中国的开放政策和资本实力，逐步进入租赁业的高端市场——国际航空租赁市场。渤海租赁、工银租赁、中银租赁等租赁企业通过开展航空租赁业务已经跻身于全球领先的十大租赁企业之列，其承租人包括全球各大主要的航空公司。中国的租赁企业已经能够在全球市场上与国际一流飞机租赁公司比肩作战。

5.1 航空市场发展情况

依据航空及旅游业数据分析公司 Cirium 的数据，2018年全球范围内旅客周转量（PRKs）、总收入前十的航空公司情况如表 5 - 1、表 5 - 2 所示。其中，美国的公司中，美国航空集团、达美航空集团、联合大陆航空、西南航空、联邦快递为榜单常客。欧洲老牌国家，德国、英国、法国与荷兰分别有

---

① GECAS（通用航空金融服务公司）是 GECC 旗下全资控股公司，是商用飞机融资租赁行业的领导者。

航空公司公司上榜。中东地区作为液体黄金的出产地，有阿联酋航空等优质航空公司，这些航空公司尤其以高质量服务而闻名。同时，阿联酋航空因其经营长距离航线的特点在主营业务收入和旅客周转量两个榜单中都上榜了。中国国航、中国南方航空也分别上榜。可以看出，我国航空市场在体量上和美国仍有一定的差距。相应地，航空公司各项指标对标美国同行仍有一定的上升空间。

表 5-1　2018年旅客周转量 Top10

2018年排名	公司/集团	国家	旅客周转量（亿千米）
1	美国航空集团	美国	3 720. 15
2	联合大陆航空	美国	3 703. 19
3	达美航空集团	美国	3 624. 89
4	阿联酋航空	阿联酋	2 999. 67
5	汉莎航空集团	德国	2 845. 61
6	国际航空集团	英国	2 706. 57
7	中国南方航空	中国	2 591. 94
8	法航荷航	法国	2 554. 06
9	中国国航集团	中国	2 207. 28
10	西南航空	美国	2 145. 05

数据来源：Cirium，中国融资租赁三十人论坛整理。

表 5-2　2018年总收入 Top10

2018年排名	公司/集团	国家	总收入（亿美元）
1	美国航空集团	美国	445
2	达美航空集团	美国	444
3	汉莎航空集团	德国	422
4	联合大陆航空	美国	413
5	联邦快递	美国	373
6	法航荷航	法国	312
7	阿联酋航空	阿联酋	297
8	国际航空集团	英国	287
9	西南航空	美国	220
10	中国南方航空	中国	216

数据来源：Cirium，中国融资租赁三十人论坛整理。

5.2 航空租赁产业发展情况

依据 Cirium 2020年 3 月 31 日的不完全统计数据，航空机队价值排名前 20 的飞机租赁公司中，中国或中资飞机租赁公司占 7 家，总机队价值约为 734 亿美元（见表 5－3）。依据中国人民银行同日美元兑人民币汇率中间价 7. 085计算，机队总值约为5 200亿元人民币。

表 5-3　全球机队价值前 20 的中资飞机租赁机队情况

公司名称	机队价值（亿美元）	机队数量（架）
Avolon	191	535
工银租赁	155	415
中银航空	148	364
交银租赁	82	235
国银租赁	74	232
中飞租	45	140
招银租赁	39	106

数据来源：Cirium，中国融资租赁三十人论坛整理。

榜单中前三大飞机租赁公司 Avolon、工银租赁、中银航空的机队价值总量占据了中资飞机租赁公司整体价值的一半以上。可以看出，飞机租赁规模化发展程度较大，行业龙头公司对市场的占有率极高。

Avolon 是一家全球领先的飞机租赁公司，总部设在爱尔兰，在中国、迪拜、新加坡、美国设立了地区办事处，为全球逾 150 家航空公司和机构投资者客户提供飞机租赁和租赁资产管理服务，获得国际三大评级机构穆迪、标普和惠誉的国际投资级评级。Avolon 拥有极为丰富的航空金融管理经验，并于2014年末成功在纽交所上市。2016年，Avolon 被渤海租赁收购后，正式成为中资飞机租赁公司的重要一员。作为渤海租赁飞机租赁业务的主要运营平台，Avolon 先后整合了 HKAC 和 CIT 集团下属飞机租赁业务。2018年，渤海租赁引入 Orix 集团作为 Avolon 的战略投资者。根据 Avolon 官网信息，截至2020年 3 月 31 日，Avolon 的机队情况如表 5－4 所示。

表 5-4　Avolon 机队情况

（单位：架）

飞机机型	飞机数量	交付/持有	交付/管理	订单
A320ceo Family	220	200	20	—
A320neo Family	258	56	2	200
B737 NG Family	144	121	23	—
B737 MAX 7/8/9/10	73	9	—	64
B757 – 200	2	2	—	—
A330 – 200/300	54	45	9	—
A330neo	49	15	1	33
A350 – 900	17	13	—	4
B767 – 300ER	2	—	2	—
B777 – 300ER	3	3	—	—
B787 – 8/9	33	28	—	5
总数量	855	492	57	306

数据来源：Avolon 官方网站，中国融资租赁三十人论坛整理。

工银租赁是中国工商银行的全资子公司，成立于2007年，为当时中国银监会批准开业的银行系金融租赁公司。2009年，工银租赁通过设立境内 SPV 与南航开展2架波音 777 货机融资租赁业务，开创了“中国保税租赁”业务模式。在工银租赁的带领下，中资飞机租赁公司迅速打破了外资对中国飞机租赁市场的垄断。在更为广阔的欧洲、美洲、东南亚等国际市场，我们也时常能看到工银租赁与 GECAS 等顶尖飞机租赁企业的同场竞技。根据工银租赁官网信息，截至2018年5月，工银租赁的机队情况如表5 – 5 所示。

表 5-5　工银租赁机队情况

（单位：架）

飞机机型	交付
B737	115
B787	12
B777	22
B747	3
A319	8
A320	97
A321	33

（续表）

飞机机型	交付
A330	16
E190	10
E195	5
CRJ900	4
总数量	325

数据来源：工银租赁官方网站，中国融资租赁三十人论坛整理。

中银航空租赁前身为1993年11月创建的新加坡飞机租赁企业（Singapore Aircraft Leasing Enterprise，SALE），注册地在新加坡。2006年12月，SALE被中国银行以32.5亿美元的企业价值全资收购，2007年7月，SALE更名为中银航空租赁，2016年在香港联交所上市。作为一个成立近30年的飞机租赁公司，中银航空租赁拥有横跨多个行业周期的优异的营运及财务业绩，也积累了雄厚的航空业专门知识，与航空公司客户、飞机制造商以及其他主要航空业参与者建立了关系。根据中银航空租赁官网信息，截至2020年3月31日，中银航空租赁的机队情况如表5－6所示。

表5–6　中银航空租赁机队情况　（单位：架）

飞机机型	总数	自有飞机	代管飞机	已订购飞机
A320ceo 系列	129	114	15	0
A320neo 系列	136	52	0	84
A330ceo 系列	15	12	3	0
A330neo 系列	8	2	0	6
A350 系列	9	9	0	0
B737 NG 系列	102	87	15	0
B737 MAX 系列	93	6	0	87
B777－300ER	31	24	4	3
B777－300	1	0	1	0
B787 系列	37	12	1	24
货机	6	5	1	0
总数量	567	323	40	204

数据来源：中银航空租赁官方网站，中国融资租赁三十人论坛整理。

6 航运租赁

6.1 2019年航运市场发展情况

6.1.1 航运市场发展概览

（一）供给端市场发展情况

1. 国际

2019年，国际航运市场持续回暖，带动新船需求增长，新船价格指数保持稳定。但由于造船完工量大于新接订单，造船企业手持船舶订单有所下滑，先行指标略有下降。

从具体数值来看，2019年国际造船完工量以载重吨计同比增长23.55%，以修正总吨计同比增长8.57%；新接订单量以载重吨计同比下降16.20%，以修正总吨计同比下降15.69%；手持订单量以载重吨计同比下降10.22%，以修正总吨计同比下降4.13%（见表6－1）。

表6-1 2019年与2018年国际造船三大指标对比 （单位：万吨）

国际造船三大指标	以载重吨计			以修正总吨计		
	2018年	2019年	同比增速	2018年	2019年	同比增速
造船完工量	8 012	9 899	23.55%	3 022	3 281	8.57%
新接订单量	7 685	6 440	－16.20%	2 900	2 445	－15.69%
手持订单量	20 758	18 637	－10.22%	7 990	7 660	－4.13%

数据来源：克拉克松公司，中国融资租赁三十人论坛整理。

从细分船型来看，联合国贸易和发展会议发布的《2019年全球海运报告》显示，2019年初，全球船队运力总规模为95 402艘、19.7亿载重吨，同比增长

2.6%，其中，散货船和油船所占市场份额仍然最大，分别为42.6%和28.7%（以载重吨计）；集装箱船船队同比增长5.00%，散货船船队同比增长2.76%，油船和化学品船船队同比分别增长0.98%和4.14%。

2. 国内

受国际市场影响，国内造船市场也呈现出回暖迹象。2019年，全国造船完工量3 672万载重吨，同比增长6.2%，其中海船为1 094万修正总吨；新承接船舶订单量2 907万载重吨，同比下降20.7%，其中海船为864万修正总吨。截至2019年12月底，手持船舶订单量8 166万载重吨，同比下降8.6%，其中海船为2 632万修正总吨，出口船舶占总量的92.1%。中国船舶工业行业协会发布的数据还显示，2019年第一、第二、第三季度末，中国造船产能利用监测指数（CCI）分别为590点、603点、629点，已连续三个季度环比上涨（见图6－1）。

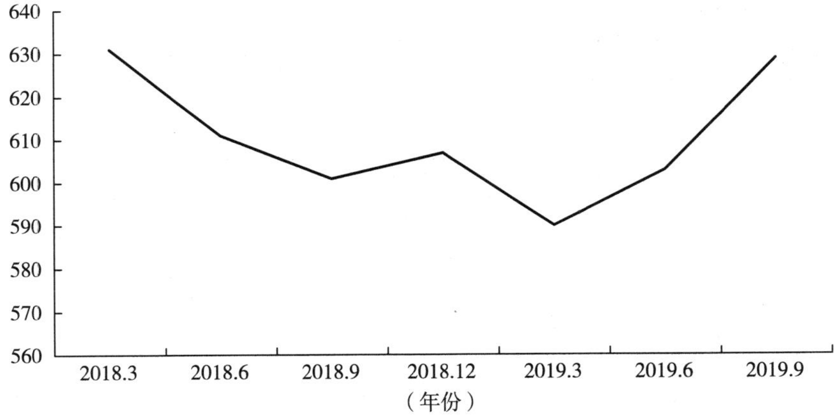

图6－1 2018年至2019年三季度末CCI走势

数据来源：中国船舶工业行业协会，中国融资租赁三十人论坛整理。

从细分船型来看，据交通运输部统计，截至2019年底，我国沿海省际干散货运输船舶（万吨以上，不含重大件船、多用途船等普通货船）共计1 752艘、6 247.51万载重吨，同比减少80艘、0.05万载重吨，吨位降幅为0.01%，其中全年新增运力140艘、580.94万载重吨；沿海省际集装箱运输船舶（700TEU[①]以上，不含多用途船）共计290艘、载箱量77.11万TEU（标准集装箱），同

① TEU，国际标准集装箱。

比增加38艘、5.53万TEU，载箱量增幅7.73%，其中全年新增运力46艘、7.13万TEU。

（二）需求端市场发展情况

1. 国际

2019年，全球经贸环境整体不太乐观，国际货币基金组织（IMF）在2020年1月发布的《世界经济展望》报告中再次下调2019年全球经济增速预期为2.9%，已降至全球经济危机以来的最低水平。此外，全球商品贸易增速仅为1.2%，远低于2018年3.2%的增速。整体来看，2019年全球经济形势较为严峻，全球港口生产受到波及，主要港口吞吐量增长放缓且逐渐分化，据国际海事信息网统计，2019年全球前二十大港口中，除中国港口吞吐量整体保持稳定上涨外，其余均维持较低增速（见表6-2）。

表6-2 2019年全球前二十大港口货物吞吐量及增速

港口排名	港口名称	2019年（万吨）	2018年（万吨）	同比增长（%）
1	宁波舟山	112 009	103 808	7.90
2	上海	71 677	71 659	0.03
3	唐山	65 674	63 699	3.10
4	新加坡	62 618	63 013	-0.63
5	广州	60 616	53 833	12.60
6	青岛	57 736	54 161	6.60
7	苏州	52 275	53 179	-1.70
8	黑德兰	52 188	51 799	0.75
9	天津	49 220	47 281	4.10
10	鹿特丹	46 940	46 898	0.09
11	日照	46 377	43 752	6.00
12	釜山	45 591	45 022	1.26
13	烟台	38 632	33 361	15.80
14	大连	36 641	35 130	4.30
15	南通	33 620	26 598	26.40
16	镇江	32 916	15 772	108.70
17	黄烨	28 761	28 716	0.16
18	泰州	28 243	25 513	10.70
19	光阳	27 604	26 813	2.95
20	南京	25 689	24 559	4.60

数据来源：国际海事信息网，中国融资租赁三十人论坛整理。

2. 国内

2019年，我国航运贸易量继续保持稳步增长。据交通运输部统计，2019年，我国水路货物运输量总计74.72亿吨，较2018年上涨6.3%。全国港口完成货物吞吐量139.5亿吨，同比增长5.7%，其中内、外贸吞吐量分别增长6.1%和4.7%；完成集装箱吞吐量2.6亿标箱，同比增长4.4%。

6.1.2 航运细分市场发展情况

（一）干散货运输市场发展情况

1. 国际

2019年，波罗的海干散货运价指数（BDI）收于1 090点，全年最小值595点，最大值2 518点（相比2018年最大值1 774点上涨41.94%），中位数1 264.50点（相比2018年中位数1 356.50点下降6.78%），平均值1 352.87点（相比2018年平均值1 352.63点上涨0.02%）。总体来看，2019年市场表现优于2018年，特别是下半年全球主要国家相继出台一系列经济刺激措施，使得航运市场有所回暖，BDI于9月4日上涨至2011年以来最高的2 518点（见图6－2）。

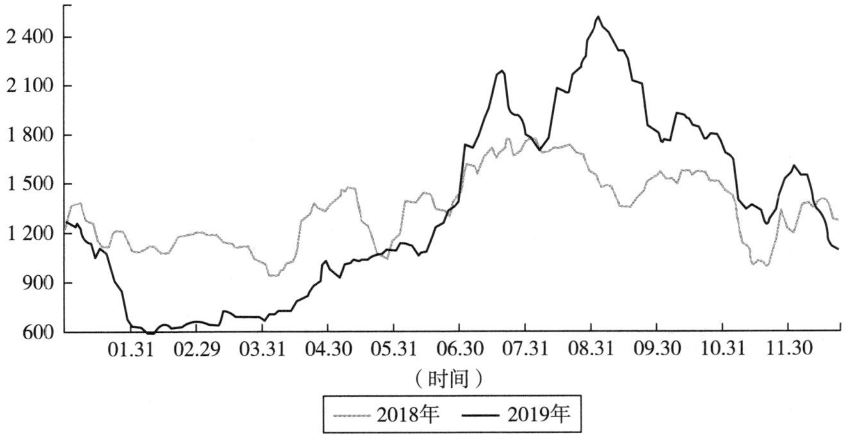

图6-2 2019年与2018年波罗的海干散货运价指数（BDI）走势比较

数据来源：wind。

2. 国内

2019年，国内干散货运输市场表现不太乐观，中国沿海（散货）运价指数综合指数全年平均值1 059.98点，较2018年降低88.07点，降幅约为7.75%；长江干散货运价指数综合指数全年平均值793.6点，较2018年降低78.54点，降幅约为9.01%。

从近三年表现来看，中国沿海（散货）运价指数处于一个在波动中保持平稳的走势，近三年最高点为2017年12月的1 500.83点，最低点为2017年2月的938.50点（见图6－3）；长江干散货运价指数走势情况基本类似，与传统运输淡旺季保持一致（见图6－4）。

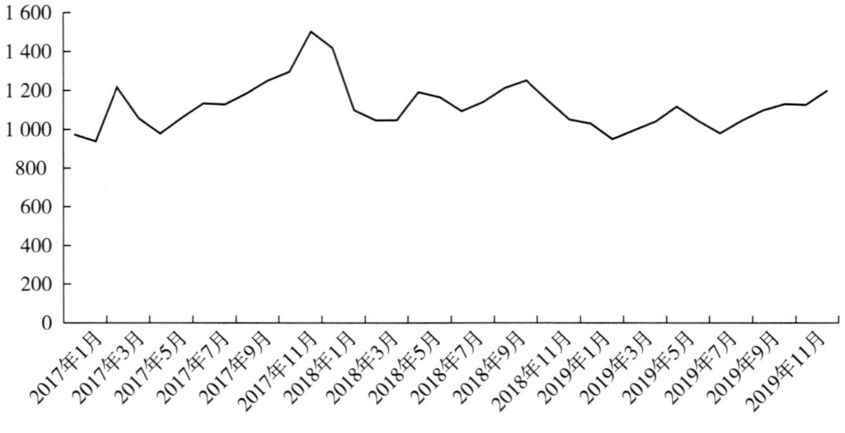

图6-3　2017—2019年中国沿海（散货）运价综合指数走势

数据来源：交通运输部，中国融资租赁三十人论坛整理。

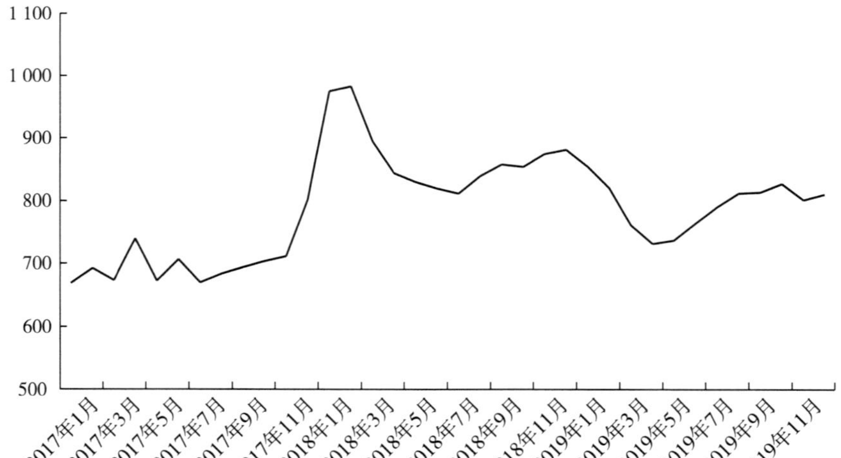

图6-4　2017—2019年长江干散货综合运价指数走势

数据来源：交通运输部，中国融资租赁三十人论坛整理。

（二）集装箱运输市场发展情况

1. 国际

2019年，国际集装箱运输市场整体表现并不乐观，全年运价相对低位平稳运行。

一方面，据克拉克松公司统计，2019年集装箱船期租租金指数全年均值较2018年均值下滑至57（由于2018年上半年期租租金指数持续上升，并在2018年6月达到峰值68），下滑6%。不过，可喜的是，在2019年底，集装箱船期租租金指数较年初上升19%，集装箱期租租金受大箱船推动，自2018年下半年开始的下滑趋势在2019年得到改善。从不同船型来看，2019年全年大型集装箱船租金水平上涨显著，小型集装箱船租金的改善则较为有限。

另一方面，2019年国际运力供需的走势实际上并未有效地帮助市场实现再平衡。2019年，全球集装箱海运贸易增速下滑，来自全球经济方面的不利因素，包括中美贸易争端和发展中经济体经济下滑等对集装箱海运贸易造成明显的影响。据Alphaliner统计，截至2019年12月2日，全球在运营集装箱船数量共计6 150艘，规模增长了约4%，总运力为2 355.3 521万TEU（2018年为2 234万TEU），折合约2.85亿载重吨。Alphaliner的统计数据还显示，2019年新船交付量达到106万TEU，而拆船率却整体偏低，全年只有20.75万TEU的运力被淘汰，集装箱运输市场供大于求的局面仍未得到有效改善。

综上所述，国际集装箱运输市场在2019年取得了一些进步，但前景并不明朗。

2. 国内

与国际市场相比，国内集装箱运输市场表现则相对较好。2019年，中国出口集装箱运价指数综合指数全年平均值为823.53点，较2018年增加5.73点，小幅上涨0.70%（见图6－5）；长江集装箱运价综合指数全年平均值为1 069.58点，较2018年降低55.28点，降幅约为4.91%（见图6－6）。

从近三年表现来看，中国出口集装箱运价综合指数波动较大，但总体水平维持在800点到850点之间，其中近三年最高点为2019年2月的886.56点，最低点为2018年4月的753.26点；长江集装箱综合运价指数走势稍显平稳，但是2018年3月达到近三年最高点后，目前一直处于小幅下降的趋势。

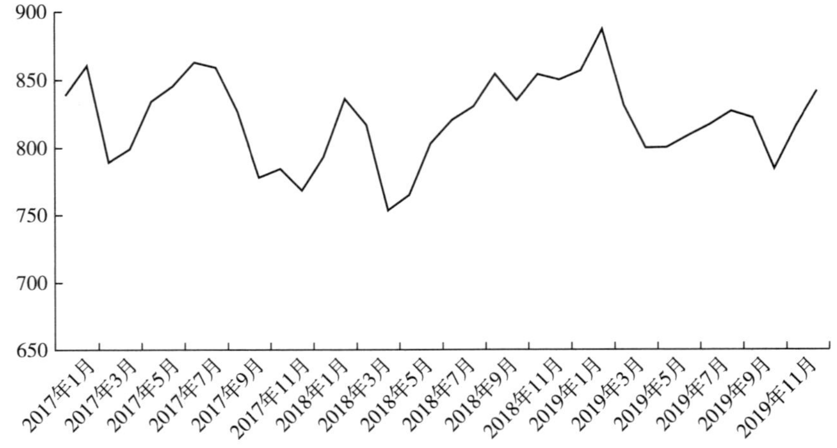

图 6-5　2017—2019年中国出口集装箱运价综合指数走势

数据来源：交通运输部，中国融资租赁三十人论坛整理。

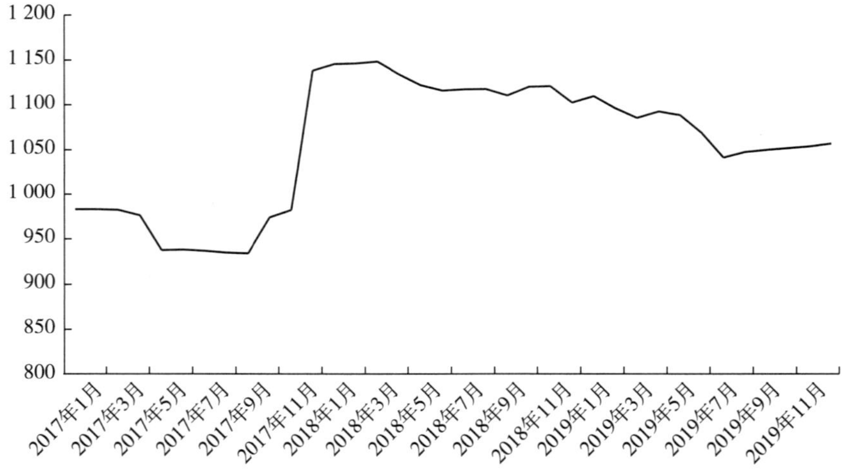

图 6-6　2017—2019年长江集装箱综合运价指数走势

数据来源：交通运输部，中国融资租赁三十人论坛整理。

6.1.3　航运业重组

（一）国际航运业重组

2019年以来，世界主要造船国家的骨干造船企业均在不同程度上开展整合重组。

2019 年 1 月，欧盟启动对意大利芬坎帝尼集团收购法国大西洋造船厂（原 STX 法国）的审查，并计划在2020年上半年决定是否批准。

2019 年 3 月，韩国政府审议批准了韩国两大造船企业——现代重工（HHI）和大宇造船海洋（DSME）的整合方案。据克拉克松公司统计，现代重工与大宇造船海洋合并后的新公司将在全球造船市场占有 21.2% 的份额，成为全球最大的造船公司。

2019 年 11 月，日本今治造船株式会社和日本造船联合公司（JMU）就资本和业务合作的基本事项达成协议，双方联手后，新成立的合资公司预计将在全球造船业占有 10% 的市场份额。同时，大岛造船决定收购三菱重工长崎（KOYAGI）船厂，并计划于2020年上半年商定具体内容。

（二）国内航运业重组

2019 年 7 月，中国招商局重工集团收购中航工业旗下造船业务，正式完成收购中航威海船厂。

2019 年 10 月，中国船舶工业集团与中国船舶重工集团联合重组为中国船舶集团，“南北船”合并重组最终落定，合并后的中国船舶集团将拥有我国最大的造修船基地和最完整的船舶及配套产品研发能力。

6.2 2019年航运租赁产业发展情况

6.2.1 国际航运租赁产业发展情况

2019年，国际航运租赁业情势略有好转，但受国际航运业整体发展疲软的影响，仍然不太乐观。

据克拉克松统计，2019 年集装箱船期租租金指数全年均值较 2018 年均值下滑 6%，不过集装箱船期租租金自 2018 年下半年开始的下滑趋势在 2019 年有所改善，截至 2019 年底，集装箱船期租租金指数较年初上升约 19%。另外，从不同船型来看，2019 年全年大型集装箱船租金水平上涨显著，而小型集装箱船租金的改善则较为有限。克拉克松的统计数据显示，2019 年一艘 6 800 标箱集装箱船一年期租租金平均为 20 362 美元/天，与 2018 年的平均值14 542美元/天相比，上升超过 40%。

据 Alphaliner 统计，2019年全球运力前一百名的班轮公司中，除去部分数据不全的公司外，至少有 46 家公司租赁集装箱船运力较2018年有所增长。

表 6-3　全球排名前 10 名的班轮公司租赁集装箱船运力变化情况

公司名称	2018 年租赁集装箱船运力		2019 年租赁集装箱船运力		同比增长（%）	
	标准箱（TEU）	船舶数量	标准箱（TEU）	船舶数量	标准箱（TEU）	船舶数量
APM – Maersk	1 794 641	400	1 846 260	395	2. 88	–1. 25
Mediterranean Shg Co	2 225 590	329	2 709 971	386	21. 76	17. 33
COSCO Group	1 391 991	299	1 374 301	305	–1. 27	2. 01
CMA CGM Group	1 652 210	380	1 688 949	380	2. 22	0. 00
Hapag – Lloyd	600 714	118	665 425	128	10. 77	8. 47
ONE（Ocean Network Express）	948 989	140	1 043 262	147	9. 93	5. 00
Evergreen Line	611 158	84	710 517	91	16. 26	8. 33
Yang Ming Marine Transport Corp.	448 393	57	454 133	58	1. 28	1. 75
PIL（Pacific Int. Line）	193 721	37	239 606	51	23. 69	37. 84
Hyundai M. M.	283 532	56	250 928	47	–11. 50	–16. 07

数据来源：Alphaliner，中国融资租赁三十人论坛整理。

6. 2. 2　国内航运租赁产业发展情况

受国际航运业整体发展疲软的影响，2019年，国内航运租赁产业的发展同样面临不少困难。首先，船舶租赁市场整体供大于求的局面仍未得到有效改善；其次，航运经济的不景气使得优质客户较为稀缺；再次，大中型银行系租赁公司和厂商系租赁公司几乎掌控了船舶租赁市场，使得小型船舶租赁公司几乎难以生存；最后，所有租赁公司都面临一个问题，就是转型升级。

纵观2019年国内主要从事船舶租赁的公司发展情况可以发现，航运租赁产业大致呈现出以下几个特点。

（一）租赁船型以散货船、集装箱船为主

总的来看，这一特点也符合国内航运市场以干散货运输和集装箱运输为主的分布情况。

以工银租赁为例，公司官网显示，目前工银租赁的船舶资产中，散货船占比 29. 59%，集装箱船占比 17. 09%。以渤海租赁为例，截至2019年 6 月 30 日，公司下属 GSC（含 Seaco 和 Cronos）自有和管理的集装箱合计 386. 5 万 CEU①，同比增长 10. 3%，平均出租率为 94. 60%，服务于全球 739 家客户，集装箱分

① CEU（Cost Equivalent Unit），是衡量集装箱成本的单位。

布于全球157个港口，为全球第二大集装箱租赁公司（以CEU计）。

（二）新清洁能源等高技术型的船舶受到更多关注

受国际海事组织“限硫令”的影响，以LNG（液化天然气）船为代表的新型清洁能源船型受到越来越多的关注，特别是亚太地区天然气消费量持续增长，全球液化天然气贸易量较2018年增长迅速，进一步刺激了海上清洁能源产业的发展，2019年LNG生产、运输及再气化装备的需求保持旺盛。

目前我国已经成为全球第一造船大国，绿色节能环保船舶、高技术船舶和海洋工程装备等全领域综合制造能力不断提升，为航运业优化运力结构、实现转型发展提供了良好的装备保障。

（三）租赁公司在客户选择上更加谨慎

受行业发展疲软的影响，出于资产安全性的考虑，主要船舶租赁公司在新客户的选择上都更加谨慎。以交银租赁为例，自公司成立以来，公司航运租赁的承租客户均为全球排名前列的老牌航运公司及国内大型国有企业，实力雄厚，抗风险能力较强。此外，公司在国际化方面继续挖掘世界排名靠前的大型集装箱班轮客户，已成功与马士基、地中海航运、达飞轮船、托克集团、淡水河谷等一批国内外知名航运企业和货主企业开展了密切合作。

（四）行业发展对专业化的需求越发明显

船舶租赁本身属于技术密集型和资金密集型的行业，需要较全面的专业知识。随着国内船舶租赁企业对行业的认识逐渐深入，它们对专业化团队的需求显得更加迫切，特别是非厂商系的船舶租赁企业，近些年都加大了对行业的研究力度，例如深入研究航运市场、动态分析细分市场供求关系及上下游的发展，并根据对细分市场发展趋势的预研预判筛选船型，密切关注市场波动和有可能影响全球海运贸易的突发性事件。

（五）业务模式中经营租赁和融资租赁发展较为平衡

主要船舶租赁公司的存量业务中，经营租赁和融资租赁业务的占比相对较为平衡。不仅如此，针对未来可能的发展趋势，包括交银租赁、国银租赁等在内的租赁公司都明确表示，在接下来的业务投放中，将以经营租赁和融资租赁并重，不再单独侧重于某一业务模式的发展。

7 汽车租赁

7.1 汽车金融市场发展情况

随着中国经济进入新常态发展，汽车消费也进入新的发展阶段。2019年汽车消费市场仍旧处于低迷中，与此同时，年轻群体成为消费的主力军，推动了产品及服务的创新，汽车金融成为汽车消费的新引擎。

汽车金融市场竞争加剧，不断有新的主体进入，包括新车及二手车领域，汽车金融渗透率也在持续上升，但整体上距离发达国家市场还有差距，且相关主体、产品及服务市场还有待进一步规范。

7.1.1 2019年汽车市场状况

2018—2019年中国汽车市场遭遇连续负增长。2019年汽车销量为2 576.9万辆，同比下降8.2%，较2018年降幅扩大（见图7－1）。其中乘用车销量2 144.4万辆，同比下降9.6%，商用车销量432.4万辆，同比下降1.1%。

（一）乘用车

乘用车市场状况低于行业总体。2019年上半年，乘用车月度销量延续2018年的下滑态势，但自9月份销量降幅较2018年同期有所收窄，5月乘用车销量同比下滑最多为16.4%，12月同比下降收窄为0.1%（见图7－2）。

从乘用车四类车型的销量情况看，均出现负增长，且MPV（多用途汽车）和交叉型乘用车市场份额逐渐被挤压。2019年MPV销量同比下滑20.2%，交叉型乘用车同比下滑11.7%。

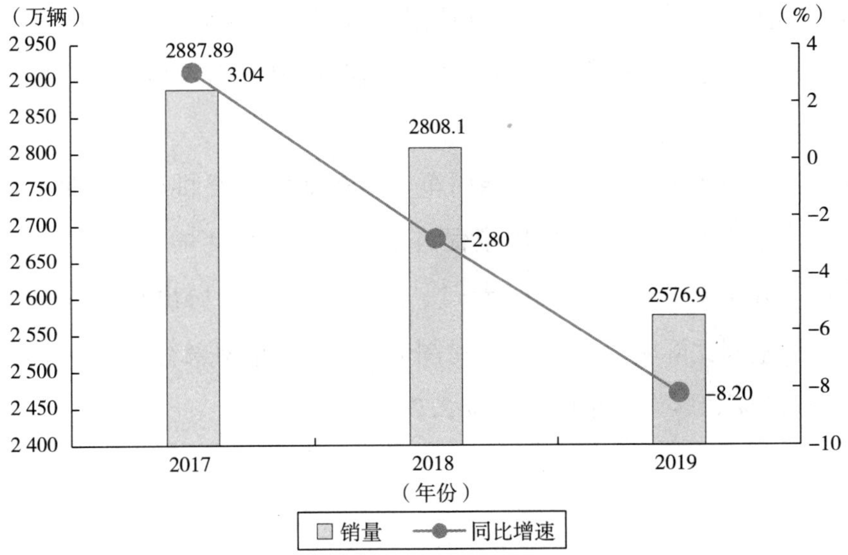

图 7–1 2017—2019 年汽车销量及同比增速

数据来源：中国汽车工业协会，中国融资租赁三十人论坛整理。

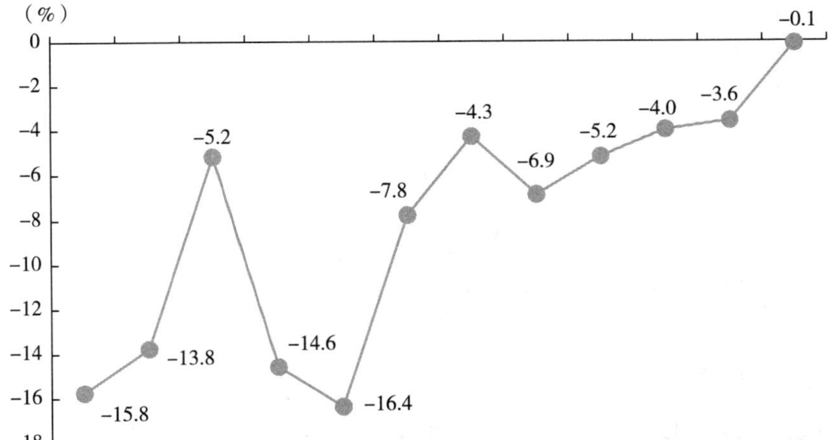

图 7–2 2019年乘用车月度销量同比增速

数据来源：中国汽车工业协会，中国融资租赁三十人论坛整理。

经历了十多年的快速发展，我国汽车保有量已达到两亿多辆，乘用车需求量也逐渐趋于饱和状态。公共交通的完善、高铁线路网的扩散、城市限行等也是影响汽车销量低迷的因素。

2020年，新型冠状病毒肺炎疫情在全球范围造成巨大影响，整个汽车产业链也受到了疫情影响。一方面，在汽车制造端，多家车企减少生产，推迟复工，另一方面，在消费端，居民收入减少，市场需求受到严重抑制，新车销售遭遇困境。据此，商务部及地方政府积极出台刺激消费政策，推动释放汽车消费潜力。

（二）商用车

2019年商用车销量情况好于乘用车。但在基建投资回升、国Ⅲ汽车淘汰、新能源物流车快速发展等利好因素促进下，相比2018年的增长，2019 年销量仍然同比下降了 1.1%。分月来看，1、5、6、7、8 月份出现了同比负增长，其中 6 月销量同比降幅为 17.8%（见图 7－3）。分车型来看，2019年货车销量同比下降 0.9%，客车销量同比下降 2.2%。

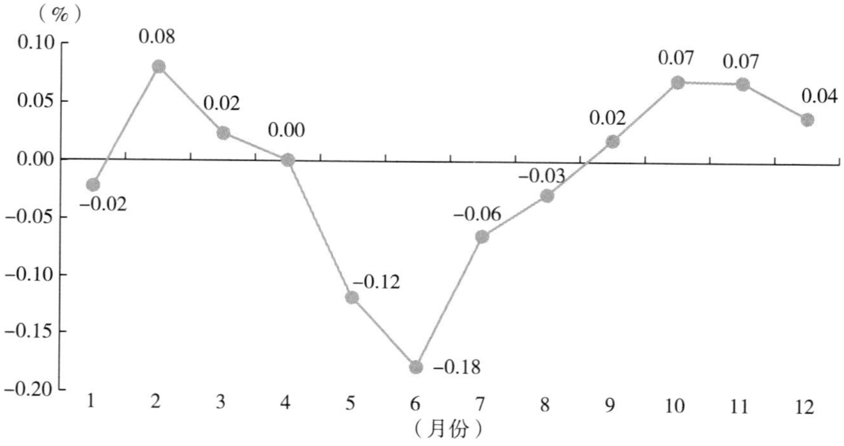

图 7–3　2019年商用车月度销量同比增速

数据来源：中国汽车工业协会，中国融资租赁三十人论坛整理。

（三）新能源汽车

2019年，新能源汽车累计销量达到 120.6 万辆，同比下降 4%（见图 7－4）。上半年，月度销量同比保持增长，至下半年，受补贴退坡影响，销量呈现大幅下降态势，同比最大降幅为 10 月份的 45.6%，单月销量为 7.5 万辆（见图 7－5）。从车型来看，纯电动汽车销量占比最高，达到 84.6%。

过去几年，中国新能源汽车市场经历了爆发性增长。2015年至2018年，新能源汽车市场以驱动消费端的政策为主，受购车补贴、牌照限制和购置税减免等政策影响，消费者需求大增。从供给端来看，尽管新能源产品和技术飞速发展、迭代，但保值问题仍然严峻。2019年补贴退坡，新能源汽车市场遇

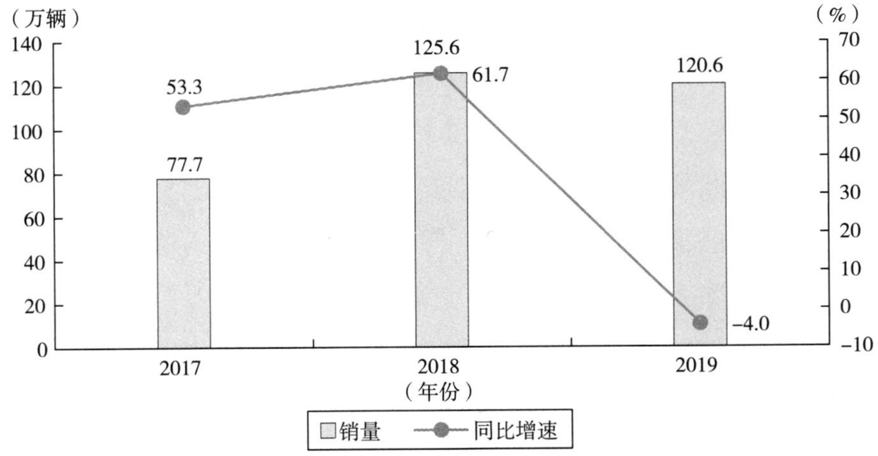

图 7-4　2017—2019 年新能源汽车销量及同比增速

数据来源：中国汽车工业协会，中国融资租赁三十人论坛整理。

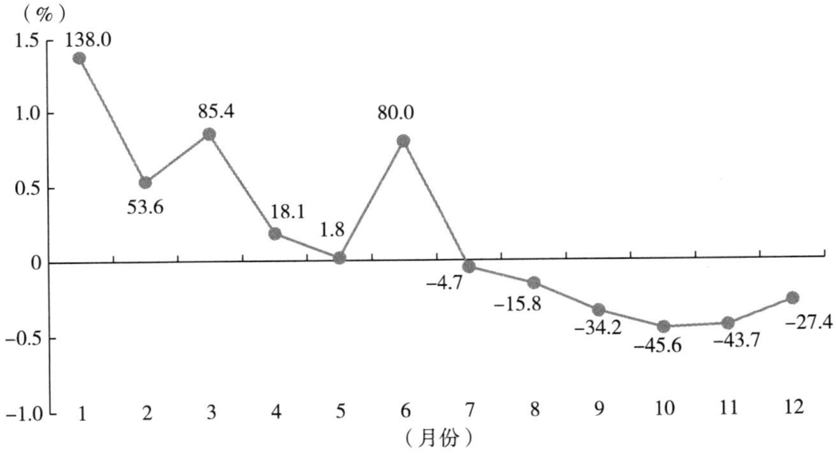

图 7-5　2019年新能源汽车月度销量同比增速

数据来源：中国汽车工业协会，中国融资租赁三十人论坛整理。

冷，但在追求环保的任务下，预计长期势头依然向好。

（四）二手车

2019年，在车市销量下滑情况下，全国二手车交易量保持连续增长，但增幅有所放缓。1—12 月二手车交易量为1 492. 28万辆，同比增长 8%（见图 7 -6）。从全年来看，除 5 月同比略有下降外，月度交易量保持同比增长，环比来看，12 月交易量为 168. 64 万辆，创单月交易量历史新高（见图 7 -7）。

伴随着全国二手车限迁政策的解除，2019年上半年月度转籍比例同比明显

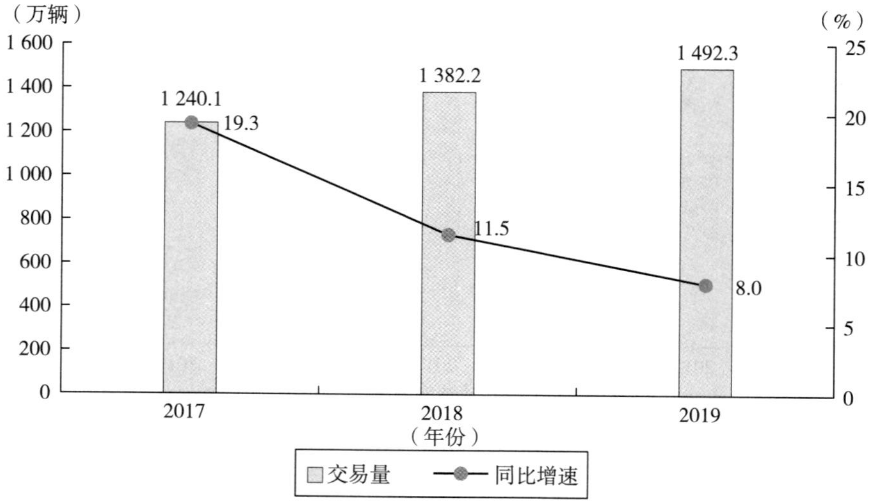

图 7-6　2017—2019 年二手车交易量及同比增长（单位：万辆）

数据来源：中国汽车工业协会，中国融资租赁三十人论坛整理。

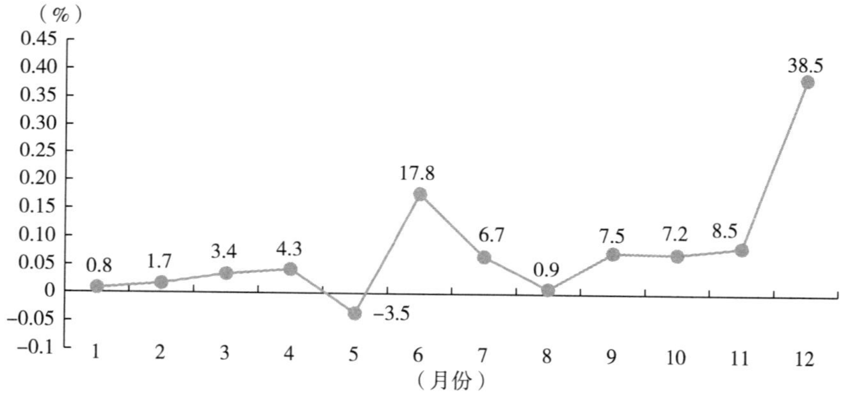

图 7-7　2019年二手车月度交易量同比增长

数据来源：中国汽车工业协会，中国融资租赁三十人论坛整理。

升高，6 月达到 33.02%。但下半年，由于部分地区提前实施国五、国六标准切换政策，限迁政策有所复苏，转籍比例再次连续下降，且低于历史同期。

（五）2019汽车行业相关政策

1.《进一步优化供给推动消费平稳增长 促进形成强大国内市场的实施方案（2019年）》

2019年 1 月 29 日，国家发展改革委会同有关部门共同研究制定了《进一步优化供给推动消费平稳增长 促进形成强大国内市场的实施方案（2019

年）》。其中包括：多措并举促进汽车消费，更好满足居民出行需要；有序推进老旧汽车报废更新，将更多补贴用于支持综合性能先进的新能源汽车销售；鼓励发展高技术水平新能源汽车，给予适当补贴带动农村汽车消费，进一步落实全面取消二手车限迁政策等。

2.《关于进一步完善新能源汽车推广应用财政补贴政策的通知》

2019年3月26日，财政部、工业和信息化部、科技部和发展改革委四部委联合发布了《关于进一步完善新能源汽车推广应用财政补贴政策的通知》，补贴新增主要变化有：（1）续航里程（以下续航均为NEDC标准）要求提高，250公里续航以下的电动乘用车取消补贴；（2）能量密度提高，纯电动乘用车动力电池系统质量能量密度要求不低于125Wh/kg；（3）2019年3月26日至2019年6月25日为补贴过渡期；（4）取消地方补贴，补贴过渡期后取消车辆购置补贴，转为补贴充电基础设施等。

3. 工信部发布《新能源汽车产业发展规划（2021—2035年）》（征求意见稿）

2019年12月3日，工信部发布《新能源汽车产业发展规划（2021—2035年）》（征求意见稿），开始向社会公开征求意见。征求意见稿提出发展愿景：至2025年我国新能源汽车销量预计将达当年汽车总销量的25%。

4. 国务院常务会议确定延长新能源汽车产业政策

2020年3月31日，国务院常务会议确定，为促进汽车消费，一是将新能源汽车购置补贴和免征购置税政策延长2年。二是中央财政采取以奖代补，支持京津冀等重点地区淘汰国三及以下排放标准柴油货车。三是对二手车经销企业销售旧车，从2020年5月1日至2023年底减按销售额0.5%征收增值税。

7.1.2 汽车金融市场参与主体

汽车金融市场主体主要包括：商业银行、汽车金融公司、融资租赁公司、互联网公司（见表7-1）。融资租赁公司中，越来越多的金融租赁公司参与到汽车金融市场中，扮演着重要角色，互联网公司则经历了新一轮的洗牌与沉淀。

表 7–1　汽车金融市场参与主体

	商业银行	汽车金融公司	融资租赁公司	互联网公司
举例	平安银行	上汽通用汽车金融公司	民生金融租赁	大搜车
优势	资金成本低，可打造客户流量闭环，认可度高	可布局汽车产业链上下游，主机厂有贴息优惠，经销商距离场景最近	产品形式多样，有相应股东背景优势，审批速度较快	拥有庞大的线上流量，首付较低，运用大量科技手段
渠道	线下营销网络	经销商网络优势	机构合作	互联网线上引流 + 线下门店
便利性	流程复杂	一站式服务	较便利	线上申请方便快捷

（一）商业银行

商业银行是最早进入汽车金融领域的主体，其最大的优势是较低的资金成本。产品主要形式是银行贷款、信用卡，以及进车贷、车抵贷、车主贷等金融产品。主要代表有平安银行、中信银行、民生银行和浙商银行等股份制商业银行。

近几年，结合汽车金融市场环境的变化，商业银行在模式上进行了很多的探索，尤其是在开放合作方面与不同的商业形态达成战略协作。

2019年4月，中国邮政储蓄银行（以下简称为“邮储银行”）与中国人民财产保险有限公司（以下简称为“人保财险”）在长沙举行汽车金融保险合作启动会暨合作签约仪式。根据协议，邮储银行将与人保财险在零售汽车金融领域进行全面合作，双方将在全国范围内实现全面对接，系统互通，达成整套流程全线上操作业态，打造零售汽车金融“新生态”。

2019年6月，中国银行与大搜车战略合作，共同开设国内首家“在线汽车银行”。中国银行以大搜车旗下汽车融资租赁品牌“弹个车”为切入点，共同打造全线上化的“全国互联网汽车租赁分期业务”。根据不同业务模式，不同分期产品可以分别设置各级自动化决策模型。同时，还通过银行智能化风险决策引擎，实现自动化的全程风险监测、智能预警处理。

2019年7月，平安银行获得首张汽车消费金融中心牌照。平安银行汽车消费金融中心经营范围为：购车及汽车融资相关的贷款业务，汽车融资项下的咨询、代理业务，经中国银保监会批准的与汽车融资相关的其他业务。这意味着，银行业汽车金融业务开始实施独立持牌经营，未来银行业将以更专业化的方式参与到汽车消费金融业务中来。

（二）汽车金融公司

根据中国银行业协会汽车金融专业委员会公布的数据，截至2019年末，我国共有25家汽车金融公司，注册资本合计超过800亿元人民币。截至2018年末，汽车金融公司合计总资产为8 390亿元，比2017年末增加943亿元，同比增长12.7%（见图7－8）。其中，新车行业总体汽车金融渗透率已达到48%甚至更高水平。

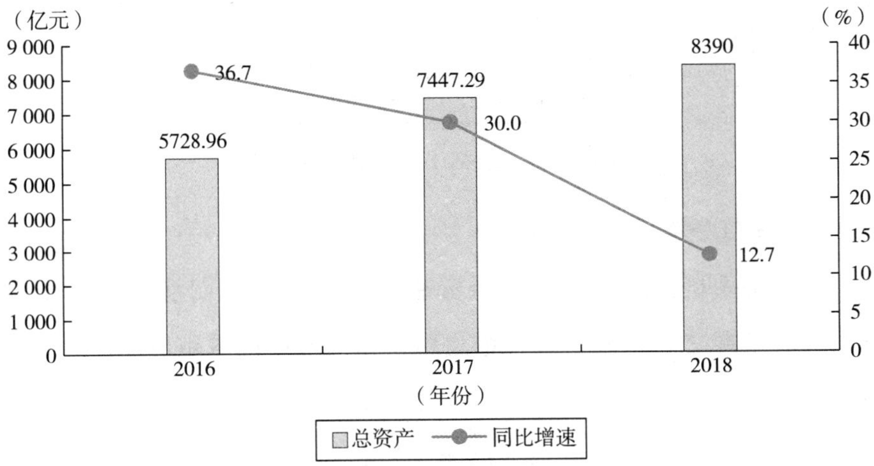

图7-8　2016—2018年汽车金融公司总资产及增速情况

汽车金融公司的股东方包括：国内主机厂、外资银行、内资银行、财务公司、经销商集团等。大部分汽车金融公司具有主机厂背景。对于主机厂而言，汽车金融业务涉及战略规划、金融产品开发、合作伙伴的管理、销售渠道管理、市场营销方案、竞品动态的市场监测、IT系统的构造及再造、人力资源管理、资金管理、财务管理、风险管理、风险资产的处置等一系列问题。

传统库存融资与零售贷款是汽车金融公司的主要业务，融资租赁业务开展的并不多，2018年末，25家汽车金融公司的融资租赁余额仅占贷款总额的1%。

近几年，随着消费金融的兴起，汽车金融公司在零售贷款业务方面实现了快速增长。2019年，25家汽车金融公司实现零售贷款投放664万笔，同比增长9%（见图7－9）。

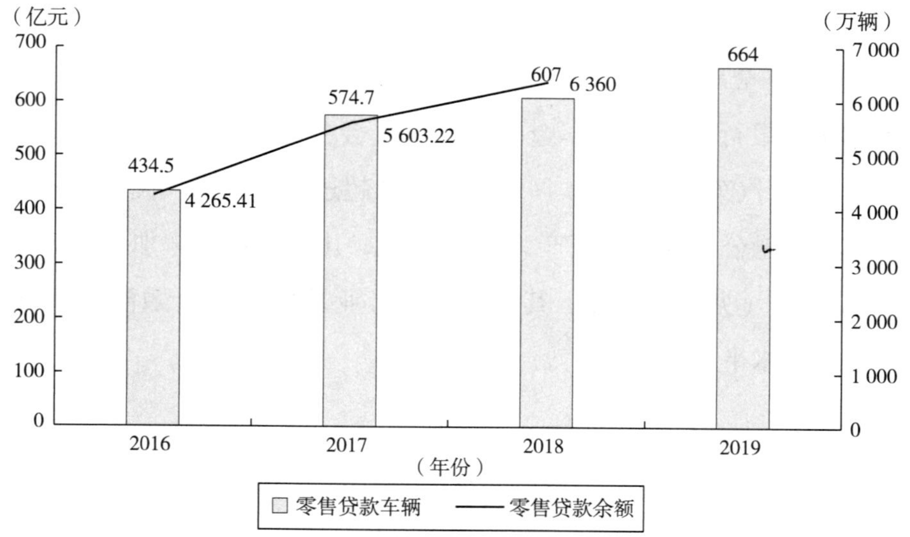

图7-9　2016—2019年零售贷款情况

（三）融资租赁公司

随着汽车消费群体的年轻化，融资租赁这种相对低门槛的汽车金融产品成为消费者的选择之一，汽车金融也是租赁公司发展的重点领域。

根据股东背景不同，经营汽车金融业务的租赁公司可以分为三类：第三方独立系、厂商系以及经销商系。近两年以银行系背景为代表的金融租赁公司也更多地参与到汽车金融业务中，担任着不同的角色，发挥着越来越重要的作用。

目前，金融租赁公司开展汽车金融业务的主流方式有三种：一是扮演“资金提供方”的角色，给融资租赁公司提供资金，由其负责具体的业务；二是资金批发的模式，消费者与融资租赁公司签订汽车融资租赁合同；三是由融资租赁公司承担兜底助贷的角色，消费者与金融租赁公司签订汽车融资租赁合同。

融资租赁公司主要提供的是直租和回租两种产品，期限为12/24/36/48期，又以36期为主。近年来又兴起了新车直租等产品，新车直租降低了消费者购车门槛，同时适应了年轻人群购车决策周期变短、换车周期快的特点。

（四）互联网公司

在互联网汽车金融领域，主体类型与数量众多，包括车贷模式、助贷模式及新零售模式。

互联网公司主要服务类型为面向消费者的车型服务，汽车产品细分化程度较高。近年来，互联网汽车金融公司一方面加强对汽车金融的布局，继续发挥流量优势，加强产品推广；另一方面则与传统金融机构及渠道加强合作，以增强汽车金融覆盖产品范围。

互联网公司仍处于早期发展阶段，市场规范还有待成熟，产品参差不齐。近年来，在监管不断完善的情况下，已经淘汰了一批不合规、存在风险的平台。随着监管、信用体系等发展环境的日趋完善，竞争日益加剧，互联网公司也将迎来新的一轮洗牌。

7.2 汽车融资租赁市场发展现状

汽车融资租赁模式在欧美成熟汽车消费市场十分普及，是消费者较常用的购车方式。汽车融资租赁具有“融资 + 融物”的双重属性，是指融资租赁公司（出租人）根据消费者（承租人）对车辆和供货商的选择，向供货商购买车辆，出租给承租人使用，承租人按期支付租金，到期取得车辆所有权的交易活动。本质上，它是消费者购车的交易行为。

在国内，汽车融资租赁市场尚处于早期阶段。2016年大搜车旗下汽车新零售平台“弹个车”将汽车融资租赁模式引入国内，推出“1 成首付先租后买”的汽车融资租赁产品。由此，汽车融资租赁模式在国内市场再次推广、实践。

在当前车市低迷的背景下，门槛低、产品灵活的汽车融资租赁模式成为开拓市场新增量的重要方式。

7.2.1 发展环境

（一）《融资租赁公司监督管理暂行办法（征求意见稿）》出台

2020年1月8日，银保监会正式发布《融资租赁公司监督管理暂行办法（征求意见稿）》（以下简称《办法》）①，对于融资租赁业而言，监管政策的落

---

① 《融资租赁公司监督管理暂行办法》已于2020年5月出台并施行。

地有利于行业健康有序地发展。

从汽车融资的角度来看，首先在银保监会答记者问中，监管机构肯定了融资租赁的积极作用，也指出了融资租赁行业发展的乱象，未来将打击行业乱象，规范行业发展。同时，银保监会表示，为引导融资租赁公司专注主业、回归本源，加强对融资租赁公司的监管约束，《办法》中新增加了部分审慎监管指标内容。这说明监管机构希望融资租赁公司要回归本源，对通道类业务进一步压缩。这对于当前绝对以售后回租为主的汽车融资租赁业务现状有很大的指导意义。

《办法》第七条规定：租赁物范围是适用于融资租赁交易的租赁物为固定资产，银保监会另有规定的除外。在合规性要求下，过去以城投项目为主的资金方需要寻找更多合规的租赁物，而作为小额、分散、易流通、具有变现价值的固定资产项目，汽车将称为资本支持的重要方向。

另一方面，《办法》落地也意味着汽车融资租赁公司面临的监管将更加严格，合规合法要求提高。

《办法》第十四、五条规定："融资租赁公司应当合法取得租赁物的所有权。""按照国家法律规定租赁物的权属应当登记的，融资租赁公司须依法办理相关登记手续。"对于汽车融资租赁业务来说，租赁物权属登记一直是比较难解决的问题。考虑到部分城市对车牌的限制，很多融资租赁公司在开展汽车融资租赁业务时，会将汽车所有权与车牌登记于承租人名下，出租人则通过办理抵押登记、安装 GPS 等措施进行风险防控。

在售后回租模式下，如果出租人不进行过户登记，仅进行抵押登记，将面临融资租赁合同被法院判定为借贷关系的法律风险，目前已有较多的法律实例。2019年以来，法院对该种业务模式的认定开始更加谨慎，上述模式被认定为借贷关系的比例在提升。此次《办法》还明确规定融资租赁公司不得开展发放或受托发放贷款的业务，这意味着，今后售后回租业务被法院判定为借贷关系的比例或许会升高，而且一旦被判定为借贷关系还可能受到处罚。

《办法》在"租赁资产比重""杠杆倍数""固定收益类证券投资""集中度管理"等方面提出了指标要求，对汽车融资租赁公司的发展速度和规模都会有一定限制。同时，《办法》对融资租赁公司的公司治理、风险管理、内部控制等提出了要求。

总之，《办法》的出台有利于汽车融资市场的规范性发展。

此外，随着汽车融资租赁行业的不断发展，问题、风险也在不断暴露，相关的监管部门及协会已经开始发布相应的监管规则以及自律规则。2019年5月，上海租赁行业协会发布了《汽车融资租赁业务自律公约》，对行业乱象进行规范；2019年12月，法制日报社中国公司法务研究院与大搜车、易鑫集团联合发布《汽车金融合规指引》，该指引指出，汽车融资租赁行业存在内控制度、关联交易、服务费、“明租实贷”或“车抵贷”、超高利率、汽车所有权条款、保证金条款、合同显失公平条款和格式条款、合同诈骗、消费者和第三方客户、逾期催收、租赁物回收等12类风险，并提出了相关建议。

（二）二代征信上线

2018年10月，中农工建交、招联消费金融、微众银行、平安证券等16家试点机构完成二代征信对接测试，开始试运行。

人行二代征信系统在系统架构、管理模式、数据采集模式、采集业务种类、技术对接规范等均做了重大调整，在提升机构查询和报数体验的同时，更加大对小微金融机构的接口对接支持。除银行机构外，非银类机构支持对接企业集团财务公司、消费金融公司、汽车金融公司、小额贷款公司、融资租赁公司、融资担保公司、商业保理公司等持牌业务类型。

根据央行消息，自2020年1月19日起，央行征信中心将面向社会公众和金融机构提供二代格式信用报告查询服务。

对于汽车融资租赁业务，尤其是以个人为承租人的零售业务，风控是产品的核心竞争力，而征信作为金融业务开展的基础工具，在风险管理中得到广泛应用。个人征信报告涵盖了客户的个人基本信息以及贷款、贷记卡的使用详细信息，是对客户的稳定性、偿债能力、还款习惯的最直接的判断依据，是汽车融资租赁业务审批的重要抓手。

新版个人征信报告对个人信用信息覆盖更全面、更细化，尤其是将共同借款、个人为法人担保等都纳入征信。对金融科技行业而言，个人基本信息、共同借款、个人担保等数据，可以用于信贷决策。

与此同时，2019年10月，央行下发《个人金融信息（数据）保护试行办法（初稿）》，重点涉及完善征信机制体制建设，将对金融机构与第三方之间征信业务活动等进一步做出明确规定，加大对违规采集、使用个人征信信息的惩处力度，这也是金融行业治理整顿的重要一环。政策落地后，将首先推动大数据服务商洗牌，继而全面提升数据获取和使用门槛。

（三）《融资担保公司监督管理补充规定》出台

2019年10月，银保监会会同国家发展改革委、工业和信息化部、财政部、住房和城乡建设部、农业农村部、商务部、人民银行、市场监管总局等融资性担保业务监管部际联席会议成员单位，联合印发了《关于印发融资担保公司监督管理补充规定的通知》（以下简称《补充规定》）。

《补充规定》保持与现有法规相衔接，坚持从严监管，要求“为各类放贷机构提供客户推介、信用评估等服务的机构，未经批准不得提供或变相提供融资担保服务。对于无融资担保业务经营许可证但实际上经营融资担保业务的，监督管理部门应当按照《条例》[①] 规定予以取缔，妥善结清存量业务。拟继续从事融资担保业务的，应当按照《条例》规定设立融资担保公司”。

《补充规定》的出台对于部分采取助贷模式、充当资金通道的融资租赁公司来说是一个较大的冲击。

7.2.2 发展趋势

（一）细分市场开拓

二手车、新能源汽车、移动出行等被资本追逐的行业热点都需要金融工具来撬动，而融资租赁将成为最有力的杠杆之一。

1. 二手车

国内二手车市场最大的痛点仍是缺少车源，随着汽车保有量不断增加、新车销量减少，汽车融资租赁业务量越来越多，这将有利于解决车源供给问题。汽车融资租赁可以加速车辆折旧，缩短置换周期，实质上将新车市场与

① 此处《条例》是指《融资担保公司监督管理条例》。

二手车市场进行了有效的资源流动和转换。2019年，在车市销量下滑情况下，全国二手车交易量仍保持连续增长，具有较大的业务空间。

2. 新能源汽车

新能源汽车行业近年来发展迅速，其行业特征为融资租赁业务拓展提供了较大的市场空间。融资租赁可有效缓解充电设施建设与车辆一次性购置的资金压力，解决动力电池维护保养以及与整车寿命匹配的难题。随着政策的进一步支持，市场化运作的逐步完善，大众环保意识的提升和消费观念的改变，未来融资租赁与新能源汽车将实现高度融合。

3. 网约车

移动出行是近几年发展较为迅速的业态，网约车催生了大量的融资租赁需求。对于司机而言，网约车是运营工具，并不一定取得所有权，融资租赁符合其需求，对于汽车融资租赁公司而言，网约车运营会带来持续的现金流，还款有一定保障，是较好的租赁资产。融资租赁可分为2B和2C两种介入方式。2B即向网约车平台公司提供汽车融资租赁服务，2C则直接向网约车司机提供融资租赁服务。

（二）严监管促规范发展

在监管严格、资金来源向银行集中的趋势下，汽车融资租赁行业将迎来洗牌期，部分机构可能面临出局风险，而部分机构将被迫转型。

非持牌机构往往为追求规模而降低风控标准，枉顾利润的扩张在扰乱了正常市场竞争秩序的同时，也衍生出许多金融市场乱象。2019年以来，多地开展了融资租赁公司排查工作，公布了多批异常企业名单，其中汽车融资租赁公司是失联名单中的主要类型，这些公司一部分无实缴资本，多数未申报信息或者连续6个月以上未经营。

从近期的政策来看，监管机构在不断填补政策空白，“专业化经营”“持牌经营”是金融风险整治的主基调。

对于汽车融资租赁公司而言，需逐渐缩小甚至停止兜底助贷模式，更多地利用自有资金来开展融资租赁业务，同时运作规范性也将得到提升。

如上海租赁行业协会发布的《汽车融资租赁业务自律公约》涉及产品宣

传、业务合规、催收等问题。该公约要求：依法合规经营，不得从事信用贷款、抵押贷款等非融资租赁性业务，杜绝在融资租赁合同、产品宣传资料、App平台等出现“贷”“贷款”等带有误导性质的语言表述；进一步加强客户准入管理，不得向在校学生等缺乏必要偿付能力的客户群体开展融资租赁业务；客户逾期后，应依法合规催收，对业务开展过程中获取的客户个人信息应严格保密，严禁故意展示、泄露、买卖客户个人信息；客户逾期后，应进行合理催告，不得采取暴力手段或其他危害客户人身安全、社会公共安全的行为，不得收取畸高处置费用。

2020年，在逐渐完善的政策推动下，汽车金融以及汽车融资租赁市场都将迎来新的发展阶段。业务层面，业务流程合规性被提上日程，产品设计逻辑需重新调整，贷后催收方式需合法合理；资金层面，由于银保监会在2019年末接连推出《补充规定》《融资租赁公司监督管理暂行办法（征求意见稿）》，这在一定程度上造成了担保公司调整、分化，部分融资租赁公司资金紧张，而汽车金融公司的资金则相对充裕，导致分化加剧。

总之，随着政策的进一步完善和市场主体的成熟，未来行业将进一步走向专业化、规范化。

金融市场篇

8 股权融资

8.1 2019年融资租赁公司上市情况[①]

融资租赁企业的基本运作模式决定了它是一个资本快速消耗的机构，对资本的需求量大且较为迫切。据不完全统计，截至2019年末，已经有24家租赁公司完成挂牌上市，其中2019年新增数量为3家。

国际友联融资租赁有限公司于2019年3月15日在港交所挂牌上市，股票代码为1563，发行4.95亿股，每股发行价为0.85港元。

海通恒信国际租赁股份有限公司于2019年6月3日于港股挂牌上市，股票代码为1905，每股定价为1.88港元。SBI香港、上海强生控股、国盛海外控股（香港）为海通恒信的基石投资者，已分别认购41 748 000股、179 356 000股及241 552 000股发售股份，基石投资者合计持有462 656 000股发售股份。

中国船舶（香港）航运租赁有限公司于2019年6月17日挂牌上市，股票代码为3877，发售价每股1.34港元。中国再保险、中远海运、惠生工程、一汽为中国船舶租赁的基石投资者。其中，中国再保险已认购416 652 000股发售股份，中远海运已认购175 506 000股发售股份，惠生工程已认购174 626 000股发售股份，一汽已认购146 254 000股发售股份。

从公开信息来看，我国融资租赁企业上市途径大致分为三类：上海证券交易所和深圳证券交易所（以下简称“沪深主板”）、全国中小企业股份转让系统（以

① 本章节仅统计截至2019年末在市的融资租赁公司数据。

下简称“新三板”）和香港交易所（以下简称“港交所”）。在这24家上市融资租赁企业中，选择沪深主板上市的有2家，选择新三板上市的共6家，选择港交所上市的共16家（见图8－1）。

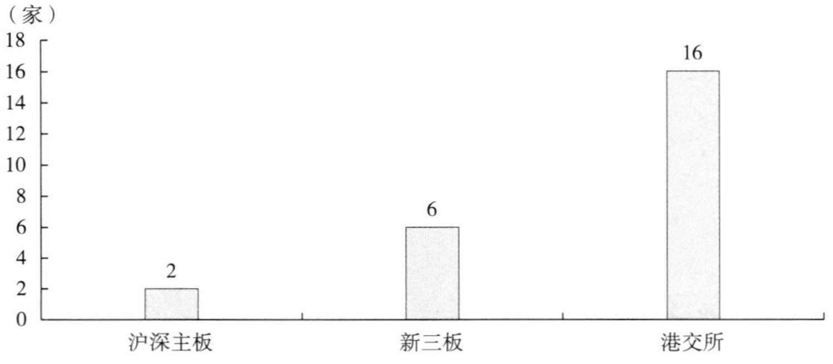

图8－1　2019年末不同板块融资租赁公司上市数量

数据来源：巨潮资讯，中国融资租赁三十人论坛整理。

总体来看，我国融资租赁企业上市渠道主要为港交所。除上述融资租赁企业已经成功上市外，还有多家企业处于计划上市过程中，其中部分企业已经成功递交了申请资料。

从上市租赁企业市值规模来看，2019年末16家在港交所上市的租赁企业的总市值合计为1 558.16亿港元，约合人民币1 395.77亿元①；2家于沪深主板上市的租赁企业总市值合计达423.77亿元②（见图8－2）。

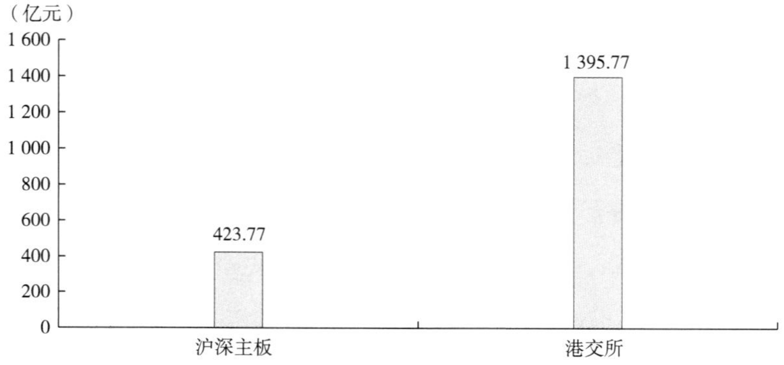

图8－2　2019年末不同板块融资租赁公司总市值合计

数据来源：ifind数据库，中国融资租赁三十人论坛整理。

① 此处使用中国人民银行2019年12月31日人民币汇率中间价对港币0.89 578换算。

② 沪深主板及港交所市值数据均来自ifind数据库。

从上市年份来看，自1996年开始，我国融资租赁公司开启上市“破冰”之旅，随后上市融资租赁企业数量呈现先上升后波动的情况，近四年的上市融资租赁公司数量均为3～4家。

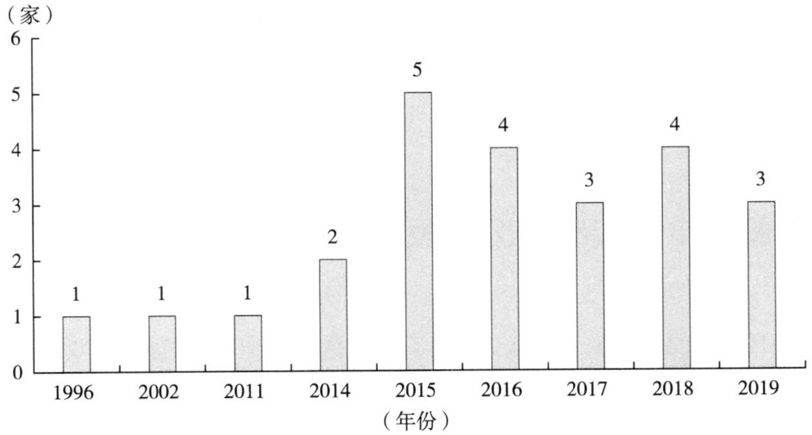

图8–3 融资租赁公司上市年份分布

数据来源：ifind数据库，中国融资租赁三十人论坛整理。

上市融资租赁企业的业务领域越来越宽，涉及的租赁标的物种类日益丰富。在业务领域方面，融资租赁企业的业务领域除了传统的航空、航运、汽车等领域外，逐渐拓展至医疗、公用事业、教育、节能环保、新能源、交通运输、物流仓储、通信、港口码头、印刷、纺织、服装及特种设备等领域。

在租赁标的物方面，融资租赁标的物除了传统的民用飞机、各类船舶、民用汽车等大型设备外，还包括医疗设备及制药设备、供暖设备、管网设施、教学仪器、网络设备、多媒体设备、印刷设备、光伏电站设备、供水、供热、供气设备、节能环保设备、污水处理及水环境治理设备、海航航空航材设备、海航实业特种车辆、内贸集装箱、交通管理监控系统、广播系统、空调冷水机组、空调设备等。

在业务模式上，除了常用的直租、回租及经营租赁等模式外，融资租赁企业也在尝试转租赁、联合租赁、项目租赁等业务模式。

无论是从上市企业数量还是从上市企业市值规模来看，我国融资租赁企业上市情况并不太乐观。这既受到外部因素的影响，也受到融资租赁企业内部因素的影响。外部因素主要是监管机构加强了对上市公司的审核，对上市公司的行为规范也更加严格；内部因素则主要是融资租赁企业在法人治理结构、业务创新、盈利模式、财务管理等方面可能仍具有提升空间，需要在上市过程中进一步完善。此外，我国融资租赁企业的上市情况也说明了融资租赁企业对资本运作未给予足够的重视。尽管融资租赁企业的上市之路并不容易，但是可以肯定的是，未来仍将有更多的融资租赁企业上市，用好股权融资这一工具。

8.2 A股上市融资租赁公司发展情况

截至2019年12月31日，A股上市融资租赁公司共2家，分别是渤海租赁股份有限公司（以下简称“渤海租赁”）和江苏金融租赁股份有限公司（以下简称“江苏租赁”）。渤海租赁是国内最早上市的租赁公司，江苏租赁是金融租赁公司上市第一股，两者均是融资租赁行业的优秀代表。

渤海租赁股份有限公司成立于2007年，2008年9月获得商务部批准为第五批内资融资租赁试点企业之一。2011年10月，汇通集团与天津渤海租赁完成重大资产重组，汇通集团更名为渤海租赁，正式登陆A股市场，证券简称“渤海租赁”，证券代码：000415. SZ。公司主营业务涵盖飞机租赁、集装箱租赁、境内融资租赁等，旗下拥有Avolon、Seaco、天津渤海租赁、横琴国际租赁等境内外细分行业领先的租赁公司，是全球第三大飞机租赁商、第二大集装箱租赁商。渤海租赁为沪深300指数成分股，并于2019年11月新增纳入MSCI中国指数，获国内AAA主体及债项评级。

江苏金融租赁股份有限公司成立于1985年，是经中国银行保险监督管理委员会批准从事融资租赁业务的国有非银行金融机构。2018年3月，江苏租赁在上交所挂牌上市，证券简称“江苏租赁”，证券代码：600901. SH。公司聚焦绿色能源、高端装备、幸福民生、智慧互联等领域，与GE、索尼、飞利浦、思科、海德堡、凯斯纽荷兰、巴可等数十家世界500强企业和国际一流厂商建立了长期合作关系。江苏租赁获国内AAA主体及债项评级。

截至2019年末，在A股上市的两家租赁公司的资产规模如图8-4所示，渤海租赁体量更大，总资产为2 655. 37亿元；江苏租赁体量相对较小，总资产为683. 63 亿元。资产规模增速方面，渤海租赁2019年末总资产较2018年末下降7. 1%，江苏租赁总资产较上一年末增长15. 81%。

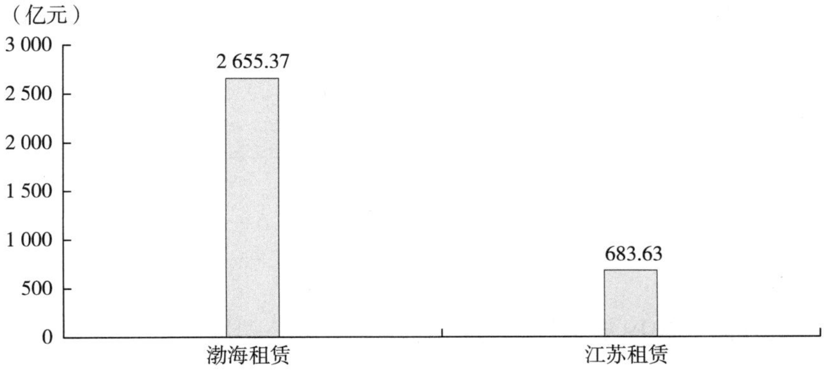

图8-4　2019 年末渤海租赁、江苏租赁总资产情况

数据来源：上市公司年报、业绩快报，中国融资租赁三十人论坛整理。

总负债方面，截至2019年末，渤海租赁总负债为2 109. 61亿元，较2018年末下降 8. 57%；同期江苏租赁总负债为 563. 66 亿元，较2018 年末增加17. 40%（见图8－5）。

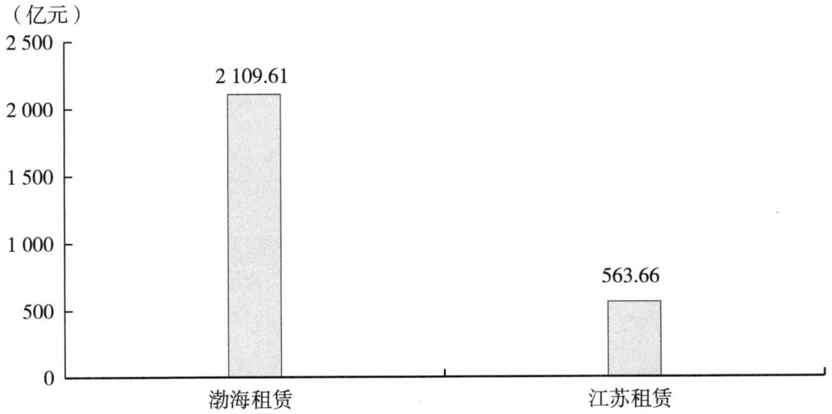

图8-5　2019 年末渤海租赁、江苏租赁总负债情况

数据来源：上市公司年报、业绩快报，中国融资租赁三十人论坛整理。

营业总收入方面，2019年全年渤海租赁的营业总收入达到388. 03 亿元，同比减少6. 03%；同期江苏租赁实现营业总收入 30. 66 亿元，较2018年全年增长25. 82%（见图8－6）。

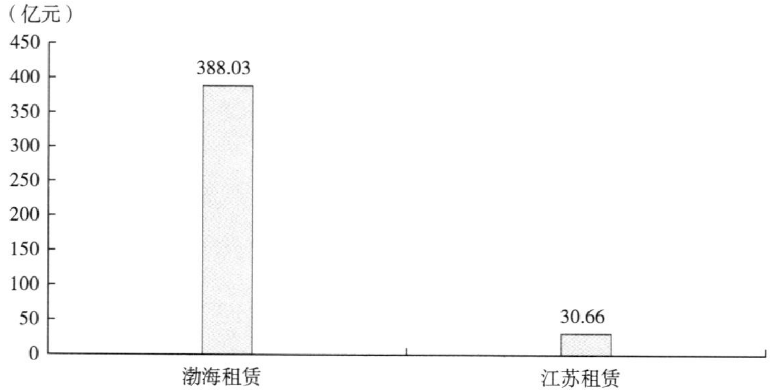

图 8-6　2019 年渤海租赁、江苏租赁营业总收入情况

数据来源：上市公司年报、业绩快报，中国融资租赁三十人论坛整理。

净利润方面，2019年全年渤海租赁归属上市公司股东的净利润为 18.48 亿元，同比下降 18.90%；同期江苏租赁归属上市公司股东的净利润 15.83 亿元，同比增长 26.56%（见图 8－7）。

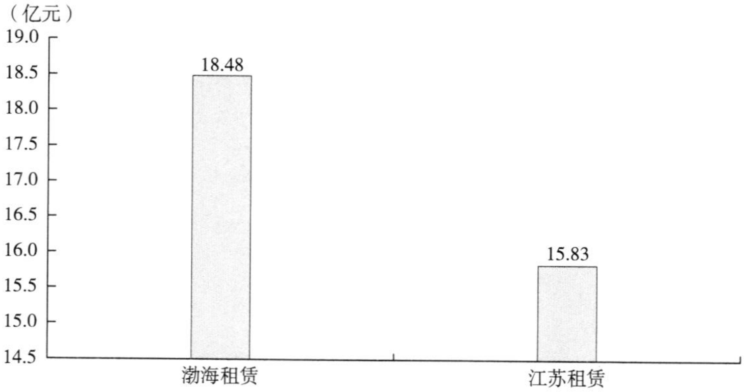

图 8-7　2019 年渤海租赁、江苏租赁归属上市公司股东的净利润情况

数据来源：上市公司年报、业绩快报，中国融资租赁三十人论坛整理。

8.3　H 股上市融资租赁公司发展情况①

截至 2019 年 12 月 31 日，在 H 股上市的融资租赁公司已达 16 家（见表 8－1）。

① 年报内数据按2019年 12 月 31 日银行间外汇市场人民币汇率中间价：1 港元 = 0. 896 7元人民币、1 美元 = 6. 976 2元人民币折算。

另外，因融众金融（股票代码03963. HK）财报统计结束日期为3月31日，数据未统计在内。

表8–1 H股上市融资租赁公司

	股票代码	股票简称	上市日期
1	00379. HK	恒嘉融资租赁	2002年11月
2	03360. HK	远东宏信	2011年3月
3	01848. HK	中国飞机租赁	2014年7月
4	02666. HK	环球医疗	2015年7月
5	03963. HK	融众金融	2016年1月
6	02588. HK	中银航空租赁	2016年6月
7	01606. HK	国银租赁	2016年7月
8	08452. HK	富银融资股份	2017年5月
9	03848. HK	富道集团	2017年7月
10	02858. HK	易鑫集团	2017年11月
11	08223. HK	紫元元	2018年7月
12	08525. HK	百应租赁	2018年7月
13	08621. HK	METROPOLISCAP	2018年12月
14	01563. HK	友联租赁	2019年3月
15	01905. HK	海通恒信	2019年6月
16	03877. HK	中国船舶租赁	2019年6月

国银租赁作为唯一一家在H股上市的金融租赁公司，截至2019年底，其资产规模已突破2 600亿港元。国银租赁紧紧围绕“市场化、专业化、多元化、国际化”的战略定位，大力推进基础设施租赁、飞机租赁，同时加大对船舶租赁、普惠金融和新能源租赁的开拓。从数据来看，国银租赁2019年的收入结构未出现明显变化，融资租赁业务仍然以基础设施租赁为主，经营租赁业务仍然以飞机租赁为主。

而远东宏信则是目前H股上市资产规模最大的融资租赁公司。2011年3月，远东宏信正式在香港联合交易所上市（股票代码03360. HK）。远东宏信作为首家在香港上市的以融资租赁为主营业务的创新型金融公司，2019年，在经济下行压力不断增大、产业持续转型升级的背景下，远东宏信坚持“金融＋产业”的发展战略，不断强化金融服务能力、扩展新型经营功能、巩固产业领先优势，以应对外部风险挑战明显上升的复杂局面。2019年远东宏信资产遭遇缩水。

在H股上市的融资租赁公司中，友联租赁、海通恒信、中国船舶租赁3家公司为2019年新上市的公司，股票代码、股票简称、上市日期如表8－2所示。

表8-2　2019年H股上市融资租赁公司

	股票代码	股票简称	上市日期
1	01563. HK	友联租赁	2019. 03. 15
3	01905. HK	海通恒信	2019. 06. 03
4	03877. HK	中国船舶租赁	2019. 06. 17

友联租赁于2019年3月15日在港交所上市。截至2019年末，友联租赁总资产为30. 84亿元，同比减少26. 8%；2019年度净利润为－0. 85亿元。

海通恒信于2019年6月3日成功登陆港交所，打通了资本市场融资通道。截至2019年末，海通恒信总资产为990亿元，较年初增长20. 6%，2019年实现收入总额71. 45亿元，同比增长34%，实现净利润13. 55亿元，同比增长3. 3%。2019年海通恒信全年融资规模达到526. 54亿元，其中通过银团贷款、银行承兑等实现间接融资282. 88亿元，占比53. 7%。截至2019年末，海通恒信与66家金融机构建立授信关系，累计获得授信额度为931亿元，其中约368亿元未使用。

中国船舶租赁于2019年6月17日在港交所上市。截至2019年末，中国船舶租赁资产总额为276. 96亿港元，折合人民币为248. 10亿元，同比减少5. 51%；净资产为84. 49亿港元，折合人民币为75. 69亿元。2019年实现收益22. 94亿港元，折合人民币为20. 55亿元；实现净利润8. 92亿港元，折合人民币为7. 99亿元，同比增长26. 31%。

在H股上市的16家租赁公司中，截至2019年末的资产规模排名前十的公司如图8－8所示，其中总资产排名前三的租赁公司分别是国银租赁（2 613. 01亿元）、远东宏信（2 605. 71亿元）和中银航空租赁（1 378. 78亿元）。

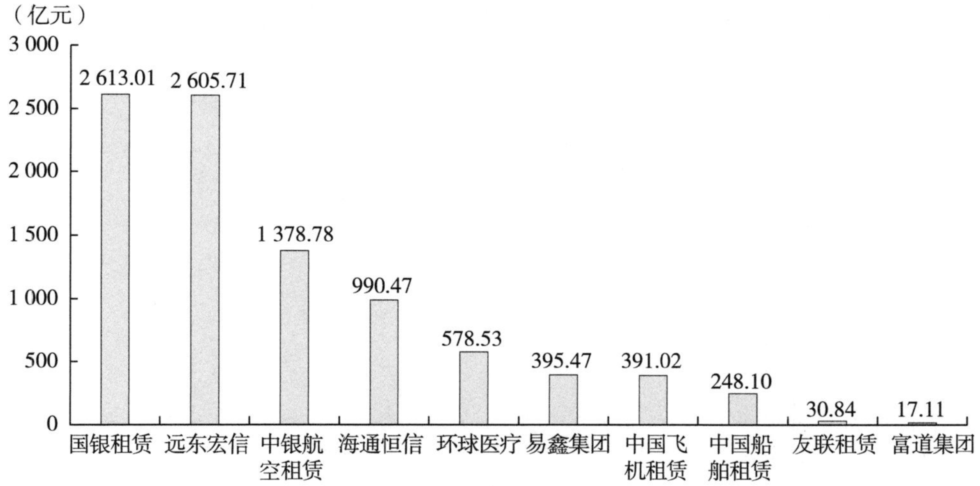

图 8-8　H 股上市公司总资产前十名

数据来源：上市公司年报、业绩快报，中国融资租赁三十人论坛整理。

负债方面，总负债排名前十的公司如 8 -9 所示，其中排名前三的租赁公司分别是国银租赁（2 356. 31亿元）、远东宏信（2 190. 36亿元）和中银航空租赁（1 059. 27亿元）。

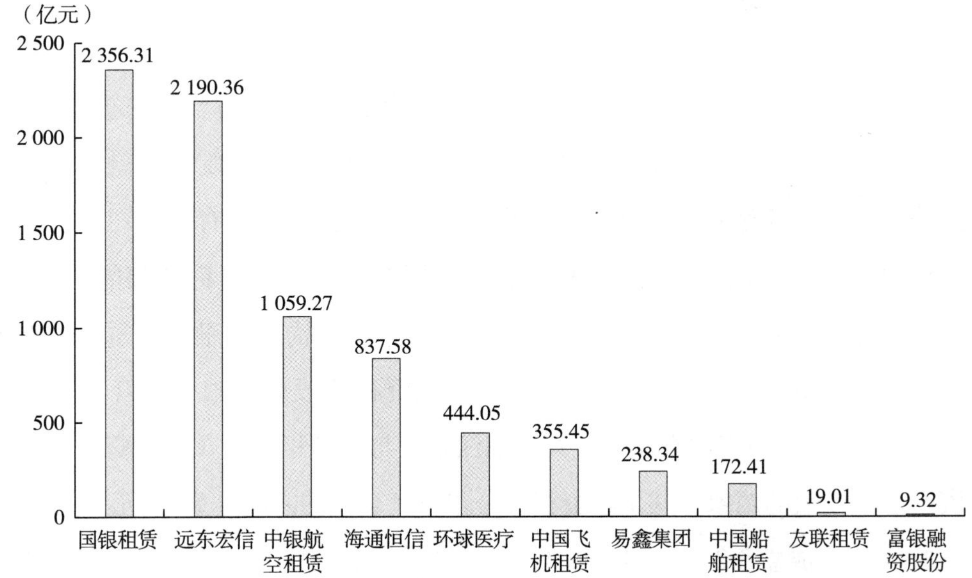

图 8-9　H 股上市公司总负债前十名

数据来源：上市公司年报、业绩快报，中国融资租赁三十人论坛整理。

年内溢利方面，排名前十的公司如图 8 -10 所示，其中年内溢利排名前三的租赁公司分别是中银航空租赁（48.99 亿元）、远东宏信（48.28 亿元）和国银租赁（29.38 亿元）。

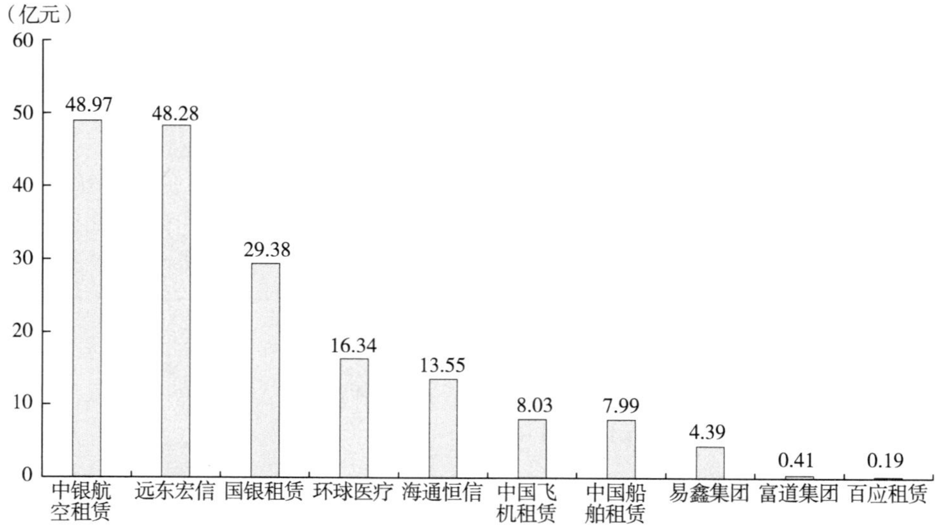

图 8-10　H 股上市公司年内溢利前十名①

数据来源：上市公司年报、业绩快报，中国融资租赁三十人论坛整理。

8.4　新三板挂牌融资租赁公司发展情况

截至2019年末，在全国中小企业股份转让系统（以下简称“新三板”）挂牌的融资租赁公司（含金融租赁公司，下同）共 6 家，分别是皖江金融租赁股份有限公司（以下简称“皖江金租”）、中国康富国际租赁股份有限公司（以下简称“康富租赁”）、福建福能融资租赁股份有限公司（以下简称“福能租赁”）、浙江康安融资租赁股份有限公司（以下简称“康安租赁”）、融信租赁股份有限公司（以下简称“融信租赁”）、山东东海融资租赁股份有限公司（以下简称“东海租赁”），2019年没有新增。其中皖江金租与康富租赁是 6 家融资租赁公司中资产总额较大的两家，其余融资租赁公司资产总额均未超过 50 亿元人民币。

皖江金租成立于2011年 12 月 31 日，是原银监会批准成立的全国第 18 家金融租赁公司，初设时注册资本为 30 亿元人民币，截至2019年末，公司注册

① 易鑫集团的净利润数据为未经审计的经调整净利润。

资本已增至46亿元人民币，最大股东为安徽省交通控股集团有限公司。2015年11月24日，皖江金租获得在新三板挂牌的资格，证券简称“皖江金租”，证券代码：834237。目前公司在航空、航运、车辆、工程机械等领域经营口碑良好，具有较强的竞争优势。2019年7月12日，联合资信评估有限公司对皖江金租进行了跟踪评级，决定维持皖江金租主体长期信用等级和金融债券信用等级为AA+，评级展望为稳定。

康富租赁成立于1988年6月24日，是我国第一批获批的中外合资融资租赁公司，初设时注册资本为500万美元，截至2019年末，公司注册资本已增至24.98亿元人民币，最大股东为国核资本控股有限公司。2015年9月9日，康富租赁在新三板正式挂牌转让，证券简称“中国康富”，证券代码：833499。公司在清洁能源、高端装备和健康医疗等设备租赁领域精耕细作，现已具备一定的知名度。2019年5月21日，中诚信国际信用评级有限责任公司对康富租赁进行了主体评级，康富租赁主体信用等级为AA+，评级展望为稳定。

因融信租赁已进入破产结算程序，因此下文将只对除融信租赁外的其他5家公司进行相关分析。

资产规模方面，截至2019年末，康富租赁资产规模为315.11亿元，较2018年末增长3.24%；皖江金租资产规模为219.41亿元，较2018年末下降18.93%（见图8-11）。

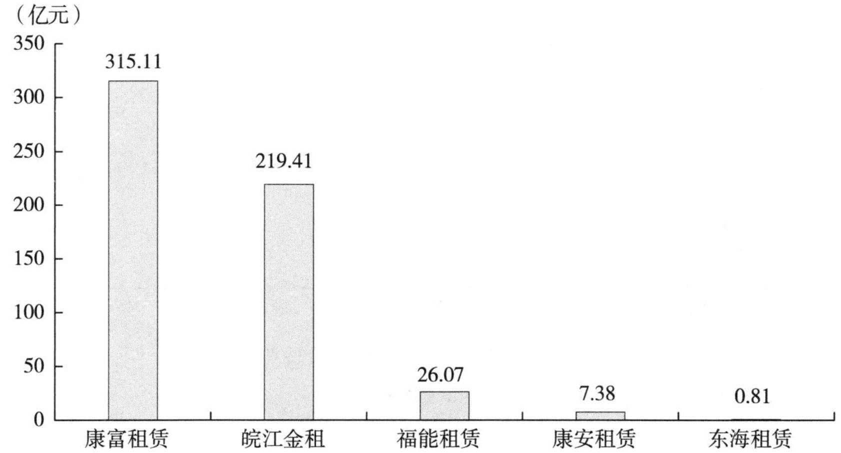

图8-11　新三板挂牌融资租赁公司资产规模情况

数据来源：公司财务报告，中国融资租赁三十人论坛整理。

总负债方面，截至2019年末，康富租赁负债规模为274.47亿元，资产负债率为87.10%；皖江金租负债规模为154.67亿元，资产负债率为70.50%（见图8－12）。

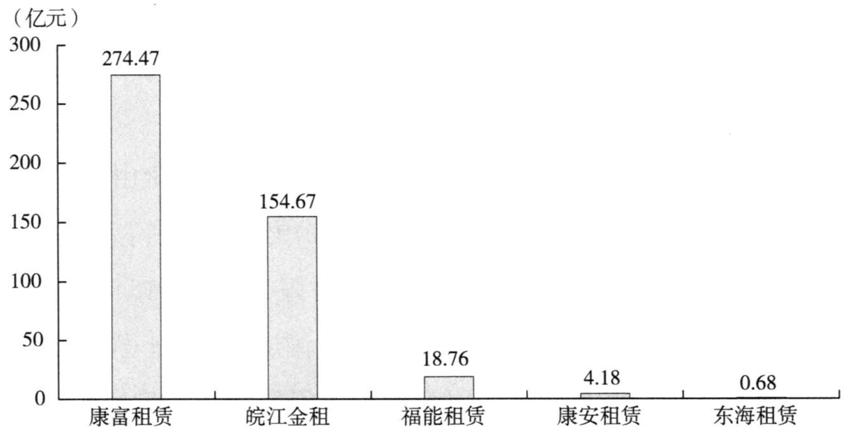

图8-12　新三板挂牌融资租赁公司负债规模情况

数据来源：公司财务报告，中国融资租赁三十人论坛整理。

营业收入方面，截至2019年末，康富租赁累计实现营业收入20.62亿元，同比下降2.35%；皖江金租累计实现营业收入17.41亿元，同比下降23.35%（见图8－13）。

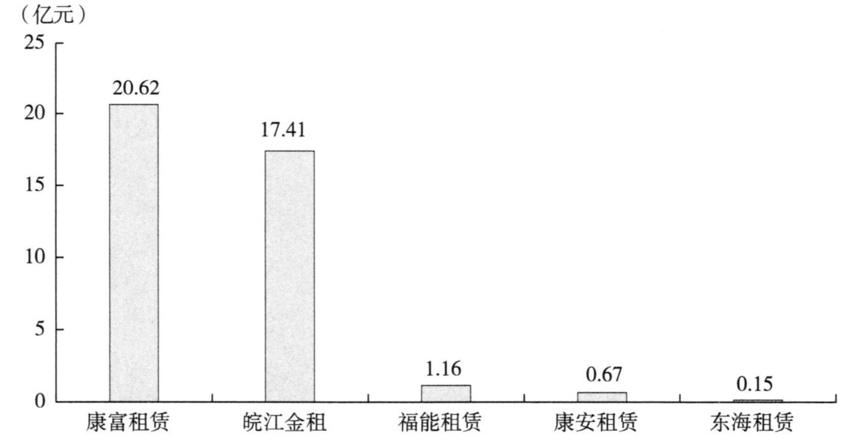

图8-13　新三板挂牌融资租赁公司营业收入情况

数据来源：公司财务报告，中国融资租赁三十人论坛整理。

净利润方面，截至2019年末，康富租赁累计实现净利润3.80亿元，同比下降5.86%；皖江金租累计实现净利润3.58亿元，同比增长369.01%（见图8－14）。

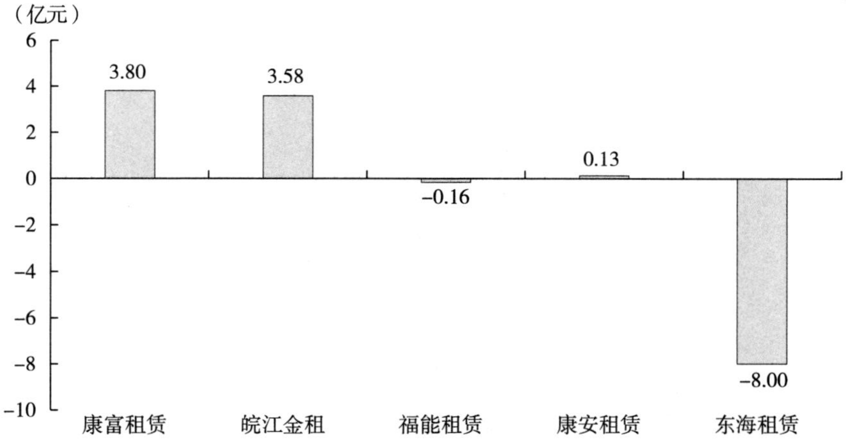

图 8–14　新三板挂牌融资租赁公司净利润情况

数据来源：公司财务报告，中国融资租赁三十人论坛整理。

9　债务融资

在债务融资渠道的选择上，金融租赁公司与内、外资融资租赁公司的存在明显差异，金融租赁公司由于属于非银行金融机构，主要通过发行金融债的方式融资，还有少量通过发行 ABS 融资；而内、外资融资租赁公司则主要通过发行 ABS、中期票据、短期融资券、超短期融资券、公司债、定向工具（PPN）等方式融资。比较来看，内、外资融资租赁公司融资渠道更为多元，品种更为丰富，方式也更加灵活。

本部分主要从 ABS（含 ABN）、金融债、中期票据、短期融资券（超短期融资券）、公司债以及 PPN 6 种渠道分析融资租赁公司及金融租赁公司2019年度融资情况。

从发行主体来看，2019年全年共有 103 家融资租赁公司、20 家金融租赁公司通过上述渠道进行了融资。

从整体发行规模看，2019年，融资租赁公司及金融租赁公司通过发行 ABS（含 ABN）、短期融资券、金融债、公司债、定向工具、中期票据 6 类产品，合计融资5 402.25亿元，较2018年全年融资额4 286.91亿元增长 26.02%。其中，通过发行 ABS（含 ABN）的融资额占比最高，达 52%；其次为短期融资券，融资额占比 20%；再次为金融债，融资额占比 12%（见图 9－1）。

9.1　资产证券化

2019年融资租赁公司发行 ABS 的总金额及数量大幅增长，较2018年近翻倍

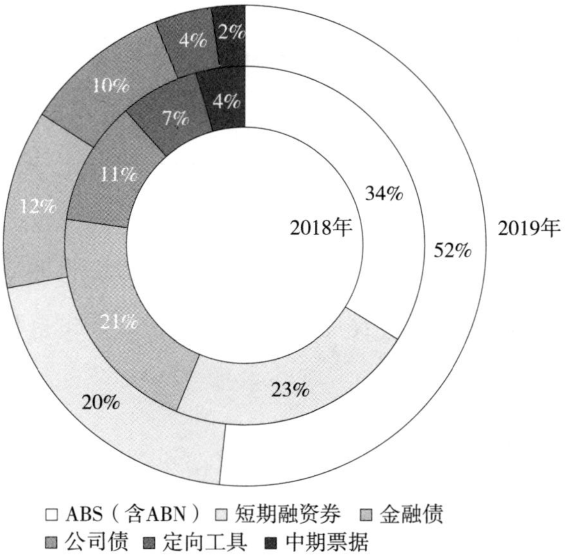

图 9-1　2018—2019年，租赁公司 6 类渠道融资规模分布情况

数据来源：wind，中国融资租赁三十人论坛整理。

增长。2019年，融资租赁公司及金融租赁公司发行的 ABS 规模合计为2 790. 45亿元，同比增长 93%；发行数量合计 222 只，同比增长 79%（见图 9 - 2）。

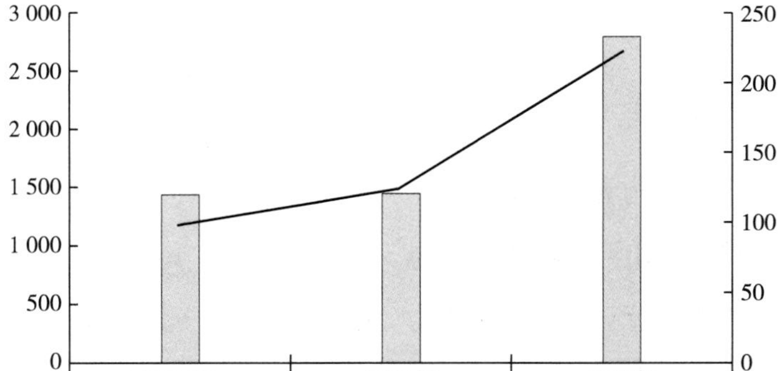

	2017年	2018年	2019年
□ 发行总额（亿元）	1 439.98	1 447.79	2 790.45
—— 发行数量（只）	99	124	222

图 9-2　2017—2019年，融资租赁公司 ABS 发行情况

数据来源：wind，中国融资租赁三十人论坛整理。

2019年，江苏金融租赁股份有限公司与河北省金融租赁有限公司在银行间市场分别发行 1 只 ABS，发行金额分别为 19. 20 亿元、19. 84 亿元（见表 9 - 1）。

表 9–1　2019年金融租赁公司 ABS 发行统计

项目名称	发起机构	发行金额（亿元）	发行起始日
苏租2019年第一期绿色租赁资产支持证券	江苏金融租赁股份有限公司	19.20	2019－06－06
冀租稳健2019年第一期租赁资产支持证券	河北省金融租赁有限公司	19.84	2019－08－28

数据来源：wind，中国融资租赁三十人论坛整理。

从发行利率看，2019年，融资租赁公司发行 ABS 的加权平均利率波动下行，3 月发行利率升至最高点 5.16% 之后，9 月降至全年最低水平 4.18%，最大相差 98BP（基点）。

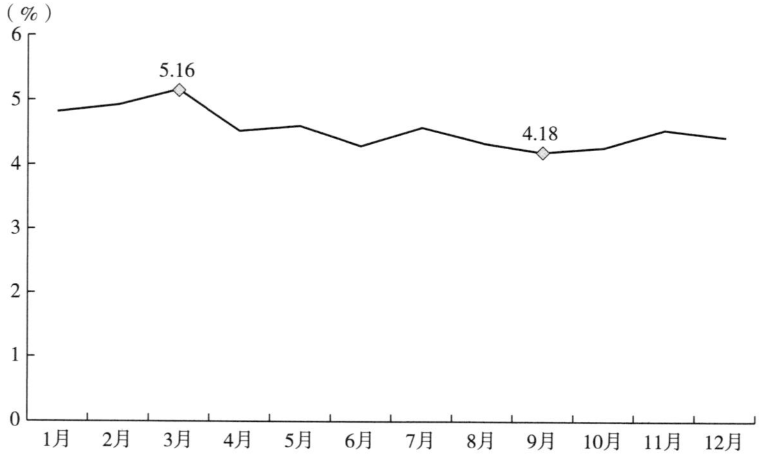

图 9–3　2019融资租赁公司 ABS 产品月均发行利率走势

数据来源：wind，中国融资租赁三十人论坛整理。

从发起机构看，2019年度，平安国际融资租赁有限公司发行规模最高，共发行 23 只 ABS，金额合计为 346.84 亿元；其次为中核融资租赁有限公司，共发行 19 只 ABN，金额合计为 260.00 亿元；远东国际融资租赁有限公司发行规模排第三，发行 9 只 ABS，金额合计为 251.22 亿元；海通恒信国际租赁股份有限公司排第四，共发行 11 只 ABS，金额合计为 130.74 亿元；立根融资租赁有限公司排第五，共发行 7 只 ABS，金额合计为 110.00 亿元（见表 9－2）。

表 9–2　2019年，租赁公司发行 ABS 前五大原始权益人（按发行金额排序）

发起机构/原始权益人	发行金额（亿元）	发行数量（只）
平安国际融资租赁有限公司	346.84	23
中核融资租赁有限公司	260.00	19

（续表）

发起机构/原始权益人	发行金额（亿元）	发行数量（只）
远东国际融资租赁有限公司	251.22	9
海通恒信国际租赁股份有限公司	130.74	11
立根融资租赁有限公司	110.00	7

数据来源：wind，中国融资租赁三十人论坛整理。

从计划管理人看，2019年度，华能贵诚信托有限公司发行金额最高，合计为395.73亿元，发行数量为23只；天津信托有限责任公司次之，发行金额合计为320.00亿元，发行数量为25只；天风证券股份有限公司排名第三，发行金额合计为192.54亿元，发行数量为18只；平安证券股份有限公司排第四，发行金额合计为184.67亿元，发行数量为13只；中信证券股份有限公司排第五，发行金额合计为178.88亿元，发行数量为12只。

表9-3　2019年，租赁公司发行ABS（含ABN）前五大计划管理人（按发行金额排序）

发行机构/计划管理人	发行金额（亿元）	发行数量（只）
华能贵诚信托有限公司	395.73	23
天津信托有限责任公司	320.00	25
天风证券股份有限公司	192.54	18
平安证券股份有限公司	184.67	13
中信证券股份有限公司	178.88	12

数据来源：wind，中国融资租赁三十人论坛整理。

9.2　金融债

2019年度，金融租赁公司金融债发行规模及数量同比均有所下降，全年有20家金融租赁公司合计发行28只金融债，发行总规模为648.00亿元，较2018年全年发行总额903.00亿元减少28.24%（见图9-4）。

从发行利率看，2019年，金融租赁公司发行金融债的平均利率呈波动上升态势，1月加权平均发行利率3.46%为全年最低，11月发行利率最高为5.60%，最大相差214BP（见图9-5）。

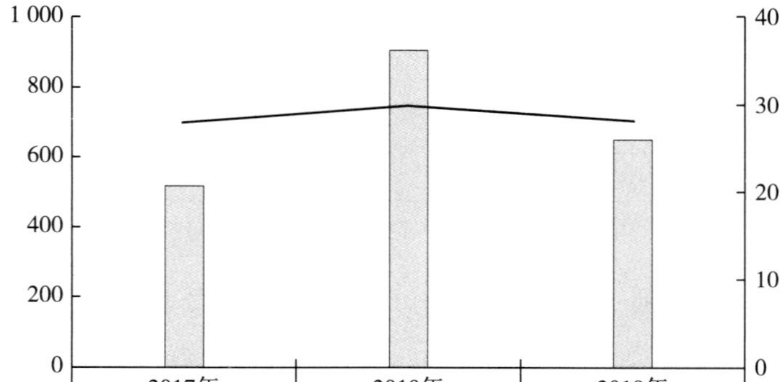

	2017年	2018年	2019年
□ 发行总额（亿元）	519.00	903.00	648.00
—— 发行数量（只）	28	30	28

图9-4　2017—2019年，金融租赁公司金融债发行情况

数据来源：wind，中国融资租赁三十人论坛整理。

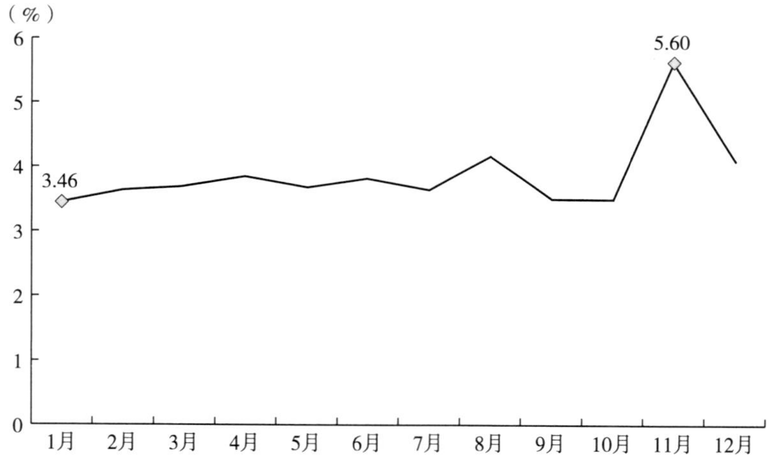

图9-5　2019年金融租赁公司金融债发行利率走势

数据来源：wind，中国融资租赁三十人论坛整理。

从发行机构看，2019年全年，交银金融租赁有限责任公司金融债合计发行金额最高，达到135亿元，共发行3只；其次为招银金融租赁有限公司，共发行3只金融债，发行金额合计为80亿元；工银金融租赁有限公司排第三，共发行2只金融债，发行金额合计为60亿元；浦银金融租赁股份有限公司、太平石化金融租赁有限责任公司均发行2只金融债，合计发行金额均为40亿元（见表9－4）。

表9–4 2019年金融租赁公司发行金融债统计（按合计发行规模排序）

发行主体	发行金额（亿元）	发行时间	主体/债项评级	合计发行金额（亿元）
交银金融租赁有限责任公司	50	2019/05/20	AAA/AAA	135
	50	2019/07/08		
	35	2019/10/21		
招银金融租赁有限公司	20	2019/03/13	AAA/AAA	80
	30	2019/05/27		
	30	2019/07/17		
工银金融租赁有限公司	30	2019/01/21	AAA/AAA	60
	30	2019/02/28		
浦银金融租赁股份有限公司	20	2019/07/23	AAA/AAA	40
	20	2019/08/20		
太平石化金融租赁有限责任公司	20	2019/08/22	AAA/AAA	40
	20	2019/09/19		
农银金融租赁有限公司	30	2019/06/03	AAA/AAA	30
华融金融租赁股份有限公司	30	2019/03/04	AAA/AAA	30
信达金融租赁有限公司	30	2019/03/27	AAA/AAA	30
兴业金融租赁有限责任公司	25	2019/03/04	AAA/AAA	25
华夏金融租赁有限公司	25	2019/03/06	AAA/AAA	25
昆仑金融租赁有限责任公司	25	2019/06/05	AAA/AAA	25
西藏金融租赁有限公司	20	2019/08/06	AA+/AA+	20
永赢金融租赁有限公司	20	2019/03/13	AAA/AAA	20
渝农商金融租赁有限责任公司	20	2019/04/01	AAA/AAA	20
长城国兴金融租赁有限公司	20	2019/06/13	AAA/AAA	20
江苏金融租赁股份有限公司	10	2019/04/09	AAA/AAA	10
河北省金融租赁有限公司	10	2019/11/21	AAA/AAA	10
冀银金融租赁股份有限公司	10	2019/12/12	AAA/AAA	10
珠江金融租赁有限公司	10	2019/04/18	AAA/AAA	10
光大金融租赁股份有限公司	8	2019/01/18	AAA/AAA	8

数据来源：wind，中国融资租赁三十人论坛整理。

9.3 中期票据

我国融资租赁公司发行的中期票据多为3年期，少数为5年期。从发行规模看，中期票据的发行金额及发行量均较少，2019年1—3月、5月、9—10月，未有融资租赁公司发行中期票据，全年共有10家融资租赁公司发行12只中期票据，发行金额合计为120.60亿元，较2018年全年发行总额187.80亿元减少35.78%（见图9－6）。

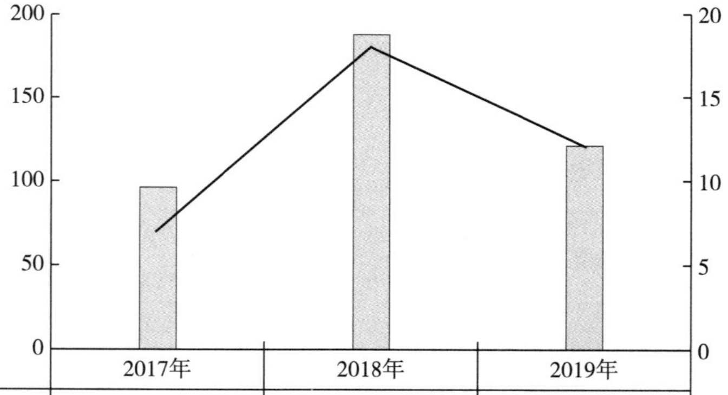

	2017年	2018年	2019年
发行总额（亿元）	96.00	187.80	120.60
发行数量（只）	7	18	12

图9-6　2019年融资租赁公司中期票据发行情况

数据来源：wind，中国融资租赁三十人论坛整理。

从发行利率看，2019年中期票据发行利率呈波动下降态势，8月加权平均发行利率升至最高为4.81%，12月发行利率降至最低为3.88%，月均发行利率最大相差93BP（见图9－7）。

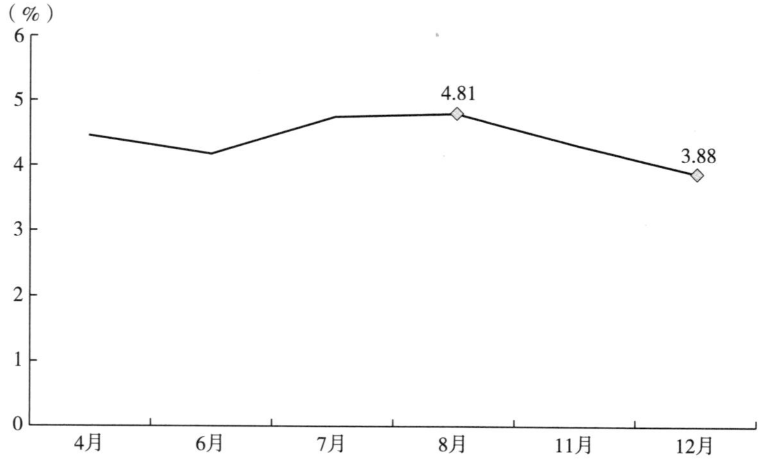

图9-7　2019年融资租赁公司中期票据发行利率走势

数据来源：wind，中国融资租赁三十人论坛整理。

从发行机构看，2019年中期票据发行金额最高的为平安国际融资租赁有限公司，共发行3只中期票据，金额合计为35亿元；其次为中航国际租赁有限公司，发行1只金额为17亿元的中期票据；中建投租赁股份有限公司、远东国际融资租赁有限公司、招商局通商融资租赁有限公司以及芯鑫融资租赁有限责任公司分别发行1只金额为10亿元的中期票据（见表9－5）。

表9-5 2019年，中期票据前六大发行人（按发行金额排序）

发起机构/原始权益人	发行金额（亿元）	发行数量（只）
平安国际融资租赁有限公司	35.00	3
中航国际租赁有限公司	17.00	1
中建投租赁股份有限公司	10.00	1
远东国际融资租赁有限公司	10.00	1
招商局通商融资租赁有限公司	10.00	1
芯鑫融资租赁有限责任公司	10.00	1

数据来源：wind，中国融资租赁三十人论坛整理。

9.4 短期（超短期）融资券

2019年融资租赁公司短期、超短期融资券发行规模及数量均较2018年有大幅增长，共有22家融资租赁公司发行155只短期融资券，发行金额累计为1 105.70亿元，较2018年全年发行金额960.00亿元增长15.18%。全部155只短期融资券中包括10只一般短期融资券，发行金额共计为105.50亿元，145只超短期融资券，发行金额共计为1 000.20亿元（见图9－8）。

从发行利率看，2019年融资租赁公司发行的短期融资券加权平均利率波动下行，3月升至年度最高点3.63%，11月发行利率2.66%为全年最低，最大相差97BP（见图9－9）。

从发行机构看，2019年，平安国际融资租赁有限公司发行数量及金额均最高，共发行融资券27只，其中3只为短期融资券，24只为超短期融资券，合计发行金额为269.00亿元；其次为中航国际租赁有限公司，共发行18只融资券，其中2只为短期融资券，其余16只为超短期融资券，发行金额合计为131.00亿元；中电投融和融资租赁有限公司排第三，共发行17只超短期融资

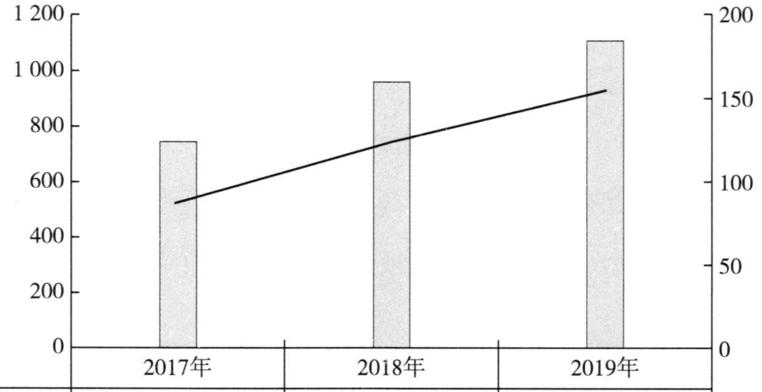

	2017年	2018年	2019年
发行总额（亿元）	749.60	960.00	1 105.70
发行数量（只）	87	124	155

图 9-8　2019年融资租赁公司短期（超短期）融资券发行情况

数据来源：wind，中国融资租赁三十人论坛整理。

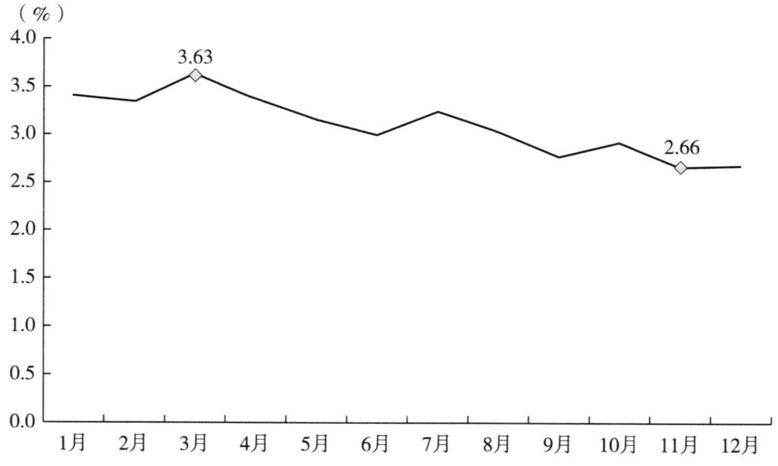

图 9-9　2019年，融资租赁公司短期（超短期）融资券发行利率走势

数据来源：wind，中国融资租赁三十人论坛整理。

券，发行金额合计为110.00亿元；中国环球租赁有限公司排第四，共发行19只超短期融资券，合计发行金额为100.00亿元；远东国际融资租赁有限公司排第五，共发行9只超短期融资券，合计发行金额为90.00亿元（见表9-6）。

表 9-6　2019年，短期（超短期）融资券前五大发行机构（按发行金额排序）

发行机构	发行金额（亿元）	发行数量（只）
平安国际融资租赁有限公司	269.00	27
中航国际租赁有限公司	131.00	18

（续表）

发行机构	发行金额（亿元）	发行数量（只）
中电投融和融资租赁有限公司	110.00	17
中国环球租赁有限公司	100.00	19
远东国际融资租赁有限公司	90.00	9

数据来源：wind，中国融资租赁三十人论坛整理。

9.5 公司债

我国融资租赁公司发行的公司债包括一般公司债以及私募债。从发行规模看，近三年，融资租赁公司发行公司债的总金额变动较小。2019年全年，共有26家融资租赁公司发行59只公司债，发行金额累计为529.50亿元，较2018年全年发行总额480.82亿元增长10.12%；59只公司债中25只为一般公司债，发行金额共计为209.00亿元，其余均为私募债（见图9－10）。

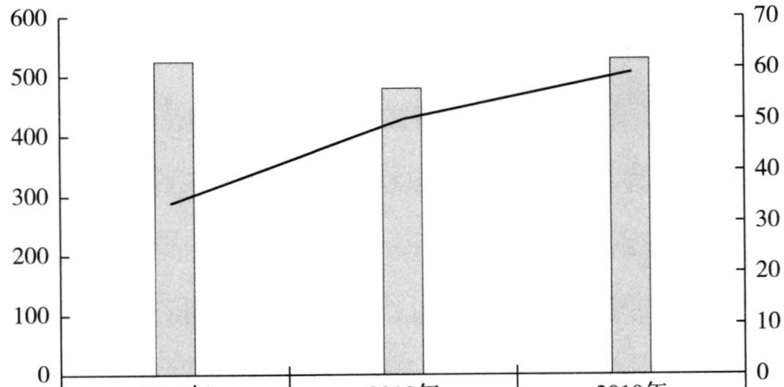

	2017年	2018年	2019年
发行总额（亿元）	526.00	480.82	529.50
发行数量（只）	34	50	59

图9－10 2019年，融资租赁公司的公司债发行情况

数据来源：wind，中国融资租赁三十人论坛整理。

从发行利率看，2019年发行利率波动下降，3月为全年最高利率5.42%，12月利率4.27%为全年最低，最大相差115BP（见图9－11）。2019年，主体评级为AAA的融资租赁公司发行公司债的加权平均利率为4.43%，主体评级为AA+的融资租赁公司发行公司债的加权平均利率为5.37%，主体评级为

AA 的融资租赁公司发行公司债的加权平均利率为 5.66%。

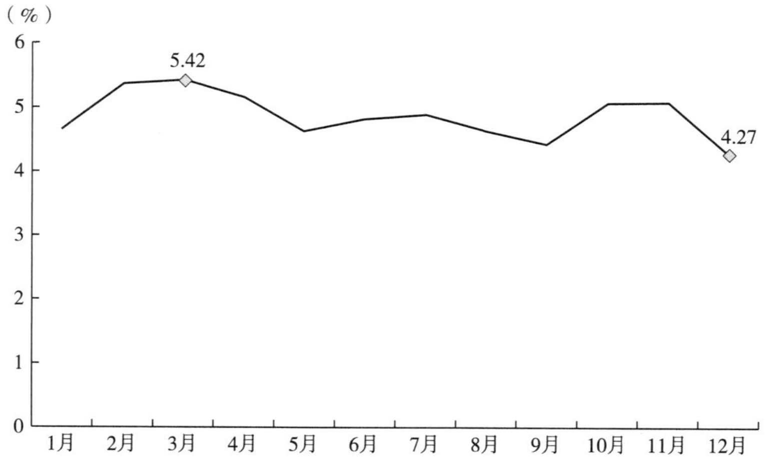

图 9-11　2019年，融资租赁公司发行公司债的利率走势

数据来源：wind，中国融资租赁三十人论坛整理。

从发行机构看，2019年度平安国际融资租赁有限公司发行金额最高，共发行 10 只公司债，其中 7 只为私募债，合计发行金额为 136.00 亿元；其次为远东国际融资租赁有限公司，共发行 3 只公司债，其中 2 只为私募债，合计发行金额为 70.00 亿元；中航国际租赁有限公司排第三，共发行 5 只公司债，其中 3 只为私募债，合计发行金额为 49.50 亿元；中电投融和融资租赁有限公司排第四，共发行 3 只私募公司债，合计发行金额为 30.00 亿元；中国康富国际租赁股份有限公司排第五，共发行 4 只私募债，合计发行金额为 28.00 亿元。

表 9-7　2019年，公司债前五大发行机构（按发行金额排序）

发行机构	发行金额（亿元）	发行数量（只）
平安国际融资租赁有限公司	136.00	10
远东国际融资租赁有限公司	70.00	3
中航国际租赁有限公司	49.50	5
中电投融和融资租赁有限公司	30.00	3
中国康富国际租赁股份有限公司	28.00	4

数据来源：wind，中国融资租赁三十人论坛整理。

9.6 非公开定向债务融资工具（PPN）

我国融资租赁公司发行的定向工具主要包括1年期、2年期、3年期等，其中大部分为3年期产品。从发行规模看，2019年全年，共有15家融资租赁公司发行27只非公开定向债务融资工具，发行金额累计为208.00亿元，较2018年全年发行总额307.50亿元减少32.36%（见图9-12）。

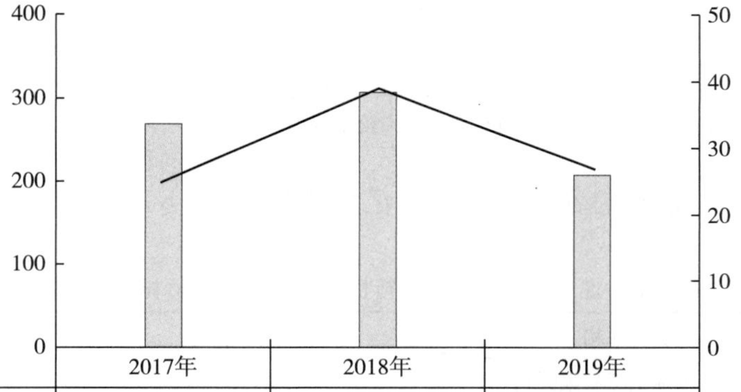

	2017年	2018年	2019年
发行总额（亿元）	269.50	307.50	208.00
发行数量（只）	25	39	27

图9-12 2019年，融资租赁公司PPN发行情况

数据来源：wind，中国融资租赁三十人论坛整理。

从发行利率看，剔除9月发行利率的骤增，2019年全年月均发行利率波动下降，自2月开始，利率水平明显低于2018年度发行利率，10月利率降至全年最低水平4.10%（见图9-13）。2019年，融资租赁公司发行的定向工具中，1年期债券的加权平均发行利率为4.26%，2年期债券的加权平均发行利率为4.43%，3年期债券的加权平均发行利率为4.67%。

从发行机构看，2019年，中航国际租赁有限公司发行数量及金额均最高，共发行5只定向工具，合计发行金额为34.00亿元；其次为招商局通商融资租赁有限公司，共发行2只定向工具，合计发行金额为30.00亿元；海通恒信国际租赁股份有限公司排第三，共发行3只定向工具，合计发行金额为27.00亿元；中电投融和融资租赁有限公司、国新融资租赁有限公司均分别发行2只定

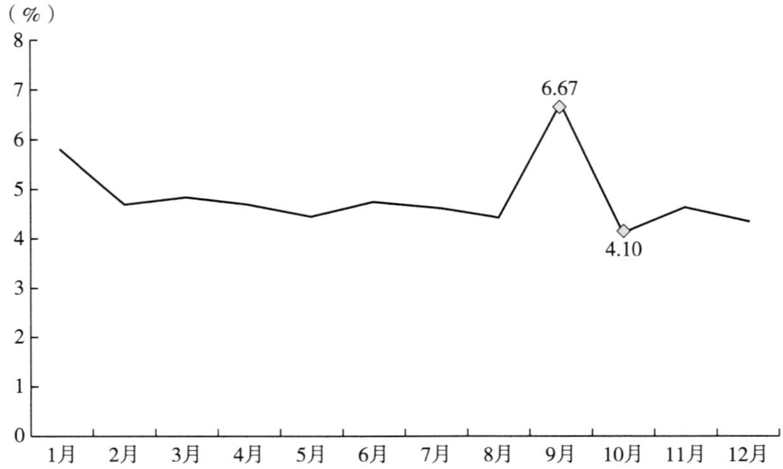

图 9-13　2019年，融资租赁公司 PPN 发行利率走势

数据来源：wind，中国融资租赁三十人论坛整理。

向工具，发行总额均为20.00亿元（见表9-8）。

表 9-8　2019年，定向工具前五大发行机构（按发行金额排序）

发行机构	发行金额（亿元）	发行数量（只）
中航国际租赁有限公司	34.00	5
招商局通商融资租赁有限公司	30.00	2
海通恒信国际租赁股份有限公司	27.00	3
中电投融和融资租赁有限公司	20.00	2
国新融资租赁有限公司	20.00	2

数据来源：wind，中国融资租赁三十人论坛整理。

附 录

附录 1　金融租赁公司名录①

序号	公司名称	注册地	法定代表人	注册资本（万元）	成立时间
1	工银金融租赁有限公司	天津	赵桂才	1 800 000	2007/11/26
2	交银金融租赁有限责任公司	上海	赵　炯	1 400 000	2007/12/20
3	国银金融租赁股份有限公司	广东	王学东	1 264 238	1984/12/25
4	农银金融租赁有限公司	上海	孙学文	950 000	2010/09/07
5	兴业金融租赁有限责任公司	天津	陈信健	900 000	2010/08/30
6	交银航空航运金融租赁有限责任公司	上海	竺叶群	850 000	2014/10/21
7	建信金融租赁有限公司	北京	刘　晖	800 000	2007/12/26
8	昆仑金融租赁有限责任公司	重庆	桂王来	796 123	2010/07/21
9	招银金融租赁有限公司	上海	施顺华	600 000	2008/03/28
10	华夏金融租赁有限公司	云南	任永光	600 000	2013/04/28
11	华融金融租赁股份有限公司	浙江	李　鹏	592 676	2001/12/28
12	光大金融租赁股份有限公司	湖北	黄学军	590 000	2010/05/19
13	中国外贸金融租赁有限公司	北京	高红飞	516 613	1985/03/04
14	民生金融租赁股份有限公司	天津	周　巍	509 500	2008/04/02
15	浦银金融租赁股份有限公司	上海	王新浩	500 000	2012/04/20
16	太平石化金融租赁有限责任公司	上海	陈锦魁	500 000	2014/10/14
17	西藏金融租赁有限公司	西藏	李兆廷	500 000	2015/05/25
18	招银航空航运金融租赁有限公司	上海	郭　光	500 000	2015/10/12
19	锦银金融租赁有限责任公司	辽宁	刘文忠	490 000	2015/12/01
20	皖江金融租赁股份有限公司	安徽	夏柱兵	460 000	2011/12/31
21	中信金融租赁有限公司	天津	杨　毓	400 000	2015/03/31
22	长城国兴金融租赁有限公司	新疆	张希荣	400 000	1996/02/02
23	苏银金融租赁股份有限公司	江苏	夏　平	400 000	2015/05/13
24	河北省金融租赁有限公司	河北	徐敏俊	392 000	1995/12/11
25	信达金融租赁有限公司	甘肃	余　伟	350 525	1996/12/28
26	中铁建金融租赁有限公司	天津	王秀明	340 000	2016/06/27
27	北银金融租赁有限公司	北京	张京波	310 000	2014/01/20
28	湖北金融租赁股份有限公司	湖北	谌赞雄	300 000	2015/06/24
29	永赢金融租赁有限公司	浙江	许继朋	300 000	2015/05/26
30	航天科工金融租赁有限公司	湖北	李东峰	300 000	2017/04/18

① 70 家金融租赁公司中包括 3 家专业子公司，按注册资本降序排列，注册资本更新日期截至2020年 2 月 18 日。

（续表）

序号	公司名称	注册地	法定代表人	注册资本（万元）	成立时间
31	徽银金融租赁有限公司	安徽	邹广明	300 000	2015/04/29
32	邦银金融租赁股份有限公司	天津	李剑飞	300 000	2013/08/16
33	浙江浙银金融租赁股份有限公司	浙江	周向军	300 000	2017/01/18
34	中国金融租赁有限公司	天津	鲍世峥	300 000	2013/06/06
35	重庆鈊渝金融租赁股份有限公司	重庆	周文锋	300 000	2017/03/23
36	中车金融租赁有限公司	天津	徐伟锋	300 000	2019/02/02
37	江苏金融租赁股份有限公司	江苏	熊先根	298 665	1988/04/23
38	渝农商金融租赁有限责任公司	重庆	梁　萍	250 000	2014/09/11
39	长江联合金融租赁有限公司	上海	金剑华	245 000	2015/06/18
40	江西金融租赁股份有限公司	江西	陈晓明	202 000	2015/11/24
41	贵阳贵银金融租赁有限责任公司	贵州	杨　琪	200 000	2016/07/15
42	山东汇通金融租赁有限公司	山东	王茂昌	200 000	2015/12/10
43	横琴华通金融租赁有限公司	广东	谢　伟	200 000	2015/10/12
44	哈银金融租赁有限责任公司	黑龙江	高淑珍	200 000	2014/06/11
45	冀银金融租赁股份有限公司	河北	高艳霞	200 000	2015/12/25
46	江南金融租赁股份有限公司	江苏	张建军	200 000	2015/05/29
47	佛山海晟金融租赁股份有限公司	广东	曾剑涛	200 000	2016/06/28
48	河南九鼎金融租赁股份有限公司	河南	白效锋	200 000	2016/03/23
49	天津国泰金融租赁有限责任公司	天津	周　鸿	200 000	2017/11/03
50	天银金融租赁股份有限公司	天津	刘永浩	170 000	2016/10/14
51	洛银金融租赁股份有限公司	河南	王建甫	160 000	2014/12/18
52	苏州金融租赁股份有限公司	江苏	王兰凤	150 000	2015/12/15
53	徐州恒鑫金融租赁股份有限公司	江苏	杨东升	150 000	2016/10/14
54	前海兴邦金融租赁有限责任公司	广东	何本奎	150 000	2017/05/16
55	华运金融租赁股份有限公司	天津	张　灿	142 857	2015/04/21
56	青岛青银金融租赁有限公司	山东	杨长德	100 000	2017/02/15
57	北部湾金融租赁有限公司	广西	余明升	100 000	2012/09/17
58	珠江金融租赁有限公司	广东	张　东	100 000	2014/12/11
59	山东通达金融租赁有限公司	山东	张仁钊	100 000	2016/06/06
60	浙江稠州金融租赁有限公司	浙江	陈希林	100 000	2016/09/14
61	四川天府金融租赁股份有限公司	四川	王绍文	100 000	2016/12/08
62	广东粤财金融租赁股份有限公司	广东	莫敏秋	100 000	2017/06/08
63	中煤科工金融租赁股份有限公司	天津	王　健	98 000	2017/09/30
64	华融航运金融租赁有限公司	上海	李　鹏	90 000	2015/07/13

（续表）

序号	公司名称	注册地	法定代表人	注册资本（万元）	成立时间
65	厦门金融租赁有限公司	福建	王晓健	79 000	2017/11/15
66	福建海西金融租赁有限责任公司	福建	潘青松	70 000	2016/09/09
67	山西金融租赁有限公司	山西	李江雷	70 000	1993/03/12
68	吉林九银金融租赁股份有限公司	吉林	孙国富	50 000	2017/02/20
69	广融达金融租赁有限公司	上海	龚　艺	50 000	2016/06/15
70	甘肃兰银金融租赁股份有限公司	甘肃	张俊良	50 000	2016/12/09

附录2　内资试点融资租赁公司名录①

序号	公司名称	注册地	法定代表人	注册资本（万元）	成立时间
1	天津渤海租赁有限公司	天津	刘正伟	2 210 085	2007/12/04
2	浦航融资租赁有限公司	上海	戚裔彬	1 268 340	2009/10/26
3	长江租赁有限公司	天津	邢明月	1 079 000	2000/06/09
4	中航国际租赁有限公司	上海	周　勇	997 846. 7 899	1993/11/05
5	一汽租赁有限公司	天津	张　影	490 000	2016/02/22
6	丰汇租赁有限公司	北京	马中文	400 000	1999/09/15
7	招商局融资租赁（天津）有限公司	天津	杨　皓	367 000	2017/04/26
8	国信租赁有限公司	浙江	虞建明	360 000	2014/01/13
9	汇通信诚租赁有限公司	新疆	黄必胜	356 000	2011/12/01
10	中远海运租赁有限公司	上海	陈易明	350 000	2013/08/29
11	中车投资租赁有限公司	北京	杨瑞欣	330 000	1999/04/26
12	中民投健康产业融资租赁有限公司	天津	刘卫东	300 000	2017/02/21
13	德海租赁（天津）有限公司	天津	金　敏	300 000	2017/07/11
14	中交融资租赁（广州）有限公司	广东	钱　鎔	300 000	2016/08/08
15	上海电气融资租赁有限公司	上海	李　林	300 000	2005/08/18
16	国泰租赁有限公司	山东	尹　鹏	300 000	2007/02/12
17	庞大乐业租赁有限公司	河北	刘振洪	291 667	2009/04/30
18	浙江华铁融资租赁有限公司	浙江	胡丹锋	250 000	2015/07/02
19	浙江物产融资租赁有限公司	浙江	王竞天	241 668. 272	2012/05/14
20	隆基融资租赁（天津）有限公司	天津	张绍伟	200 000	2017/08/22
21	万方融资租赁（天津）有限公司	天津	郝长春	200 000	2017/05/24
22	中国电建集团租赁有限公司	北京	许贺龙	200 000	2004/08/30
23	中建投融资租赁（上海）有限公司	上海	史平武	200 000	2014/01/27
24	河南省农业融资租赁股份有限公司	河南	任海侠	200 000	2016/04/21
25	浙江中大元通融资租赁有限公司	浙江	邹百定	175 717. 4 151	1996/10/28
26	安吉租赁有限公司	上海	沈根伟	166 400	1993/04/20
27	武汉光谷融资租赁有限公司	湖北	周　昕	165 000	2012/04/26
28	河南豫资芯鑫融资租赁有限责任公司	河南	马光杰	153 846	2016/01/12
29	中联重科融资租赁（北京）有限公司	北京	王芙蓉	150 200	2002/02/04
30	天津华铁融资租赁有限公司	天津	张　晔	150 000	2016/05/12

①　内资试点融资租赁公司名录为中国融资租赁三十人论坛不完全统计，按注册资本降序排序。

（续表）

序号	公司名称	注册地	法定代表人	注册资本（万元）	成立时间
31	航天租赁（天津）有限公司	天津	徐海峰	150 000	2017/11/06
32	北京中车信融融资租赁有限公司	北京	乐荣生	120 000	2012/04/25
33	重庆银海融资租赁有限公司	重庆	庞先威	120 000	2005/12/31
34	山重融资租赁有限公司	北京	申传东	110 000	2009/03/27
35	北京京能源深融资租赁有限公司	北京	侯 凯	105 000	2011/10/17
36	德银融资租赁有限公司	上海	王润梁	105 000	2011/11/24
37	天津大通融汇租赁有限公司	天津	于欣义	104 176. 0 272	2014/08/19
38	首汽租赁有限责任公司	北京	高 捷	100 750. 9 454	1992/04/25
39	天津城投创展租赁有限公司	天津	景婉莹	100 000	2016/01/13
40	中建投租赁（天津）有限责任公司	天津	秦 群	100 000	2016/05/05
41	天津信汇融资租赁有限公司	天津	韩 力	100 000	2016/04/13
42	中远海发（天津）租赁有限公司	天津	蒋 仲	100 000	2016/11/23
43	临港港融租赁（天津）有限公司	天津	冀晓晨	100 000	2016/12/12
44	芯鑫融资租赁（天津）有限责任公司	天津	孔令夷	100 000	2016/08/15
45	天津国资融资租赁有限公司	天津	陆晓雷	100 000	2017/06/20
46	天津星河鼎兴融资租赁有限公司	天津	田 钢	100 000	2017/06/05
47	国投建恒融资租赁股份有限公司	天津	寇尧洲	100 000	2017/07/14
48	中航租（天津）租赁有限公司	天津	李智军	100 000	2017/06/19
49	华程融资租赁（天津）有限公司	天津	刘文丽	100 000	2017/01/26
50	易通融资租赁（天津）有限公司	天津	李中山	100 000	2017/08/07
51	天津握手融资租赁有限公司	天津	王雪松	100 000	2018/01/17
52	舟山金帝融资租赁有限公司	浙江	孔列岚	100 000	2017/10/17
53	广东华赣融资租赁有限责任公司	广东	邱纪刚	100 000	2017/02/23
54	广州知骏融资租赁有限公司	广东	张 雰	100 000	2017/03/08
55	南网融资租赁有限公司	广东	邓春岚	100 000	2017/09/20
56	陕西鼎盛裕和融资租赁有限公司	陕西	贾 良	100 000	2015/12/04
57	陕西宝丰融资租赁有限公司	陕西	韩 鹏	100 000	2018/02/08
58	青海昆仑租赁有限责任公司	青海	冶生贵	100 000	2003/05/15
59	重庆市交通设备融资租赁有限公司	重庆	段志平	100 000	2008/03/06
60	天津天保租赁有限公司	天津	任 强	100 000	2011/10/26
61	天津佳永租赁有限公司	天津	林 强	100 000	2012/04/27
62	中关村科技租赁股份有限公司	北京	段宏伟	100 000	2012/11/27
63	辽宁融川融资租赁股份有限公司	辽宁	梁忠国	100 000	2012/11/02
64	安徽正奇融资租赁有限公司	安徽	李德和	100 000	2012/11/28

（续表）

序号	公司名称	注册地	法定代表人	注册资本（万元）	成立时间
65	德海租赁有限公司	北京	王小敏	100 000	2012/11/15
66	安徽华通租赁有限公司	安徽	苏信斌	100 000	2013/06/09
67	四川金石租赁股份有限公司	四川	李云忠	100 000	2014/01/16
68	广东一创恒健融资租赁有限公司	广东	刘　明	100 000	2014/12/18
69	河南资产融资租赁有限公司	河南	成冬梅	100 000	2018/02/02
70	基石京信（天津）融资租赁有限公司	天津	薛　君	100 000	2015/07/17
71	好晟融资租赁（天津）有限公司	天津	刘正乾	100 000	2017/08/29
72	华钢方舟融资租赁（天津）有限公司	天津	周育东	100 000	2017/07/25
73	华宸融资租赁（天津）有限公司	天津	顾志伟	100 000	2018/01/29
74	沈阳金岭融资租赁有限公司	辽宁	张纯洁	100 000	2017/07/28
75	陕西开源融资租赁有限责任公司	陕西	桂泉海	100 000	2018/05/15
76	陕西有色融资租赁有限公司	陕西	赵普涛	100 000	2018/05/16
77	西安经发融资租赁有限公司	陕西	田永平	100 000	2018/05/21
78	西安大通道融资租赁有限公司	陕西	张　哲	100 000	2018/05/23
79	西安裕隆源融资租赁有限公司	陕西	杨建凯	100 000	2018/03/30
80	远海租赁（天津）有限公司	天津	陈易明	100 000	2019/10/18
81	山东地矿租赁有限公司	山东	王英南	99 276	2013/12/20
82	珠海恒源融资租赁有限公司	广东	张　平	91 696.9 622	2012/08/13
83	河北融投租赁有限公司	河北	齐　渊	90 000	2011/05/10
84	赣州发展融资租赁有限责任公司	江西	陈圣霖	87 500	2013/05/30
85	芜湖亚夏融资租赁有限公司	安徽	周夏耘	87 474.98 099	2013/05/31
86	宝新融资租赁有限公司	广东	宁远喜	80 000	2016/06/21
87	江苏徐工工程机械租赁有限公司	江苏	杨东升	80 000	2007/08/13
88	河南航投航空设备租赁有限公司	河南	卞士生	80 000	2018/04/28
89	联通租赁集团有限公司	北京	陈　怡	76 000	1996/05/16
90	成都工投融资租赁有限公司	四川	马宏毅	75 359.26	1992/10/19
91	安徽德润融资租赁股份有限公司	安徽	孟庆立	75 000	2013/05/06
92	厦门海翼融资租赁有限公司	福建	王志伟	70 000	2008/06/10
93	东风日产融资租赁有限公司	广东	张　军	67 000	2013/10/25
94	东森海润租赁有限公司	北京	张道山	62 800	2010/07/06
95	浙江省富浙融资租赁有限公司	浙江	吴　斌	61 250	2012/05/10
96	天津中车投资租赁有限公司	天津	杨瑞欣	60 000	2012/05/24
97	民盛租赁有限公司	天津	王石山	60 000	2017/11/01
98	中程租赁有限公司	天津	盛雪莲	60 000	1999/07/07

（续表）

序号	公司名称	注册地	法定代表人	注册资本（万元）	成立时间
99	内蒙古融资租赁有限责任公司	内蒙古	张崇生	60 000	2014/12/01
100	西安华盛汇金融资租赁有限公司	陕西	李正宏	60 000	2018/05/24
101	天津讯飞融资租赁有限公司	天津	段大为	60 000	2019/11/05
102	蒙通融资租赁（天津）有限公司	天津	孙　乐	60 000	2019/10/25
103	新疆鼎源融资租赁股份有限公司	新疆	徐延平	56 600	2010/12/13
104	上海地铁融资租赁有限公司	上海	顾　诚	56 000	2013/10/30
105	国农租赁有限公司	山东	袁敦华	51 000	2011/11/14
106	天津东疆融资租赁有限公司	天津	马恩彤	51 000	2018/05/24
107	融信租赁股份有限公司	福建	王丁明	50 350	2007/03/05
108	京朋（天津）融资租赁有限公司	天津	李建汐	50 100	2017/05/08
109	汇鼎租赁有限公司	山东	王练光	50 000	2014/09/04
110	新特（天津）融资租赁有限责任公司	天津	郑伟杰	50 000	2017/09/11
111	天津滨海新区建投租赁有限公司	天津	苏少朕	50 000	2016/08/05
112	中船重工海疆（天津）融资租赁有限公司	天津	冯雄雅	50 000	2016/10/21
113	中联浦融融资租赁有限公司	天津	路建山	50 000	2016/04/12
114	正奇融资租赁（天津）有限公司	天津	陈登辉	50 000	2017/02/20
115	神铁租赁（天津）有限公司	天津	吴毅霞	50 000	2017/07/24
116	核建租赁（天津）有限公司	天津	张　勇	50 000	2017/08/03
117	亿利租赁（天津）有限公司	天津	侯菁慧	50 000	2017/12/07
118	顺建投（天津）国际融资租赁有限公司	天津	姚仕松	50 000	2017/12/21
119	浙江车闪融融资租赁有限公司	浙江	王辉宇	50 000	2017/08/11
120	陕西财信融资租赁有限公司	陕西	胡相军	50 000	2017/10/17
121	西安西投融资租赁有限公司	陕西	钟成军	50 000	2018/01/30
122	江西省海济融资租赁股份有限公司	江西	柳习聪	50 000	2006/01/05
123	汇银融资租赁有限公司	山东	王桂民	50 000	2009/09/22
124	金鼎租赁有限公司	北京	杨进军	50 000	2011/01/10
125	浙江浙能融资租赁有限公司	浙江	施云峰	50 000	2013/05/27
126	安徽合泰融资租赁有限公司	安徽	徐英明	50 000	2013/05/29
127	安徽众信融资租赁有限公司	安徽	付强新	50 000	2013/05/29
128	广州广汽租赁有限公司	广东	陈良忠	50 000	2004/02/24
129	世欣合汇融资租赁有限公司	北京	田小雷	50 000	2014/01/14
130	天士力融资租赁有限公司	天津	闫凯境	50 000	2014/01/20
131	天津融鑫融资租赁有限公司	天津	刘　阳	50 000	2013/02/25

（续表）

序号	公司名称	注册地	法定代表人	注册资本（万元）	成立时间
132	江苏淮海融资租赁有限公司	江苏	范晓路	50 000	2014/01/22
133	大盛融资租赁有限公司	浙江	陈汉生	50 000	2014/01/17
134	安徽中财租赁有限责任公司	安徽	程　君	50 000	2014/01/17
135	安徽皖新融资租赁有限公司	安徽	吴文胜	50 000	2014/02/14
136	北京中煤融资租赁有限责任公司	北京	袁　智	50 000	2012/11/28
137	上海云城融资租赁有限公司	上海	林　涛	50 000	1997/10/21
138	湖北金控融资租赁有限公司	湖北	黄骏飞	50 000	2014/11/27
139	中核建银融资租赁股份有限公司	广东	黄祖义	50 000	2008/04/17
140	国药控股（天津）融资租赁有限公司	天津	陈　凯	50 000	2018/04/20
141	太盟（天津）融资租赁有限公司	天津	韩　勇	50 000	2018/04/26
142	国药租赁（天津）有限公司	天津	王国梁	50 000	2018/01/24
143	利星行融资租赁（天津）有限公司	天津	CHIU MAN KIN	50 000	2018/05/22
144	辽宁博众融资租赁有限公司	辽宁	王　峰	50 000	2017/10/17
145	浙江省空港融资租赁有限公司	浙江	陈　洁	50 000	2018/05/17
146	泸州工投租赁有限公司	四川	钟　明	50 000	2017/11/17
147	天津潍莱岛融资租赁有限公司	天津	夏之莹	50 000	2016/05/20
148	河南国宏融资租赁有限公司	河南	陈　迪	50 000	2016/10/19
149	潍滨融资租赁（天津）有限公司	天津	王清润	47 000	2017/10/25
150	浙江香溢租赁有限责任公司	浙江	夏欣荣	46 000	2008/02/27
151	青岛中投融资租赁有限公司	山东	王仁宝	45 000	2012/05/09
152	安鹏融资租赁（天津）有限公司	天津	刘　钧	43 000	2015/09/18
153	河南国控租赁股份有限公司	河南	刘洪涛	42 974. 4 958	1994/12/17
154	福建宏顺租赁有限公司	福建	张　勇	41 600	2000/03/17
155	天津汇融通达租赁有限公司	天津	李俊锋	40 000	2016/11/02
156	福建海峡融资租赁有限责任公司	福建	陈建武	40 000	2002/04/11
157	芯鑫融资租赁（厦门）有限责任公司	福建	孔令夷	40 000	2017/11/24
158	山东融越融资租赁有限公司	山东	李良美	40 000	2003/01/03
159	喜相逢集团有限公司	福建	黄　伟	37 516. 875	2007/09/07
160	长城融资租赁有限责任公司	山东	张发军	37 000	1997/01/28
161	顺元融资租赁（天津）有限公司	天津	OOI BEE TI	37 000	2018/05/02
162	台金融资租赁（天津）有限责任公司	天津	叶未亮	35 000	2016/08/24
163	江苏宝涵租赁有限公司	江苏	李　昇	35 000	2012/08/03
164	江西省鄱阳湖融资租赁有限公司	江西	肖国华	33 000	2011/10/12

（续表）

序号	公司名称	注册地	法定代表人	注册资本（万元）	成立时间
165	湖北华康远达融资租赁有限公司	湖北	蒋　岚	32 000	2012/11/06
166	天津传化融资租赁有限公司	天津	郑　磊	31 057.27	2016/05/16
167	天下行租车有限公司	福建	杨　峰	30 083.5 333	2010/07/21
168	前路融资租赁有限公司	辽宁	张海成	30 010	2017/09/12
169	天津滨海新区弘信博格融资租赁有限公司	天津	杨真真	30 000	2014/12/25
170	万新瑞富（天津）融资租赁有限公司	天津	陈锦元	30 000	2017/07/31
171	浙江舟贸融资租赁有限公司	浙江	殷　雄	30 000	2017/07/24
172	万向租赁有限公司	浙江	冯立民	30 000	1996/02/02
173	中能融资租赁有限公司	江苏	郑　鹏	30 000	2001/04/29
174	庆汇租赁有限公司	辽宁	刘　悦	30 000	2001/07/06
175	北京农投融资租赁有限公司	北京	罗宪杰	30 000	2012/09/28
176	上海摩恩融资租赁股份有限公司	上海	朱志兰	30 000	2012/01/13
177	南通国润融资租赁有限公司	江苏	陈大鹏	30 000	2013/08/16
178	经开租赁有限公司	广东	周世义	30 000	2013/10/15
179	华宝千祺租赁（深圳）有限公司	广东	高　旭	30 000	2014/01/13
180	天津财信汇通融资租赁有限公司	天津	陈　婕	30 000	2014/12/15
181	维租（天津）租赁有限公司	天津	宋卫星	30 000	2013/11/28
182	辽宁方大融资租赁有限公司	辽宁	尹玉明	30 000	2014/04/17
183	南京华虹融资租赁有限公司	江苏	钱　刚	30 000	2014/12/19
184	灏领融资租赁（辽宁）有限公司	辽宁	高源远	30 000	2017/11/22
185	浙江省海洋与渔业融资租赁有限公司	浙江	李建平	30 000	2018/05/22
186	陕西汇通达融资租赁有限公司	陕西	王守建	30 000	2018/04/13
187	吉运集团股份有限公司	北京	赵六栋	30 000	1995/12/18
188	安振（天津）融资租赁有限责任公司	天津	徐　静	30 000	2017/05/23
189	上海鼎策融资租赁有限公司	上海	许树根	30 000	2016/06/21
190	东方圣城租赁有限公司	山东	李　莉	28 000	2014/01/10
191	沈阳恒信租赁有限公司	辽宁	王英臣	27 435.56	1998/02/25
192	吴都融资租赁（天津）有限公司	天津	汪恃风	27 000	2017/07/25
193	山东山工租赁有限公司	山东	赵沂斌	27 000	2001/11/12
194	重庆鸿晔锦盛融资租赁有限公司	重庆	何春华	27 000	2014/12/10
195	联通物产租赁有限公司	北京	雒　芳	25 000	1999/02/10
196	文投国际融资租赁有限公司	陕西	赵晓霞	24 000	2017/01/09
197	四川孚临融资租赁有限公司	四川	杨　弟	24 000	2012/09/19

（续表）

序号	公司名称	注册地	法定代表人	注册资本（万元）	成立时间
198	天合（天津）飞机租赁有限公司	天津	王利群	23 000	2016/09/01
199	融世华融资租赁有限公司	山东	李　峰	22 947	1996/06/24
200	佳汇（天津）租赁有限公司	天津	王人风	21 000	2013/11/28
201	华晟融资租赁股份有限公司	江苏	王顺娣	21 000	2013/05/29
202	中集永发（天津）融资租赁有限公司	天津	王志武	21 000	2016/05/26
203	海瀛（福建）融资租赁有限公司	福建	宋永芳	20 600	2008/05/12
204	青岛青建租赁有限公司	山东	李富军	20 500	2011/06/23
205	北京鼎泰鑫融资租赁有限公司	北京	任凌冰	20 300	2012/12/20
206	四川荷福融资租赁有限公司	四川	施　浩	20 050	2014/09/04
207	北京绿能融资租赁有限公司	北京	柳伟东	20 027	2002/07/30
208	成都华明融资租赁有限公司	四川	吴涛奎	20 010	2005/06/10
209	天津中融恒泰国际融资租赁有限公司	天津	卢宗俊	20 000	2016/07/04
210	国运租赁（天津）股份有限公司	天津	张晓林	20 000	2016/12/30
211	中电科融资租赁有限公司	天津	陈永红	20 000	2016/12/08
212	国元汇富融资租赁（天津）有限公司	天津	程晓炜	20 000	2016/05/25
213	宝汽融资租赁（天津）有限公司	天津	田源源	20 000	2016/12/26
214	中鼎泰成（天津）融资租赁有限公司	天津	刘长江	20 000	2017/04/20
215	锦港（天津）租赁有限公司	天津	郭晓倩	20 000	2017/07/17
216	金联合众融资租赁有限公司	天津	李健生	20 000	2017/06/15
217	中安亚太融资租赁（天津）有限公司	天津	周辰霏	20 000	2017/08/16
218	鲲鹏（天津）融资租赁有限公司	天津	陈　杰	20 000	2017/07/26
219	瑞泽众合（天津）融资租赁有限公司	天津	曹　剑	20 000	2017/09/22
220	道生天合（天津）租赁有限公司	天津	姜培维	20 000	2016/10/19
221	天津中冀融资租赁有限公司	天津	杨晓英	20 000	2017/11/30
222	中本汇银融资租赁（天津）有限公司	天津	陈　坚	20 000	2017/09/07
223	新力德润（天津）融资租赁有限公司	天津	孟庆立	20 000	2017/01/20
224	浙江车家佳融资租赁有限公司	浙江	王　川	20 000	2017/08/22
225	浙江兴长融资租赁有限责任公司	浙江	王佳平	20 000	2017/08/01
226	中安金控（舟山）融资租赁有限公司	浙江	谭建国	20 000	2017/08/11
227	浙旅盛景融资租赁有限公司	浙江	诸惠伟	20 000	2017/08/25
228	浙江澜海远洋融资租赁有限公司	浙江	何文创	20 000	2017/11/09
229	芯鑫融资租赁（浙江）有限责任公司	浙江	张　彦	20 000	2017/11/16
230	广州海印融资租赁有限公司	广东	邵建明	20 000	2016/06/23
231	郑州航空港兴港租赁有限公司	河南	廖　琼	20 000	2017/11/02

（续表）

序号	公司名称	注册地	法定代表人	注册资本（万元）	成立时间
232	湖北骆驼融资租赁有限公司	湖北	康　军	20 000	2015/05/29
233	陕西金投融资租赁有限公司	陕西	刘维明	20 000	2017/06/12
234	西北租赁有限公司	陕西	吴　畏	20 000	1996/12/30
235	华远租赁有限公司	北京	王文武	20 000	1999/04/13
236	恒华融资租赁有限公司	浙江	郑晓光	20 000	2001/08/16
237	中原租赁有限公司	广东	郭振生	20 000	2009/11/27
238	上海金易达融资租赁有限公司	上海	叶国营	20 000	2010/07/30
239	上海中兴融资租赁有限公司	上海	李伟民	20 000	2010/05/13
240	天津泰达租赁有限公司	天津	周　虹	20 000	2011/10/25
241	融鑫汇（天津）租赁有限公司	天津	张云集	20 000	2011/08/26
242	云投旺世融资租赁有限公司	北京	杨　斌	20 000	2009/09/24
243	银丰租赁有限公司	北京	郭珊珊	20 000	2010/08/25
244	荣达租赁有限公司	北京	刘利民	20 000	2011/07/08
245	苏州融华租赁有限公司	江苏	盛　刚	20 000	2012/11/26
246	南京隆安租赁有限公司	江苏	邹　衍	20 000	2012/11/15
247	贵州黔贵融资租赁有限公司	贵州	罗洪波	20 000	2012/05/16
248	通和租赁股份有限公司	北京	李　冬	20 000	2012/09/26
249	南京民生租赁股份有限公司	江苏	李树红	20 000	1996/05/30
250	浙江万融融资租赁有限公司	浙江	黄河清	20 000	2012/10/17
251	湖北永盛融资租赁有限公司	湖北	王　强	20 000	2013/06/04
252	中鼎信融资租赁集团股份有限公司	黑龙江	刘德余	20 000	2013/05/30
253	常熟市德盛融资租赁有限公司	江苏	高德康	20 000	2014/01/23
254	宁波东银融资租赁有限责任公司	浙江	秦兆平	20 000	2014/01/09
255	四川盘古设备租赁有限公司	四川	罗永胜	20 000	2014/01/02
256	石家庄宝德融资租赁有限公司	河北	李翔宇	20 000	2010/03/09
257	银河融资租赁有限公司	上海	桂国杰	20 000	2013/09/03
258	江苏国鑫融资租赁有限公司	江苏	李小虎	20 000	2014/07/18
259	江苏凤凰文贸融资租赁有限公司	江苏	田　锋	20 000	2014/03/04
260	临沂华盛江泉租赁有限公司	山东	张玉涛	20 000	2014/12/26
261	城发集团（青岛）融资租赁有限公司	山东	包振宇	20 000	2013/10/31
262	武汉中泰和融资租赁有限公司	湖北	曾　涛	20 000	2014/01/20
263	湖北华融嘉和融资租赁有限公司	湖北	张崇南	20 000	2014/09/16
264	湖北万民融资租赁有限公司	湖北	陈俊英	20 000	2014/9/30
265	民商融资租赁有限公司	重庆	王金山	20 000	2014/07/30

（续表）

序号	公司名称	注册地	法定代表人	注册资本（万元）	成立时间
266	纽蓝租赁（天津）有限公司	天津	周　勇	20 000	2018/05/15
267	恒嘉（天津）融资租赁有限公司	天津	乔卫兵	20 000	2013/11/27
268	沈阳普泽融资租赁有限公司	辽宁	龙玉洁	20 000	2016/05/03
269	沈阳大众中汇融资租赁有限公司	辽宁	陈　莹	20 000	2017/06/13
270	芯鑫融资租赁（辽宁）有限责任公司	辽宁	袁以沛	20 000	2017/12/01
271	湖北汉江融资租赁有限公司	湖北	刘树成	20 000	2018/06/19
272	襄阳国益融资租赁有限公司	湖北	郑　飞	20 000	2017/11/09
273	西安长青动力融资租赁有限责任公司	陕西	周卓声	20 000	2018/05/18
274	陕西创信融资租赁有限公司	陕西	郭金福	20 000	2018/07/25
275	广州荣车租赁有限公司	广东	姜　东	20 000	2017/03/08
276	浙江康安融资租赁股份有限公司	浙江	范水荣	19 000	2003/11/13
277	新疆生产建设兵团第十三师天元融资租赁有限公司	新疆	张朝安	18 712	2012/12/14
278	嘉易融（天津）租赁有限责任公司	天津	郭　瑛	18 500	2019/04/26
279	海航思福租赁股份有限公司	海南	刘丽晓	18 400	2003/09/16
280	陕西海富融资租赁有限公司	陕西	汪传国	18 000	2017/12/25
281	宝利德融资租赁有限公司	浙江	余海军	18 000	2013/12/20
282	杭州中小企业融资租赁有限公司	浙江	卓文贤	18 000	2014/05/07
283	陕西汇景融资租赁有限公司	陕西	郭丽芳	18 000	2018/04/13
284	陕西盛腾融资租赁有限公司	陕西	陈　龙	18 000	2018/04/12
285	上海益流融资租赁有限公司	上海	瞿坤章	17 500	2011/05/31
286	泰康消防化工集团融资租赁有限责任公司	云南	林希嘉	17 040	2014/05/05
287	中浩环球租赁（福建）有限公司	福建	王　斌	17 003	2011/10/24
288	中商国控（天津）融资租赁有限公司	天津	田晨光	17 000	2016/08/23
289	融钰华通融资租赁有限公司	天津	尹宏伟	17 000	2016/11/17
290	陇易通国际租赁（天津）有限公司	天津	许应恺	17 000	2017/02/27
291	天津露笑融资租赁有限公司	天津	金　君	17 000	2017/02/10
292	环宇租赁（天津）有限公司	天津	高木兴顺	17 000	2010/06/25
293	元泰融资租赁（天津）有限公司	天津	常宇飞	17 000	2017/03/22
294	苏宁融资租赁（天津）有限公司	天津	杨兴菊	17 000	2016/09/14
295	天津宏锦融资租赁有限公司	天津	王槐青	17 000	2017/01/12
296	庭州顺鑫融资租赁有限责任公司	天津	尚晓罡	17 000	2017/08/18
297	新鞍融创融资租赁（天津）有限公司	天津	张元亮	17 000	2017/06/05

（续表）

序号	公司名称	注册地	法定代表人	注册资本（万元）	成立时间
298	中投创信（天津）融资租赁有限公司	天津	刘春书	17 000	2017/02/13
299	新望融资租赁（天津）有限公司	天津	何 成	17 000	2017/10/13
300	中科租赁（天津）有限公司	天津	王 戈	17 000	2017/09/25
301	天津京东顺程融资租赁有限公司	天津	张 雱	17 000	2017/12/21
302	康佳融资租赁（天津）有限公司	天津	冯俊修	17 000	2017/11/30
303	天津富银融资租赁有限公司	天津	程龙杰	17 000	2017/07/05
304	兴泰融资租赁（天津）有限责任公司	天津	孙 泉	17 000	2018/01/30
305	浙江台金融资租赁有限公司	浙江	叶未亮	17 000	2017/08/18
306	万泰融资租赁有限公司	浙江	李 锋	17 000	2017/12/19
307	浙江自贸区华盖融资租赁有限公司	浙江	陶仙华	17 000	2017/12/13
308	浙江泰丰融资租赁有限公司	浙江	袁利平	17 000	2017/11/14
309	浙江自贸区东枝融资租赁有限公司	浙江	柯翔郎	17 000	2017/09/11
310	天津津投租赁有限公司	天津	于 旸	17 000	1996/04/09
311	远中租赁股份有限公司	辽宁	乔 华	17 000	2000/07/06
312	新疆亚中机电销售租赁股份有限公司	新疆	唐 平	17 000	2003/12/01
313	新疆新能融资租赁有限公司	新疆	李均钢	17 000	2001/06/11
314	尚邦租赁有限公司	天津	苏新建	17 000	2008/07/24
315	成都汇银融资租赁有限公司	四川	梁 强	17 000	2003/07/24
316	融兴融资租赁有限公司	福建	刘小康	17 000	2009/03/27
317	英利小溪租赁有限公司	天津	韩 旭	17 000	2012/05/15
318	上海锦轩融资租赁有限公司	上海	李 健	17 000	2012/05/4
319	嘉丰租赁有限公司	山东	朱伟红	17 000	2012/05/30
320	南京天元租赁有限公司	江苏	戴 涛	17 000	2012/12/03
321	河南广通汽车租赁有限公司	河南	张建国	17 000	2012/07/31
322	河北卓邦华琦融资租赁有限公司	河北	李星涛	17 000	2012/10/19
323	融丰租赁有限公司	吉林	张克强	17 000	2013/04/16
324	中弘租赁有限公司	辽宁	丁博春	17 000	2013/04/02
325	上海万方融资租赁有限公司	上海	李多珠	17 000	2012/11/28
326	杭州城投租赁有限公司	浙江	郦 琦	17 000	2012/11/01
327	中水电融通租赁有限公司	天津	彭顺海	17 000	2010/12/17
328	天津市良好投资发展有限公司	天津	薛晓冬	17 000	2000/04/12
329	邯郸市美食林租赁有限公司	河北	赵江平	17 000	2014/01/21
330	中盛租赁有限公司	辽宁	李国柱	17 000	2013/12/12
331	福建润创租赁有限公司	福建	陈 杰	17 000	2010/11/17

（续表）

序号	公司名称	注册地	法定代表人	注册资本（万元）	成立时间
332	山东捷信设备租赁有限公司	山东	李世勇	17 000	2012/11/09
333	四川海特融资租赁有限公司	四川	李　飚	17 000	2013/07/26
334	四川御丰泰融资租赁有限公司	四川	陈　军	17 000	2013/08/01
335	荣信租赁有限公司	北京	丁秀华	17 000	2014/08/12
336	津安融资租赁有限公司	安徽	宁克河	17 000	2014/10/24
337	泉州市闽侨融资租赁有限公司	福建	林卫民	17 000	2011/06/14
338	山东恒顺融资租赁有限公司	山东	顾召鹏	17 000	2014/01/30
339	宁夏三实融资租赁有限公司	宁夏	任　佳	17 000	2014/12/29
340	华中（天津）融资租赁有限公司	天津	刘　振	17 000	2016/03/28
341	苏宁环球融资租赁（天津）有限公司	天津	马莉莉	17 000	2018/05/29
342	天津曹投融资租赁有限公司	天津	张　健	17 000	2017/12/21
343	津久亚威（天津）融资租赁有限公司	天津	李桂屏	17 000	2017/11/16
344	浙江亿鼎融资租赁有限公司	浙江	蒋娉娉	17 000	2018/05/21
345	浙江两山融资租赁有限公司	浙江	蔡刚清	17 000	2018/03/16
346	浙江恒金融资租赁有限公司	浙江	罗周法	17 000	2018/01/17
347	浙江自贸区连诚融资租赁有限公司	浙江	屠水银	17 000	2018/05/15
348	浙江海商设备租赁有限公司	浙江	徐　庞	17 000	2018/05/22
349	浙江自贸区链连通融资租赁有限公司	浙江	张建欢	17 000	2018/03/13
350	攀钢集团融资租赁（成都）有限公司	四川	龚　金	17 000	2018/01/24
351	陕西泰恒融资租赁有限公司	陕西	赵　欣	17 000	2018/04/11
352	陕西核信融资租赁有限公司	陕西	王瀑霖	17 000	2018/05/18
353	陕西汉投融资租赁有限公司	陕西	张廷泽	17 000	2018/08/23
354	豫丰（天津）融资租赁有限公司	天津	田继欣	17 000	2019/06/05
355	豫光租赁（天津）有限公司	天津	李革命	17 000	2019/09/10
356	百川融资租赁（天津）有限公司	天津	孙　辉	17 000	2019/06/13
357	上海融联租赁股份有限公司	上海	金　敏	10 000	1997/11/10
358	长行汽车租赁有限公司	浙江	何宇星	5 070	1994/02/18
359	新纪元租赁有限公司	北京	王　成	5 000	2001/02/15
360	江苏烟草金丝利租赁有限公司	江苏	曹　美	4 000	1996/10/11

附录3 中国融资租赁监管政策名录

适用范围	政策名称	文件号	发布时间
全国	融资租赁公司监督管理暂行办法	银保监发〔2020〕22 号	2020/05/20
全国	中国银保监会非银行金融机构行政许可事项实施办法	中国银行保险监督管理委员会令（2020年第6号）	2020/03/23
全国	中国银保监会现场检查办法（试行）	中国银行保险监督管理委员会令（2019年第7号）	2019/12/24
全国	中国银保监会关于开展“巩固治乱象成果 促进合规建设”工作的通知	银保监发〔2019〕23 号	2019/05/08
全国	国务院关于加快推进农业机械化和农机装备产业转型升级的指导意见	国发〔2018〕42 号	2018/12/29
全国	国务院关于支持自由贸易试验区深化改革创新若干措施的通知	国发〔2018〕38 号	2018/11/07
全国	依法履职尽责 做好三类机构监管工作		2018/06/07
全国	商务部办公厅关于融资租赁公司、商业保理公司和典当行管理职责调整有关事宜的通知	商办流通函〔2018〕165 号	2018/05/14
全国	国务院办公厅关于全面推进金融业综合统计工作的意见	国办发〔2018〕18 号	2018/04/09
全国	国家外汇管理局关于融资租赁业务外汇管理有关问题的通知	汇发〔2017〕21 号	2018/03/23
全国	商务部关于废止和修改部分规章的决定	商务部令2018年第1号	2018/02/22
全国	国务院办公厅关于深化产教融合的若干意见	国办发〔2017〕95 号	2017/12/19
全国	国务院办公厅关于积极推进供应链创新与应用的指导意见	国办发〔2017〕84 号	2017/10/13
全国	商务部办公厅关于开展融资租赁业风险排查工作的通知		2017/05/08
全国	国务院办公厅关于促进开发区改革和创新发展的若干意见	国办发〔2017〕7 号	2017/02/06
全国	国务院办公厅关于创新管理优化服务培育壮大经济发展新动能加快新旧动能接续转换的意见	国办发〔2017〕4 号	2017/01/20
全国	中华人民共和国海关总署公告2016年第70号	海关总署公告2016年第70号	2016/11/29
全国	中共中央国务院关于全面振兴东北地区等老工业基地的若干意见	中发〔2016〕7 号	2016/07/13
全国	商务部等11部门办公厅关于促进二手车便利交易加快活跃二手车市场的通知	商建字〔2016〕8 号	2016/06/08
全国	关于金融类企业挂牌融资有关事项的通知	股转系统公告〔2016〕36 号	2016/05/27
全国	国务院关于深化制造业与互联网融合发展的指导意见	国发〔2016〕28 号	2016/05/13

（续表）

适用范围	政策名称	文件号	发布时间
全国	国家发展改革委关于印发2016年国家级新区体制机制创新工作要点的通知	发改地区〔2016〕1032号	2016/05/12
全国	中国银监会关于进一步加强银行业金融机构境外运营风险管理的通知	银监发〔2016〕5号	2016/04/05
全国	中国人民银行　银监会关于加大对新消费领域金融支持的指导意见	银发〔2016〕92号	2016/03/30
全国	商务部　税务总局关于天津等4个自由贸易试验区内资租赁企业从事融资租赁业务有关问题的通知	商流通函〔2016〕90号	2016/03/17
全国	国务院办公厅关于促进医药产业健康发展的指导意见	国办发〔2016〕11号	2016/03/11
全国	中国人民银行　发展改革委　工业和信息化部　财政部　商务部　银监会　证监会　保监会关于金融支持工业稳增长调结构增效益的若干意见		2016/02/14
全国	国务院关于印发推进普惠金融发展规划（2016—2020年）的通知	国发〔2015〕74号	2016/01/15
全国	国务院关于加快实施自由贸易区战略的若干意见	国发〔2015〕69号	2015/12/17
全国	国务院关于促进快递业发展的若干意见	国发〔2015〕61号	2015/10/23
全国	国务院关于国有企业发展混合所有制经济的意见	国发〔2015〕54号	2015/09/23
全国	国务院办公厅关于促进金融租赁行业健康发展的指导意见	国办发〔2015〕69号	2015/09/08
全国	国务院办公厅关于加快融资租赁业发展的指导意见	国办发〔2015〕68号	2015/08/31
全国	国务院办公厅关于印发加快海关特殊监管区域整合优化方案的通知	国办发〔2015〕66号	2015/08/28
全国	商务部关于支持自由贸易试验区创新发展的意见	商资发〔2015〕313号	2015/08/25
全国	国务院办公厅关于加快转变农业发展方式的意见	国办发〔2015〕59号	2015/07/30
全国	商务部办公厅关于融资租赁行业推广中国（上海）自由贸易试验区可复制改革试点经验的通知	商办流通〔2015〕575号	2015/07/23
全国	国务院关于积极推进“互联网+”行动的指导意见	国发〔2015〕40号	2015/07/01
全国	国务院办公厅关于运用大数据加强对市场主体服务和监管的若干意见	国办发〔2015〕51号	2015/06/24

（续表）

适用范围	政策名称	文件号	发布时间
全国	中国银监会非银行金融机构行政许可事项实施办法	中国银监会令第 6 号	2015/06/05
全国	国务院关于推进国际产能和装备制造合作的指导意见	国发〔2015〕30 号	2015/05/13
全国	国务院关于印发《中国制造2025》的通知	国发〔2015〕28 号	2015/05/08
全国	自由贸易试验区外商投资备案管理办法（试行）	商务部公告2015年第 12 号	2015/04/08
全国	国务院关于推广中国（上海）自由贸易试验区可复制改革试点经验的通知	国发〔2014〕65 号	2014/12/21
全国	商务部关于利用全国融资租赁企业管理信息系统进行租赁物登记查询等有关问题的公告	2014年第 84 号	2014/12/04
全国	中国银监会办公厅关于印发金融租赁公司专业子公司管理暂行规定的通知	银监办发〔2014〕198 号	2014/07/14
全国	国家外汇管理局关于境内居民通过特殊目的公司投融资及返程投资外汇管理有关问题的通知	汇发〔2014〕37 号	2014/07/09
全国	关于开展京津冀海关区域通关一体化改革的公告	海关总署公告2014年第 45 号	2014/06/23
全国	国家税务总局关于贯彻落实《国务院办公厅关于支持外贸稳定增长的若干意见》的指导意见	税总函〔2014〕239 号	2014/06/11
全国	国家发展改革委关于飞机租赁企业订购国外飞机报备的通知	发改基础〔2014〕1156号	2014/06/04
全国	国务院办公厅关于金融服务“三农”发展的若干意见	国办发〔2014〕17 号	2014/04/20
全国	银监会发布《商业银行保理业务管理暂行办法》	中国银监会令2014年第 5 号	2014/04/10
全国	关于使用融资租赁登记系统进行融资租赁交易查询的通知	银发〔2014〕93 号	2014/03/26
全国	金融租赁公司管理办法	中国银监会令2014年第 3 号	2014/03/13
全国	融资租赁企业监督管理办法	商流通发〔2013〕337 号	2013/09/18
全国	商务部办公厅关于加强和改善外商投资融资租赁公司审批与管理工作的通知	商资函〔2013〕657 号	2013/07/11
全国	汽车金融公司管理办法	中国银监会令2008年第 1 号	2008/01/24
全国	商务部、国家税务总局关于加强内资融资租赁试点监管工作的通知	商建〔2006〕160 号	2006/04/12
全国	关于融资租赁医疗器械监管问题的答复意见	国食药监市〔2005〕250 号	2005/06/01
全国	外商投资租赁业管理办法	商务部令2005年第 5 号	2005/02/03
全国	商务部、国家税务总局关于从事融资租赁业务有关问题的通知	商建发〔2004〕560 号	2004/10/22

（续表）

适用范围	政策名称	文件号	发布时间
各地相关政策			
北京	北京市融资租赁公司监督管理指引（试行）		2020/04/07
北京	关于印发《鼓励地方金融组织支持复工复产加强服务实体经济若干措施》的通知		2020/03/31
北京	关于加快北京市融资（金融）租赁聚集区建设的办法		2019/11/26
上海	关于开展本市融资租赁企业、商业保理试点企业监管职责转隶后首次现场检查工作的通知	沪金规〔2019〕122 号	2019/09/18
天津	关于印发天津自由贸易试验区内资融资租赁企业从事融资租赁业务试点确认工作流程的通知		2019/07/30
天津	关于加强我市融资租赁公司监督管理工作的指导意见	津金监规范〔2019〕2 号	2019/07/22
上海	关于规范企业名称及经营范围中相关表述的通知	沪金监〔2019〕63 号	2019/06/03
天津	天津市地方金融监督管理条例		2019/05/30
上海	关于进一步促进本市融资租赁公司、商业保理公司、典当行等三类机构规范健康发展强化事中事后监管的若干意见	沪金规〔2019〕1 号	2019/05/23
深圳	关于做好融资租赁行业快报系统注册及填报工作的通知		2019/05/06
天津	关于进一步做好融资租赁企业管理信息系统数据报送的公告		2019/04/29
上海	关于开展本市融资租赁企业、商业保理试点企业经营状况排查的函	沪金监〔2019〕39 号	2019/04/22
山东	山东省地方金融监督管理局关于开展融资租赁业务有关工作的通知		2019/03/18
厦门	厦门市金融工作办公室关于进一步开展融资租赁公司摸底排查的通知		2019/02/28
广东	关于做好融资租赁、商业保理行业信息系统填报工作的通知	粤金监函〔2019〕120 号	2019/01/28
深圳	市金融办关于融资租赁公司填报月度数据的通知		2019/01/03
上海	上海自贸区管委会《中国（上海）自由贸易试验区关于进一步促进融资租赁产业发展的若干措施》的通知	中（沪）自贸管〔2018〕77 号	2018/12/17
陕西	进一步深化金融服务推动陕西小微企业和民营企业高质量发展的指导意见	西银发〔2018〕188 号	2018/11/20
深圳	市金融办关于开展2018年度融资租赁企业合规经营现场检查的通知		2018/11/09

（续表）

适用范围	政策名称	文件号	发布时间
陕西	国家外汇管理局陕西省分局关于印发《进一步推进中国（陕西）自由贸易试验区外汇管理改革试点实施细则》的通知	陕汇管〔2018〕1号	2018/10/17
广东	国务院关于印发中国（海南）自由贸易试验区总体方案的通知	国发〔2018〕34号	2018/10/16
深圳	关于强化中小微企业金融服务的若干措施	深府规〔2018〕17号	2018/09/13
新疆	关于金融支持新疆高新技术企业发展的指导意见		2018/09/12
广东	广东省人民政府关于印发广东省进一步扩大对外开放积极利用外资若干政策措施（修订版）的通知	粤府〔2018〕78号	2018/09/07
深圳	市金融办关于融资租赁公司填报融资租赁企业管理信息系统的通知		2018/08/08
上海	中国（上海）自由贸易试验区关于扩大金融服务业对外开放　进一步形成开发开放新优势的意见		2018/06/21
天津	国务院关于印发进一步深化中国（天津）自由贸易试验区改革开放方案的通知	国发〔2018〕14号	2018/05/24
福建	国务院关于印发进一步深化中国（福建）自由贸易试验区改革开放方案的通知	国发〔2018〕15号	2018/05/24
广东	国务院关于印发进一步深化中国（广东）自由贸易试验区改革开放方案的通知	国发〔2018〕13号	2018/05/24
广东	国家外汇管理局广东省分局关于印发《进一步推进中国（广东）自由贸易试验区广州南沙新区、珠海横琴新区片区外汇管理改革试点实施细则》的通知	粤汇发〔2018〕1号	2018/03/15
陕西	关于金融支持陕西文化产业进一步加快发展的指导意见		2018/02/08
福建	国家外汇管理局福建省分局关于印发《进一步推进中国（福建）自由贸易试验区外汇管理改革试点实施细则》的通知	闽汇〔2018〕1号	2018/02/05
上海	国务院关于上海市进一步推进“证照分离”改革试点工作方案的批复	国函〔2018〕12号	2018/01/31
天津	国家外汇管理局天津市分局关于印发《进一步推进中国（天津）自由贸易试验区外汇管理改革试点实施细则》的通知	津汇发〔2018〕1号	2018/01/16
四川	国家外汇管理局四川省分局关于印发《进一步推进中国（四川）自由贸易试验区外汇管理改革试点实施细则》的通知	川汇发〔2018〕1号	2018/01/05

（续表）

适用范围	政策名称	文件号	发布时间
浙江	推进中国（浙江）自由贸易试验区外汇管理改革试点实施细则		2018/01/05
广东	关于印发《进一步推进中国（广东）自由贸易试验区深圳前海蛇口片区外汇管理改革试点实施细则》的通知	深外管〔2018〕1号	2018/01/03
浙江	关于金融支持中国（浙江）自由贸易试验区建设的指导意见		2017/11/01
陕西	关于进一步加快陕西文化产业发展的若干政策措施		2017/09/27
广东	广东省自贸办关于印发《进一步加强中国（广东）自由贸易试验区事中事后监管体系建设总体方案》的通知	粤自贸法函〔2017〕77号	2017/09/12
山西	国务院关于支持山西省进一步深化改革促进资源型经济转型发展的意见	国发〔2017〕42号	2017/09/11
辽宁	关于金融支持中国（辽宁）自由贸易试验区建设的指导意见		2017/08/23
广州	广州市商务发展专项资金融资租赁产业发展事项实施细则		2017/08/04
陕西	陕西省商务厅　陕西省国家税务局　关于陕西自由贸易试验区内资租赁企业从事　融资租赁业务试点有关问题的通知	陕商发〔2017〕41号	2017/08/04
北京	国务院关于深化改革推进北京市服务业扩大开放综合试点工作方案的批复	国函〔2017〕86号	2017/07/11
浙江	浙江省湖州市、衢州市建设绿色金融改革创新试验区总体方案	银发（2017）153号	2017/06/23
广东	广东省人民政府办公厅关于加快融资租赁业发展的实施意见	粤府办〔2016〕52号	2016/06/12
河南	河南省人民政府办公厅关于促进金融租赁行业健康发展的实施意见	豫政办〔2016〕97号	2016/06/08
沈阳	沈阳市人民政府办公厅关于印发沈阳市加快推进融资租赁业发展实施方案（2016—2020年）的通知	沈政办发〔2016〕66号	2016/06/03
福建	福建省人民政府办公厅关于促进融资租赁业发展的意见	闽政办〔2016〕77号	2016/05/17
天津	天津市人民政府办公厅关于加快落实国家自由贸易区战略的实施意见	津政办发〔2016〕41号	2016/05/13
江苏	江苏省人民政府关于加快融资租赁业发展实施意见	苏政办发〔2016〕32号	2016/04/08
湖北	省人民政府关于加快融资租赁业发展的实施意见	鄂政发〔2016〕12号	2016/04/06

（续表）

适用范围	政策名称	文件号	发布时间
广东	广东省商务厅关于印发支持广东自贸试验区创新发展实施意见的通知	粤商务办字〔2016〕3 号	2016/04/07
上海	关于开展融资租赁业风险排查的通知		2016/03/02
吉林	吉林省人民政府办公厅关于加快融资租赁业发展的实施意见	吉政办发〔2016〕7 号	2016/02/17
安徽	安徽省人民政府办公厅关于加快融资租赁和典当行业发展的实施意见	皖政办〔2015〕74 号	2015/12/29
天津	关于印发《推进中国（天津）自由贸易试验区　外汇管理改革试点实施细则》的通知	津汇发〔2015〕162 号	2015/12/18
上海	关于印发《进一步推进中国（上海）自由贸易试验区外汇管理改革试点实施细则》的通知	上海汇发〔2015〕45 号	2015/12/16
天津	中国人民银行关于金融支持中国（天津）自由贸易试验区建设的指导意见	银发〔2015〕372 号	2015/12/09
广东	中国人民银行关于金融支持中国（广东）自由贸易试验区建设的指导意见	银发〔2015〕374 号	2015/12/09
陕西	陕西省人民政府办公厅关于促进融资租赁业发展的实施意见	陕政办发〔2015〕94 号	2015/10/08
北京	商务部、北京市人民政府关于印发《北京市服务业扩大开放综合试点实施方案》的通知	京政发〔2015〕48 号	2015/09/13
上海	上海市人民政府办公厅印发《关于促进金融服务创新支持上海科技创新中心建设的实施意见》的通知	沪府办〔2015〕76 号	2015/08/23
上海	国务院关于印发进一步深化中国（上海）自由贸易试验区改革开放方案的通知	国发〔2015〕21 号	2015/04/08
深圳	中共深圳市委办公厅　深圳市人民政府办公厅关于印发《深圳市2015年改革计划》的通知	深办发〔2015〕6 号	2015/03/27
湖北	省商务厅关于做好2015年融资租赁行业管理有关工作的通知		2015/03/24
海南	海南省商务厅关于开展典当、拍卖、融资租赁等行业非法集资风险排查的通知		2015/01/30
天津	天津市人民政府办公厅关于加快我市融资租赁业发展的实施意见		2015/01/28
陕西	陕西省商务厅关于开展典当融资租赁等行业非法集资风险排查工作的通知		2015/01/19
浙江	浙江省发布《关于在海宁市等 4 个县（市）开展中小企业融资租赁试点工作的通知》		2014/07/18
上海	上海市商业保理试点暂行管理办法		2014/07/08
福建	福建省人民政府关于加强企业融资服务八条措施的通知	闽政〔2014〕17 号	2014/04/21

（续表）

适用范围	政策名称	文件号	发布时间
天津	关于天津市融资租赁登记和查询有关工作的重要通知		2014/04/18
山东	山东省人民政府办公厅关于贯彻国办发〔2013〕108号文件加快我省飞机租赁业发展的意见	鲁政办发〔2014〕16号	2014/03/27
广东	关于广东横琴新区福建平潭综合实验区、深圳前海深港现代化服务业合作区企业所得税优惠政策及优惠目录的通知		2014/03/25
天津	天津市食品药品监督管理局关于《医疗器械经营企业许可证》审批事项的补充通知	津食药监流通〔2014〕77号	2014/03/10
上海	关于支持中国（上海）自由贸易试验区扩大人民币跨境使用的通知	银总部发〔2014〕22号	2014/02/21
上海	中国（上海）自由贸易试验区商业保理业务管理暂行办法	中（沪）自贸管〔2014〕26号	2014/02/21
上海	关于上海市支付机构开展跨境人民币支付业务的实施意见	银总部发〔2014〕20号	2014/02/18
上海	中国（上海）自由贸易试验区国际船舶登记制度试点方案		2014/01/21
深圳	关于推进前海湾保税港区开展融资租赁业务的试点意见	深府金发〔2014〕3号	2014/01/21
天津	关于审理动产权属纠纷案件涉及登记公示问题的指导意见（试行）		2014/01/09
深圳	深圳市人民政府关于充分发挥市场决定性作用　全面深化金融改革创新的若干意见	深府〔2014〕1号	2014/01/06
深圳	深圳市国家税务局关于更新增值税　消费税税收优惠管理办法的公告	深圳市国家税务局公告2013年第22号	2013/12/24
上海	关于金融支持中国（上海）自由贸易试验区建设的意见	银发〔2013〕11号	2013/12/02
上海	国务院关于印发中国（上海）自由贸易试验区总体方案的通知	国发〔2013〕38号	2013/09/27
河南	河南省融资租赁业“十二五”发展规划	豫商建〔2013〕101号	2013/09/12
东莞	东莞市加快融资租赁业发展实施意见	东府办〔2013〕50号	2013/04/15
天津	天津市促进现代服务业发展财税优惠政策	津财金〔2012〕24号	2012/12/28
天津	天津市商业保理业试点管理办法	津政办发〔2012〕143号	2012/12/17
晋江	关于促进融资租赁业发展的若干意见	晋政文〔2012〕350号	2012/11/28
上海	关于印发浦东新区促进金融业发展财政扶持办法实施细则的通知	沪浦金融管理〔2012〕93号	2012/11/06
宁波	关于加快我市融资租赁业发展的若干意见	甬政发〔2012〕96号	2012/09/24

（续表）

适用范围	政策名称	文件号	发布时间
北京	中关村国家自主创新示范区融资租赁支持资金管理办法	中科园发〔2012〕48	2012/09/21
天津	天津东疆保税港区融资租赁货物出口退税管理办法	国家税务总局公告2012年第39号	2012/08/10
天津	关于落实融资机构向天津市小型微型企业提供融资服务财政奖励政策的通知	津财金〔2012〕13号	2012/07/30
上海	关于印发浦东新区促进金融业发展财政扶持办法的通知	浦府〔2012〕202号	2012/07/26
天津	关于在天津东疆保税港区试行融资租赁货物出口退税政策的通知		2012/07/26
深圳	国务院关于支持深圳前海深港现代服务业合作区开发开放有关政策的批复	国函〔2012〕58号	2012/06/27
北京	关于中关村国家自主创新示范区促进融资租赁发展的意见	中科园发〔2012〕33号	2012/06/19
天津	天津市促进科技和金融结合试点城市建设意见的通知	津政办发〔2012〕50号	2012/05/09
南京	关于印发全市加快人才科技资金向现代农业园区集聚的实施意见的通知	宁政发〔2012〕78号	2012/03/30
天津	关于明确滨海新区各区域功能定位及产业发展重点的指导意见		2012/03/26
山东	关于开展合同能源管理和设备融资租赁试点工作的通知	鲁中小企业办函（2012）18号	2012/03/21
宁波	关于全市金融支持实体经济发展的若干意见	甬政发〔2012〕27号	2012/02/28
上海	关于印发浦东新区促进航运业发展财政扶持办法的通知	浦府〔2012〕4号	2012/01/07
上海	浦东新区促进航运业发展财政扶持办法		2012/01/07
上海	关于本市鼓励和引导民间投资健康发展的实施意见	沪府发〔2011〕89号	2011/12/08
天津	关于审理融资租赁物权属争议案件的指导意见		2011/11/30
广州	广州市人民政府关于促进我市国有经济又好又快发展的实施意见	穗府〔2011〕26号	2011/11/24
天津	关于做好融资租赁登记和查询工作的通知	津金融办〔2011〕87号	2011/11/03
天津	天津市关于印发天津北方国际航运中心核心功能区建设工作方案的通知	津政办发〔2011〕101号	2011/09/21
天津	关于促进我市贸易融资发展工作意见的通知	津政办发〔2011〕94号	2011/09/04
北京	北京市“十二五”时期中关村国家自主创新示范区发展建设规划	京政发〔2011〕44号	2011/08/22

（续表）

适用范围	政策名称	文件号	发布时间
武汉	武汉市人民政府办公厅关于印发促进资本特区融资租赁业发展实施办法的通知	武政办〔2011〕111 号	2011/06/22
天津	发改委《关于天津北方国际航运中心核心功能区建设方案》的通知	发改基础〔2011〕1051号	2011/05/19
上海	关于推进杨浦国家创新型试点城区建设指导意见的通知	沪府办发〔2010〕44 号	2010/12/10
天津	关于促进我市租赁业发展的意见	津政发〔2010〕39 号	2010/10/21
深圳	前海深港现代服务业合作区总体发展规划	发改地区（2010）2415号	2010/08/26
上海	关于浦东新区促进融资租赁业发展的意见的通知	浦府〔2010〕248 号	2010/07/09
天津	国家工商行政管理总局关于进一步支持天津滨海新区开发开放的意见	工商办字〔2010〕122 号	2010/06/22
天津	财政部、海关总署、国家税务总局关于在天津市开展融资租赁船舶出口退税试点的通知	财税〔2010〕24 号	2010/03/30
天津	关于在天津市开展融资租赁船舶出口退税试点的通知		2010/03/30
上海	上海市人民政府贯彻国务院关于进一步推进长江三角洲地区改革开放和经济社会发展指导意见的实施意见	沪府发〔2009〕33 号	2009/07/04
上海	上海市推进国际金融中心建设条例	上海市人民代表大会常务委员会公告（第 13 号）	2009/06/25
上海	上海市人民政府贯彻国务院关于推进上海加快发展现代服务业和先进制造业建设国际金融中心和国际航运中心意见的实施意见	沪府发〔2009〕25 号	2009/05/08
上海	国务院关于推进上海加快发展现代服务业和先进制造业建设国际金融中心和国际航运中心的意见	国发（2009）19 号	2009/04/14
北京	北京市人民政府关于金融促进首都经济发展的意见	京政发〔2009〕7 号	2009/03/21
广州	珠江三角洲地区改革发展规划纲要（2008—2020年）		2009/01/08
北京	关于促进首都金融业发展的意见	京发〔2008〕8 号	2008/04/30
天津	国务院关于推进天津滨海新区开发开放有关问题的意见	国发〔2006〕20 号	2006/05/26
上海	关于加强本市内资融资租赁试点管理工作的通知		2006/04/12
上海	关于印发浦东新区促进现代服务业发展的财政扶持意见的通知	浦府〔2005〕294 号	2005/12/28

附录 4　中国融资租赁法律政策名录

政策名称	文件号	发布时间
最高人民法院关于为自由贸易试验区建设提供司法保障的意见	法发〔2016〕34 号	2016/12/30
中华人民共和国船舶登记法	交通运输部令 2016 年第 85 号	2016/12/13
最高人民法院关于审理融资租赁合同纠纷案件适用法律问题的解释	法释〔2014〕3 号	2014/02/24
天津市高级人民法院关于审理动产权属争议案件涉及登记公示问题的指导意见（试行）	津高法发〔2014〕1 号	2014/01/09
天津市高级人民法院关于审理融资租赁物权属争议案件的指导意见（试行）	津高法〔2011〕288 号	2011/11/11
《中华人民共和国合同法》（第十四章　融资租赁合同）	中华人民共和国主席令第十五号	1999/03/15
《中华人民共和国民用航空法》（第三章第四节　民用航空器租赁）	中华人民共和国主席令第五十六号	1995/10/30

附录5　中国融资租赁税收政策名录

政策名称	文件号	发布时间
全国性税收政策		
财政部、税务总局关于金融企业贷款损失准备金企业所得税税前扣除有关政策的公告	财政部 税务总局公告2019年第86号	2019/08/23
财政部、税务总局关于金融企业涉农贷款和中小企业贷款损失准备金税前扣除有关政策的公告	财政部 税务总局公告2019年第85号	2019/08/23
财政部、税务总局、海关总署关于深化增值税改革有关政策的公告	财政部 税务总局 海关总署公告2019年第39号	2019/03/20
国家税务总局关于设备器具扣除有关企业所得税政策执行问题的公告	国家税务总局公告2018年第46号	2018/08/23
国家税务总局、海关总署关于进口租赁飞机有关增值税问题的公告	国家税务总局公告2018年第24号	2018/05/11
财政部、税务总局关于调整增值税税率的通知	财税〔2018〕32号	2018/04/04
关于明确金融 房地产开发 教育辅助服务等增值税政策的通知	财税〔2016〕140号	2016/12/21
财政部、海关总署、国家税务总局关于融资租赁货物出口退税政策有关问题的通知	财税〔2016〕87号	2016/08/02
财政部、国家税务总局关于全面推开营业税改征增值税试点的通知	财税〔2016〕36号	2016/03/23
海关总署关于修订飞机经营性租赁审定完税价格有关规定的公告	海关总署公告2016年第8号	2016/01/29
财政部、国家税务总局关于融资租赁合同有关印花税政策的通知	财税〔2015〕144号	2015/12/24
国家税务总局关于营业税改征增值税试点期间有关增值税问题的公告	国家税务总局公告2015年第90号	2015/12/22
财政部、国家税务总局关于金融企业贷款损失准备金企业所得税税前扣除有关政策的通知	财税〔2015〕9号	2015/01/15
国家税务总局关于发布《融资租赁货物出口退税管理办法》的公告	国家税务总局公告2014年第56号	2014/10/08
财政部、海关总署、国家税务总局关于租赁企业进口飞机有关税收政策的通知	财关税〔2014〕16号	2014/05/13
国务院办公厅关于支持外贸稳定增长的若干意见	国办发〔2014〕19号	2014/05/04
财政部、海关总署、国家税务总局关于在全国开展融资租赁货物出口退税政策试点的通知	财税〔2014〕62号	2014/09/01
财政部、国家税务总局关于飞机租赁企业有关印花税政策的通知	财税〔2014〕18号	2014/03/03
国家税务总局关于发布《铁路运输企业增值税征收管理暂行办法》的公告	国家税务总局公告2014年第6号	2014/01/20
财政部、国家税务总局关于铁路运输和邮政业营业税改增值税试点有关政策的补充通知	财税〔2013〕121号	2013/12/30

（续表）

政策名称	文件号	发布时间
财政部、国家税务总局关于将铁路运输和邮政业纳入营业税改增值税试点的通知（附加2，3）	财税〔2013〕106 号	2013/12/12
财政部、国家税务总局关于在全国开展交通运输业和部分现代服务业营业税改征增值税试点税收政策的通知	财税〔2013〕37 号	2013/05/24
国家税务总局关于中央财政补贴增值税有关问题的公告	国家税务总局公告2013年第3号	2013/01/08
财政部、国家税务总局关于企业以售后回租方式进行融资等有关契税政策的通知	财税〔2012〕82 号	2012/12/06
财政部、国家税务总局关于交通运输业和部分现代服务业营业税改征增值税试点应税服务范围等若干税收政策的补充通知	财税〔2012〕86 号	2012/12/04
财政部、国家税务总局关于应税服务适用增值税零税率和免税政策的通知	财税〔2011〕131 号	2011/12/29
国家税务总局关于营业税改征增值税试点有关税收征收管理问题的公告	国家税务总局公告2011年第77号	2011/12/26
国家税务总局关于调整增值税即征即退优惠政策管理措施有关问题的公告	国家税务总局公告2011年第60号	2011/11/14
国家税务总局关于融资性售后回租业务中承租方出售资产行为有关税收问题的公告	国家税务总局2010年第13号公告	2010/09/08
国家税务总局关于印发《融资租赁船舶出口退税管理办法》的通知	国税发〔2010〕52 号	2010/05/18
财政部、国家税务总局关于房产税城镇土地使用税有关问题的通知	财税〔2009〕128 号	2009/11/22
财政部、国家税务总局关于执行企业所得税优惠政策若干问题的通知	财税〔2009〕69 号	2009/04/24
财政部、国家税务总局关于营业税若干政策问题的通知	财税〔2003〕16 号	2003/01/15
国家税务总局关于融资租赁业务征收流转税问题的补充通知	国税函〔2000〕909 号	2000/11/15
国家税务总局关于融资租赁业务征收流转税问题的通知	国税函〔2000〕514 号	2000/07/07
财政部、国家税务总局关于转发《国务院关于调整金融保险业税收政策有关问题的通知》的通知	财税字〔1997〕45 号	1997/03/14
国家税务总局关于营业税若干问题的通知	国税发〔1995〕76 号	1995/04/26
国家税务局关于对借款合同贴花问题的具体规定	国税地字〔1988〕第30号	1988/12/12